POR QUÉ EL OBRERO VOTA A LA DERECHA

Roberto Vaquero

POR QUÉ EL OBRERO VOTA A LA DERECHA

La deriva suicida de la izquierda

la esfera ⊕ de los libros

Primera edición: julio de 2025

© Roberto Vaquero Arribas, 2024, 2025
© La Esfera de los Libros, S. L., 2025
Avenida de San Luis, 25
28033 Madrid
Tel.: 91 443 50 00
www.esferalibros.com

ISBN: 978-84-1094-109-0
Depósito legal: M-11026-2025
Composición: Versal CD, S. L.
Impresión y encuadernación: Cofás
Impreso en España–*Printed in Spain*

Índice

Quiero dedicar este trabajo a Pau Botella y a Alicia Sanz.
Gracias por acompañarme en el camino escarpado
hacia la cima de la montaña.

Nota del autor

Nada más terminar de escribir mi libro *Inmigración: ¿realidad, fenómeno o problema?* y a la vuelta de mi intervención en las jornadas de Letras en Sevilla sobre la misma temática, me llegó una solicitud de reunión por parte de La Esfera de los Libros. Querían que hiciera un libro sobre algo en lo que he trabajado desde hace bastantes años: el proceso de derechización de Europa y sus causas. No me lo pensé mucho, acepté y me metí de lleno en la tarea, comprometiéndome a tenerlo terminado en diciembre para que estuviera listo en la próxima Feria del Libro de Madrid.

Si no hubiese sido un tema que he trabajado de forma intensa en los últimos tiempos y que tiene toda mi atención e inquietud, no lo habría aceptado. Entre el doctorado que curso en la actualidad, mi militancia y que acababa de terminar de escribir mi último libro, me encontraba bastante escaso de tiempo y fuerzas para poder emprender nuevos proyectos, pero la ocasión merecía la pena y decidí posponer otros proyectos para poder centrarme en cuerpo y alma en el estudio, investigación, esfuerzo y trabajo de esta obra en los plazos acordados.

Soy plenamente consciente de que los temas tratados en este libro son polémicos y que, aunque creo que el estudio va a tener un buen impacto y a obtener el reconocimiento que merece, también creará una reacción adversa, de odio, criminalización y cancelación política. Pero de eso precisamente va este trabajo: esta no es más que otra de las causas por las que cada vez existe un rechazo mayor a las imposiciones de la nueva izquierda y de la dictadura de lo políticamente correcto, empujando a la gente a apoyar a formaciones o movimientos cada vez más radicales y en la mayoría de los casos de tendencia populista y derechista.

Hace mucho tiempo que aprendí que en la sociedad en que vivimos es necesario sacar fortalezas de las flaquezas, saber incluso aprovecharse de la cultura del odio y de la cancelación y conseguir que no te paralicen y usarlos en tu propio beneficio. Cuando recibí presiones, amenazas, campañas de difamación y de odio e incluso intentos de ataques a mis presentaciones del libro sobre la inmigración, lo único que consiguieron fue que mi libro se pusiera el número uno de ventas en Amazon en las categorías de ensayo, teoría política y estructuras y procesos políticos.

En el presente trabajo he tratado y desarrollado de forma extensa y minuciosa todos y cada uno de los factores que considero que crean un rechazo cada vez mayor entre los trabajadores y que los atraen hacia posiciones que sí dan respuesta a sus necesidades, cuestión que la izquierda dejó de hacer hace ya décadas. Desde la cuestión de clase, la ideología de la nueva izquierda y la batalla cultural, pasando por todos los aspectos concretos que afectan a los trabajadores y finalizando con la propia realidad de la derecha radical y cómo han conseguido hacer una contra efectiva a la izquierda y llegar a amplias masas siendo capaces de ponerles entre la espada y la pared en múltiples países, incluso a nivel internacional.

El trabajo que sigue a estas líneas está realizado desde la honestidad intelectual, en una época en que esta escasea, sobre todo con respecto a ciertos temas, y cuando solo se busca el aplauso fácil, aunque vaya en contra de cualquier sentido de la integridad y de la búsqueda del conocimiento. La intención de este ensayo no es otra que arrojar un poco de luz sobre una cuestión que ya es de una gran relevancia, que sin duda no hará sino crecer y que en los próximos años y décadas sin duda va a ir a más. Mi intención es contribuir con mi granito de arena a elevar la conciencia crítica y a la resolución de los grandes retos a los que se enfrenta nuestra sociedad.

Espero, pues, que el lector disfrute de estas páginas y que le sean útiles para analizar nuestra realidad material.

1
¿POR QUÉ EL OBRERO VOTA A LA DERECHA?

En Europa se está produciendo un cambio que, como no podía ser de otra manera, también va a afectar a España. En Francia, donde antes se votaba al Partido Comunista ahora gana Marine Le Pen,[1] quien en las últimas elecciones pasó a segunda vuelta y obtuvo el mejor resultado de su historia; por su parte, Reconquista, de Éric Zemmour, consiguió un 7 por ciento;[2] Alternativa para Alemania es la segunda fuerza en los sondeos electorales de Alemania[3] y ha ganado en un distrito de Turingia, a pesar de los cordones sanitarios;[4] en Hungría, Viktor Orbán sigue dominando el panorama; en Finlandia, el Partido de los Finlandeses (antes denominado Verdaderos Finlandeses) son la segunda fuerza, cerca de los conservadores, que son los primeros; en Suecia, los Demócratas de Suecia, el partido populista de la derecha, ha sido segunda fuerza y ha posibilitado que gobiernen los conservadores; Giorgia Meloni ha conseguido ser la presidenta del Consejo de Ministros de la República italiana, y en España, Vox ha logrado entrar en gobiernos autonómicos y es la tercera fuerza a nivel estatal. En Grecia hay tres partidos considerados de la derecha radical con representación: Solución Griega, con doce diputados; Espartanos, el grupo heredero de Amanecer Dorado, también con doce diputados; y Niki, con diez.[5]

Estos grupos son dispares, unos más radicales que otros, pero sin duda son un claro ejemplo de la derechización o fortalecimiento de partidos y organizaciones de la derecha radical, incluso fascistas en algunos casos, en todo el continente. Hay un consenso general a la hora de identificar este aumento, pero no a la hora de descubrir sus causas ni, sobre todo, de identificar los motivos por los que los trabajadores son el principal soporte de este tipo de movimientos.

De forma paralela, la izquierda obrera, tanto partidos como sindicatos, ha sufrido una tendencia cada vez más aguda de pérdida de militantes y afiliados. De hecho, han dejado de defender los derechos e intereses de los trabajadores y han sustituido el sujeto revolucionario, la clase obrera, por una amalgama de luchas que poco o nada tienen que ver con las preocupaciones de los trabajadores. Además, el pensamiento de la izquierda actual, que ha abandonado la lucha obrera, se ha convertido en el pensamiento hegemónico, en el pensamiento dominante, que defiende los intereses de las élites económicas y políticas que antes, se supone, combatían. En otras palabras, han dejado de ser revolucionarios. Los gobiernos llamados de progreso son los que defienden todas las modas del sistema que tanto rechazo suscitan en los barrios obreros.

Los trabajadores se encuentran frente a una depauperación de sus barrios, un empeoramiento de sus condiciones de trabajo y un paro de millones de personas. Aunque la izquierda haga malabares —en el caso de España, con los fijos discontinuos— para hacer pensar que el paro es cada vez menor, la realidad de los trabajadores no cambia por mucho que adornen los datos. El paro juvenil está en torno al 30 por ciento y ahora quieren aumentar la edad de jubilación.[6] ¿Por qué? Porque han dilapidado la llamada hucha de las pensiones y el sistema no es sostenible: las políticas que se llevan a cabo son antitéticas a solucionar el problema y garantizar las pensiones.

Las políticas migratorias han hecho que gente de culturas dispares acabe segregada, sin adaptarse al funcionamiento normal de nuestra sociedad y viviendo al margen de la misma. La marginalidad, la delincuencia y el islamismo comienzan a multiplicarse en los barrios de los trabajadores hasta hacer insoportable la vida en ellos. Vamos camino de terminar como Francia o Bélgica, donde gran parte de su población no se siente del país y se crean graves conflictos a todos los niveles. La respuesta de la izquierda es negar el problema y proponer regularizaciones masivas, señalar al que sufre el problema como racista y fascista, y mirar para otro lado.

La izquierda, «la nueva izquierda», como la denominaba el filósofo y sociólogo Michel Clouscard, ha instaurado la dictadura de lo políticamente correcto, los dogmas de fe del sistema de los cuales no puedes disentir. Aunque en tu realidad veas día a día cómo las políticas migratorias o las feministas están destruyendo el país, no puedes decir nada que se salga de la línea aceptable para ellos; si lo haces, pobre de ti, irán con toda la fuerza de la cancelación y la persecución política y no pararán hasta arruinarte la vida si te mantienes firme en tus posiciones. Da igual lo que seas, para ellos automáticamente serás un reaccionario y un fascista. Han desvirtuado el término hasta tal punto que ya ha perdido cualquier noción de realidad: porque si todo es fascista, nada lo es.

A esta nueva izquierda se le llena la boca con palabras sobre la lucha por la paz y contra los vestigios del colonialismo, pero luego apoya cualquier acción de la OTAN. Si es a favor de su concepción de los «derechos humanos», entonces está bien hecho. La izquierda se pasó años con el «No a la guerra» de Irak, pero con Ucrania no han tenido la misma posición. Todo depende de lo que le convenga al Tío Sam. Le interesan mucho las luchas lejanas que no nos afectan en absoluto, pero dan de lado a los saharauis, que los tenemos al lado y con los que poseemos una deuda histórica por haber formado parte de la creación de las condiciones materiales que sufren hoy en día por intereses partidistas.[7]

Los sindicatos, otrora capaces de parar el país en defensa de los intereses de los trabajadores, se han convertido en sindicatos del Gobierno, a sueldo del Estado y son más conciliadores que nunca.

En sus documentos ocupan más espacio los derechos LGTBI+, el ecologismo, el feminismo, la inmigración (en el sentido que caracteriza a los partidos de izquierdas: sin dar soluciones) y otras cuestiones similares que las relacionadas con la verdadera lucha sindical. Son apéndices muertos, que ante verdaderos conflictos acostumbran a dar de lado a sus propios afiliados, teniendo así una imagen terrible entre el grueso de los trabajadores. Esto ha hecho que sus números de afiliados hayan bajado de forma drástica durante las últimas décadas.[8]

Actualmente se fomenta el cosmopolitismo. Esto es, para que la gente pueda entenderlo, a pesar de que no son sinónimos, una especie de globalismo, de cultura transgresora que, aunque nos intenten convencer de que es la cultura internacional del momento actual que se impone sobre las culturas nacionales, no es más que la cultura hegemónica norteamericana que intentan implantar en el resto del mundo. Esta imposición se lleva a cabo de formas variadas: a través de las modas, de la música, de las redes sociales, del cine, de las plataformas audiovisuales y por la fuerza de las grandes empresas como Amazon, entre otras muchas cosas. Las identidades colectivas que en el pasado unieron a los hombres ahora son atacadas por el individualismo, el consumismo y la búsqueda de la satisfacción personal del momento, sin importar lo que ello conlleve después. Lo importante es que consumas, y para ello las identidades colectivas estorban: las diferencias con otros posibles consumidores solo dificultan la obtención de más beneficios por las grandes empresas que fomentan esta forma de actuar. Buscan homogeneizar a la población, aislarla y conseguir consumidores dóciles, alienados y sumisos.

Valores como la ostentación son fomentados por personajes que se han hecho famosos precisamente por fomentar el consumismo. Desde las empresas nos inducen deseos, nos crean necesidades que ni siquiera tenemos. La industria del *marketing* y de la publicidad ha mejorado de forma notoria en pocos años. Consume y sé feliz, aunque en realidad el inmediatismo del consumo acelerado e inducido no es que actúe precisamente en favor del individuo, menos aún de la sociedad. Vivimos tiempos líquidos en los que se prima lo inmediato. Buen ejemplo de ello es la industria de la música, en la cual se sacan canciones prefabricadas de forma continua para que el consumidor consuma una tras otra. No importa la calidad, solo que se consuma, rápido a poder ser, y seguir sacando una canción detrás de otra y que se siga consumiendo. Más adelante, se desarrollará también la cuestión de los valores que se transmiten. Otro ejemplo se da en las redes sociales, donde destaca TikTok. En esta plataforma se fomentan vídeos cortos para ser consumidos uno detrás de otro, con un algoritmo al que educas y que está diseñado para que estés durante horas navegando de acuerdo con tus gustos. Se consume a tal velocidad que ya los usuarios no se acuerdan ni de qué vieron al principio; consumo acelerado, necesidades creadas.

El consumo transgresor[9] es, pues, el nuevo tipo de consumo. No importa lo que la persona necesita, solo importa que consuma, tenga el costo que tenga. «Consume y sigue». Un individuo aislado, separado de su comunidad y sin identidad definida de ningún tipo es una presa fácil para caer en tendencias autodestructivas y aceptar modas o imposiciones, siendo más propenso a ser víctima de conductas adictivas y de consumo transgresor.

Además, se ha desarrollado una moda y una estética de la revolución, de lo que es supuestamente rebelde y contestatario, y que, sin embargo, no deja de ser una moda inducida por el sistema para que se siga consumiendo. Una forma de vestirse, unos hábitos o rituales, un estilo musical y una forma de ver el mundo que en realidad no es más que una comparsa de aquello que dicen defender. Lo hemos visto con los jipis, los rockeros rebeldes, las feministas, los activistas por el cambio climático y otros tantos grupos más. Cuando un estilo se apaga, otro surge para suplantarlo. Asimismo, se consigue que los jóvenes malgasten sus energías y ansias por cambiar las cosas e inviertan sus esfuerzos en modas sistémicas que solo les hacen perder el tiempo y quemarse. Mientras tanto, todos siguen consumiendo de forma inofensiva. Las nuevas generaciones que son las que, en teoría, tienen más preocupaciones por la situación existente son a la vez las que menos capacidad tienen de movilización y menos espíritu combativo.[10] La maquinaria de alienación está funcionando de forma eficaz y sin pausa.

En este contexto, la identidad nacional que llegó a movilizar de forma apasionada a millones de personas se encuentra en franco retroceso. Los trabajadores ven cómo los valores de antaño, las tradiciones, costumbres y hábitos entre los que se criaron han perdido peso entre los más jóvenes, y los que mantienen esa identidad y se resisten al cambio son vistos como dinosaurios, señalados y criminalizados por la izquierda que en su día sí defendió esos valores y preceptos y que ahora forma parte de una especie de nueva Inquisición. Para ellos, estar orgulloso de tu país, de su historia o de sus símbolos te convierte de forma automática en un reaccionario, mientras esa misma izquierda mantiene los mismos postulados que las grandes empresas capitalistas. El nihilismo nacional solo conlleva el rechazo de los trabajadores que sí se identifican con su país y con su cultura frente a aquellos que apuestan por defender los intereses extranjeros, renegando de lo propio en provecho de quien solo quiere lucrarse a nuestra costa.

La izquierda ha pasado de defender a la clase obrera y mantener posiciones patrióticas a defender el nihilismo nacional, los intereses de las grandes empresas y la cultura hegemónica norteamericana del consumo transgresor. Vivimos en una época de decadencia y degeneración a todos los niveles: social, cultural, político, sexual, nacional, etcétera. En estas condiciones, la falta de referentes y de organizaciones que den salida o respuesta a las necesidades de los trabajadores facilita que estos busquen otros referentes que sí puedan representarlos, lo cual abre peligrosas posibilidades.

Para entender el cambio de paradigma de la izquierda en España, o nueva izquierda, con respecto a la cuestión nacional, hay que analizar tres acontecimientos de gran relevancia que se desarrollarán en otros capítulos, pero, aun así, merece la pena nombrarlos aquí.

El primero sería el final de la guerra civil española y la instauración de la dictadura de Franco. En este periodo la derecha se apropió de los símbolos, de la historia y de nuestra cultura. La izquierda, salvo honrosas excepciones, en vez de mantener sus posiciones al respecto, renunció de forma gradual a todo lo español o patriótico frente a la apuesta de Franco por el nacionalcatolicismo. En el periodo de la Transición, el cambio fue evidente.

El segundo sería la influencia de Mayo del 68 en toda la izquierda. En estos acontecimientos el posmodernismo ideológico resultó vencedor frente a la vieja izquierda, sus posiciones pasarían a ser las hegemónicas en la izquierda a nivel global. Las organizaciones comunistas y de la izquierda radical fueron degenerando hasta llegar a la actualidad, de modo que en sus programas se habla más de las modas de la «revolución», el feminismo, el transgenerismo, el ecologismo y otras luchas parciales que de apuestas por los intereses de los trabajadores. El sujeto revolucionario dejaría de ser para ellos la clase obrera; de hecho, para muchos de ellos el obrero blanco y heterosexual pasó a convertirse en un privilegiado. Es curioso que una persona explotada, que trabaja de forma incansable para sacar a su familia adelante sea ahora un opresor por el mero hecho de ser hombre, blanco o heterosexual, y que una joven burguesa, que no ha trabajado en su vida y vive de sus padres adinerados pueda ser considerada una minoría oprimida y una revolucionaria por su condición de lesbiana, mujer o por el color de su piel.

El tercero sería cuando toda esa ideología, que se convirtió en hegemónica a partir de Mayo del 68, volvió con energías renovadas desde Estados Unidos. Esto supuso la llegada de múltiples cambios en la línea de los partidos de izquierdas, que, aunque ya se encontraban en una situación lamentable, a principios del presente siglo continuaron degenerando hasta la situación actual, en la que se han convertido en organizaciones desclasadas que ya no defienden los derechos e intereses de los trabajadores.

Para la nueva izquierda lo nacional se ha convertido en un lastre, algo en contra del globalismo que avanza triunfante. Reniegan de España excepto cuando se acercan elecciones y sus políticas culturales, migratorias y nacionales van encaminadas a debilitar aún más la identidad nacional. Venden el globalismo o lo *woke* como una cultura internacional del progreso, pero en realidad es la reacción camuflada con purpurina. No puede existir ningún cambio ni transformación importante si se actúa contra la identidad y la propia existencia nacional. Cuando la izquierda actúa contra los propios sentimientos nacionales de los trabajadores solo los aleja de sus planteamientos y organizaciones.

Vivimos en una sociedad en la que nos están vendiendo la aceptación de la obesidad en vez de fomentar una vida saludable; donde la masculinidad es tóxica; el aceptarte a ti mismo a toda costa se usa como excusa para no trabajar en mejorar; la cultura de la ley del mínimo esfuerzo prima y también el buscar la felicidad y el disfrute momentáneos en vez de aprender a soportar el sufrimiento, sobreponerte a él y conseguir la mejor versión de ti mismo para la consecución de tus objetivos vitales. ¿Qué clase de sociedad se puede construir en base a reivindicar la vaguería, el ocio destructivo y el no esforzarse? Están fomentando la debilidad y el conformismo: quieren hombres débiles y sin capacidad crítica, que no se cuestionen las cosas y sean buenos consumidores. Como veremos en el siguiente capítulo, no es una simple coincidencia que en nuestra época uno de los males principales sean las enfermedades mentales.

Los valores de antaño, como el honor, tener palabra, la disciplina, la cultura del esfuerzo, del entrenamiento y del estudio abnegado, parecen cosa de otra época. Son ridiculizados por la nueva izquierda como algo medieval, reaccionario y nostálgico. Hemos llegado a un punto en que un libro autobiográfico y costumbrista como *Feria*, de Ana Iris Simón, recibió una respuesta desproporcionada y movida por la envidia a su éxito por parte de un cúmulo de personajes en un libro titulado *Neorrancios. Sobre los peligros de la nostalgia*. Resulta que para estos señores defender la familia, tus orígenes, el tener hijos y apostar por unos valores es un verdadero crimen, una irresponsabilidad y un peligro para nuestra sociedad. Es necesario recordar al lector que el libro de Ana Iris cuenta algo tan «controvertido» como la historia de su niñez, su pueblo y su familia. Aunque va más allá en el tiempo, esa es la parte central que tanto molesta a los siervos de la cancelación y la persecución política, a la nueva Inquisición.

Por supuesto, para no ser vilipendiado por esta nueva izquierda, es necesario avergonzarte de la historia de tu país, de las gestas, de los mitos fundacionales y de los símbolos de España. La nueva izquierda defiende estar en contra de las religiones, pero solo de algunas; otras, como el islam, son fomentadas por ellos en las escuelas.[11] Respeta las tradiciones y costumbres extranjeras de las minorías a pesar de que vayan en contra de las costumbres de su país, del progreso o del derecho de las mujeres, pero luego no duda en faltar al respeto y minusvalorar las tradiciones y la cultura del suyo propio. Defienden la leyenda negra española mientras blanquean las acciones de los imperialistas ingleses, franceses o las actividades de dudosa moralidad de algunos pueblos llamados por ellos originarios. La doble vara de medir es evidente. Actúan por oportunismo usando la demagogia que luego señalan en cualquiera que se les pueda oponer. Dicen defender los intereses, tradiciones y culturas de las minorías, pero en realidad solo las usan como excusa, de chivo expiatorio, para seguir impulsando la cultura hegemónica norteamericana.

La izquierda habla del peligro del auge de la extrema derecha y señala los discursos de odio que, según ellos, existen en la sociedad. No es admisible para una sociedad sana que cualquier discurso que no coincida con la visión de las cosas de los que dominan el sistema sea catalogado de delito de odio; parece que quieren prohibir no ya el pensamiento crítico, sino el pensamiento en sí. Están primando un relato sensacionalista e idealista a la realidad material. Se centran en su visión de los derechos humanos cuando les conviene para ignorarlos después cuando no es así. Ante los problemas reales de los trabajadores no se puede responder con indiferencia, insultos o señalamientos ridículos. Sus relatos pueden estar bien estructurados, pero la realidad acaba imponiéndose, y con ello solo quedan retratados.

Cuando a una persona le preocupa su realidad material y sufre unas determinadas problemáticas todos los días, no puedes convencerla de que en realidad no tiene ningún problema ni acusarla de cometer un delito de odio o de ser fascista por el mero hecho de vivir una situación determinada o pensar que es necesario solucionarla como sea. En este contexto, la derecha radical sí trata problemas que afectan a los trabajadores, aprovechándose de la situación. Aunque lo que proponen no tenga sentido o sea erróneo, por lo menos hablan el mismo «idioma» que los trabajadores que sufren determinadas condiciones materiales. Ante los problemas de seguridad, la *guetificación*, la islamización, el aumento de la criminalidad, la depauperación de los puestos de trabajo, los millones de parados, la degradación de los barrios obreros y la inflación, entre otras cuestiones, de poco les sirven a los trabajadores las campañas del Ministerio de Igualdad, el lenguaje inclusivo, la terrible «opresión» de los no binarios y la «dictadura» del cisheteropatriarcado. A los trabajadores les interesa llegar a final de mes, no las últimas novedades del pensamiento de Elizabeth Duval.

Ante este tipo de posiciones, ante la orfandad de organizaciones obreras que defiendan los intereses de los trabajadores, estos han apoyado en muchos países, sobre todo en Europa, un cambio de gobiernos y la resurrección de movimientos políticos que llevaban décadas en un proceso de retraimiento y debilidad.

En este libro se investigarán cuáles son las causas de la derechización de la clase trabajadora, tanto en España como en Europa, desarrollando cada una de ellas en un apartado propio. También se hablará de la evolución de la derecha y de la izquierda en las últimas décadas, en especial, en lo referente al proceso de cambios de la izquierda hasta convertirla en lo que es hoy en día y las repercusiones que ha tenido para el conjunto de la sociedad. Además, se indagará en si la derecha cambió debido al proceso de reacción ante la evolución de la izquierda o por otros motivos.

En definitiva, el motor principal de este libro no ha sido otro que la intención de su autor para sumar su granito de arena al esclarecimiento, la definición y el análisis de un fenómeno que nos afecta a todos, señalando sus causas y sus consecuencias. Si ya estamos hablando de un fenómeno que está causando un fuerte impacto y controversia en la sociedad, en unos años, si no cambian las condiciones que lo han permitido emerger, su efecto va a ser mucho mayor.

2
¿EN QUÉ MUNDO VIVIMOS?

La sociedad en que vivimos es líquida, lo inmediato ha cobrado una importancia capital, lo que prima es el consumo, la felicidad instantánea, sin tener en cuenta lo que pueda acarrear después. Lo fundamental es consumir, consumir mucho y hacerlo rápido. Lo central es el individuo, sus deseos, su disfrute, su ascenso en la sociedad. La colectividad pasa a un segundo plano, y solo sirve de dique ante las imposiciones del mercado. Se busca aislar al individuo, mantenerlo separado y alienado, sin nexos fuertes de ningún tipo que puedan interferir en el correcto desempeño del consumidor obediente, en el desarrollo de un consumismo que llega a ser enfermizo.

La cultura burguesa del ahorro y del esfuerzo ha sido desplazada por la cultura del consumo transgresor, del desfase y de la ostentación.[1] Esta cultura es la de la globalización, el cosmopolitismo o el llamado globalismo; no es ninguna cultura internacional del progreso que desplaza a las «arcaicas» culturas nacionales, sino la imposición de la cultura norteamericana hegemónica para garantizar sus intereses políticos y económicos. Lo que buscan es homogeneizar poblaciones de regiones enteras para expandir su dominio e influencia y conseguir consumidores sumisos. Cuando se aísla al hombre, este pierde las herramientas de la organización colectiva para hacer frente a los intereses ajenos que quieren imponerle.

La cultura de lo inmediato, del desfase y de la ostentación es el nuevo tipo de consumo en nuestra sociedad y que se ha convertido en el hegemónico: es el consumo transgresor. Este no se puede entender sin la industria de la creación del deseo, que tiene una importancia crucial para su implantación y expansión.[2] Debido a un aumento de la producción de mercancías, se ha producido un incremento en la oferta y se consume de una forma mayor gracias al deseo inducido mediante el *marketing*, la publicidad y el propio modelo de consumo transgresor en sí.[3] Michel Clouscard definía el deseo de la siguiente manera: «Es una forma producida por las relaciones de clases que designa, que da sentido y realidad a su objeto».[4] El sistema ya no solo afirma cómo producir, además nos dice qué consumir y cómo.[5]

La necesidad del consumo vertiginoso, de la ostentación, no es algo exclusivo de las clases pudientes, también aquellos con menos ingresos llegan incluso a prescindir de gastos necesarios para una vida digna en pos de ahorrar y comprarse objetos que no se podían permitir y poder ostentar que son más (a nivel económico) de lo que en realidad son.[6] La necesidad de aparentar es algo inducido, es producto de la industria del deseo, de la seducción del capitalismo.[7]

Vivimos en una sociedad que, en el fomento de este individualismo, promueve la debilidad del hombre. Le hace avergonzarse de ser hombre, de ser blanco, de ser heterosexual, o de pertenecer a una nación determinada (pudiendo ser desde una sola cosa hasta llegar a tener el pleno, las personas no blancas también entran en el resto de las categorías «opresivas»). Promueve la vida sedentaria y legitima problemas como la obesidad a través del *body positive*, además de separar a los hombres y las mujeres, enfrentándolos y defendiendo dicotomías sin sentido. Promueve las «causas justas», una especie de luchas parciales que están mal enfocadas y solo sirven a los mismos intereses de los que tienen el poder.

Una de estas «causas justas» mal enfocadas es el ecologismo sistémico o *woke*. Señalan al consumidor como el culpable de todos los males del planeta y del problema de la sostenibilidad, en vez de apuntar al que produce aquello que los demás han de consumir. Porque el problema no es el individuo que consume, sino el modelo productivo actual: el sistema capitalista. Además, hay que tener en cuenta que la sostenibilidad del planeta es global, de poco sirve que Coca-Cola venda menos plástico en Europa si produce más en la India y se consume de una forma mayor en otros países. Las medidas si no son globales no sirven para nada. Si las grandes empresas no fabricaran tanto plástico, o buscaran una alternativa real y no lo produjeran, nadie lo consumiría. Este es solo un ejemplo, se podría citar una gran cantidad de ellos.[8] El consumidor en muchas ocasiones no tiene más remedio que consumir lo que le ofrecen, está sometido por una industria del deseo, de la creación de necesidades artificiales para generar consumo o aumentar el existente.

También se promueven el egoísmo y el ocio destructivo y alienante. El fomento de la cultura física es visto como algo negativo. El sacrificio, el esfuerzo, la disciplina, el trabajo duro y el apego a lo colectivo se ven como cuestiones de otros tiempos. Lo importante ahora es consumir y ser feliz. Esto se puede aplicar en bastantes ámbitos, en los que además a veces se crean conductas adictivas como, por ejemplo, con el sexo, el porno o la hipersexualización general.[9] El deporte que se incentiva es el deporte negocio, que en España está representado de forma principal por el fútbol y las carreras de motos y coches. Esto da lugar no solo a un eficaz negocio, sino que además se facilita la alienación de la gente. No se apuesta por el deporte de base y por que la mayoría de la población obtenga una cultura física y alimentaria para su desarrollo personal, para su formación integral; lo que se busca de nuevo son consumidores y no seres humanos plenos.

Tener valores, honor, principios firmes, moral definida o amar a tu país parecen ser cosas del pasado. Ahora están más de

moda las adicciones graves, sean al sexo, a las drogas, a los video-
juegos o a las redes sociales. El cosmopolitismo pretende hacer una
especie de *tabula rasa* para acabar con las culturas autóctonas y
sustituirlas con la cultura hegemónica norteamericana, mientras la
soberanía de los países europeos va disminuyendo. España, por
ejemplo, ha cedido su soberanía a la Unión Europea, decidiendo
esta qué podemos producir y convirtiéndonos en un país de servicios y dependiente del turismo.

Los símbolos nacionales, la historia del país y la cultura nacional son vistos como algo negativo, contrario al avance hacia el
progreso. Esto crea una gran desafección en los trabajadores que
aman a su país y no entienden estas posiciones defendidas, de forma general, por la nueva izquierda. La cultura española es una
realidad, es un cúmulo de manifestaciones, de costumbres, de hábitos y de tradiciones que se han ido conformando en un solo
cuerpo de manera coherente y estable a través de los años, que
evoluciona y se desarrolla con la sociedad, pero manteniendo una
esencia que se manifiesta a través de una lengua común y que se
transmite de generación en generación a lo largo del tiempo en el
territorio nacional, constituyendo, pues, una identidad colectiva.
Negar la existencia de la cultura española es negar una realidad
comprobable y aceptar el relato fantasioso del globalismo.

La ideología hegemónica en la sociedad actual y la evolución
y esencia de la nueva izquierda y de los dogmas de fe del pensamiento único del sistema se desarrollarán en otros capítulos, aunque son también elementos importantes para entender la sociedad
en la que vivimos. Sin embargo, hay una serie de cuestiones que sí
es necesario explicar en este capítulo sobre nuestra sociedad actual.
Son la dicotomía izquierda-derecha, una breve definición de la
ideología hegemónica en la actualidad, la trasgresión y la moda de
la revolución y las redes sociales.

La ideología hegemónica de la izquierda

La izquierda tradicional, la que defendía a los trabajadores y que se vio fuertemente influida por el movimiento obrero, se vio desplazada en el proceso de Mayo del 68. En él surgió una nueva izquierda que pasó a ser la dominante.[10] Se sustituyó la figura del revolucionario tradicional por la del rebelde, por el universitario que en teoría va contra todo lo establecido, incluyendo por supuesto a la izquierda dogmática que según ellos era la dominante en la sociedad. La nueva figura del revolucionario era desclasada y aburguesada. Mayo del 68 hizo que las fuerzas obreras en Francia sufrieran un retroceso importante que ya no se detendría hasta la actualidad: la nueva izquierda se impuso y se implantó como dominante en el resto de países.

La nueva izquierda abandonó la lucha de clases, defendiendo una difusa transversalidad de las luchas que llevó a una atomización de los movimientos sociales y de las propias organizaciones obreras. Comenzó a imponerse incluso dentro de los partidos comunistas (no todos, pero sí en la gran mayoría y, además, en los más grandes) haciendo que sus programas se centrasen en las luchas parciales y no en actuar en una línea para conseguir la transformación de la sociedad. La ideología resultante es sistémica y defiende los intereses de quienes nos dominan. Clouscard definió la nueva ideología dominante de la siguiente manera: «Una ideología específica de un momento del capital que se camufla tras pretextos libertarios por la falsificación de sus referencias».[11]

Es decir, como una ideología sistémica al servicio del capital financiero en un momento o periodo concreto de su desarrollo que, tras soflamas y estéticas revolucionarias, esconde una naturaleza reaccionaria. Es necesario ser consciente de que es una teoría, o un cúmulo de ellas, que sirven al mismo patrón. Usan incluso referencias marxistas para defender e impulsar posicionamientos liberal–libertarios. Es una ideología que promueve la neutralización del marxismo, en palabras de Clouscard:

Al mismo tiempo, tratará de asegurarse un control político sobre sectores del trabajo mediante una ideología radicalmente liberal (y por tanto libertaria) que pretenderá superar el «dogmatismo marxista-leninista». Este reformismo oportunista no consiste en oponerse al marxismo (como hacía la ideología de papá), sino en fingir la aceptación del corpus marxista para modificarlo tendenciosamente.[12]

Esta ideología es la de la nueva izquierda, la que se convirtió en hegemónica a partir de Mayo del 68 y que ha seguido desarrollándose y manteniendo su primacía hasta nuestros días. Es obvio que ha seguido evolucionando, y veremos algunos de sus aspectos y características de los últimos tiempos en el siguiente capítulo.

Dicotomía izquierda y derecha

La dicotomía izquierda-derecha tiene su origen en la Revolución francesa. En la Asamblea Constituyente se sentaron a la derecha del presidente los defensores del monarca y a la izquierda lo hicieron los que estaban en contra del rey o, por lo menos, querían limitar su poder.[13] Aunque no todos los autores coinciden en esto: algunos fijan el momento en el que comenzó a desarrollarse esta división de forma levemente posterior, en la Convención Constituyente.[14] Pero independientemente de cuándo fuera, a la izquierda estarían aquellos con ideas más progresistas y a la derecha los que mantenían posiciones más conservadoras. De todas formas, esta división no sería realmente efectiva hasta 1815, año en que comenzaría a extenderse por Europa y otros países hasta el punto de hacerse general.[15]

Los valores de la izquierda y de la derecha fueron evolucionando desde la Revolución francesa, no siendo los mismos en aquella época que en 1930 o en el momento actual en comparación con cómo eran en los años treinta. La derecha también ha evolucionado, pero, sin duda, los cambios producidos en la izquierda, sobre todo en las últimas décadas, han sido cuanto menos llamativos. Dentro de la izquierda se ha terminado por agrupar también a los movimientos obreros, revolucionarios y comunistas.[16] Por ejemplo, estos últimos nunca se han considerado a sí mismos de izquierdas hasta épocas recientes, en las que se han visto inmersos (aunque no todos) en una deriva ideológica importante, relacionada con la de la propia izquierda en general. Ningún autor clásico del marxismo se denominaba de izquierdas, pues era considerado algo burgués. El proceso de acercamiento de los comunistas a la izquierda fue debido al interés de estos por llegar a las masas que movían los partidos republicanos y reformistas y acercarlas a posiciones verdaderamente revolucionarias. Con el paso del tiempo, la mayoría de las organizaciones que se consideran comunistas han sido fagocitadas por esta izquierda, que es más sistémica que nunca. Engels fue claro al respecto:

> El proletariado, inconsciente aún de su propio papel histórico, hubo de asumir por el momento, en su inmensa mayoría, el papel de ala propulsora, de extrema izquierda de la burguesía. Los obreros alemanes tenían que conquistar, ante todo, los derechos que les eran indispensables para organizarse de un modo independiente, como partido de clase: libertad de imprenta, de asociación y de reunión; derechos que la burguesía hubiera tenido que conquistar en interés de su propia dominación pero que ahora les disputaba, llevada por su miedo a los obreros. Los pocos y dispersos centenares de afiliados a la Liga de los Comunistas se perdieron en medio de aquella enorme masa puesta de pronto en movimiento. De esta suerte, el proletariado alemán aparece por primera vez en la escena política principalmente como un partido democrático de extrema izquierda.
>
> Esto determinó el que nuestra bandera, al fundar en Alemania un gran periódico, no podía ser otra que la bandera de

la democracia; pero de una democracia que destacaba siempre, en cada caso concreto, el carácter específicamente proletario, que aún no podía estampar de una vez para siempre en su estandarte. Si no hubiéramos procedido de este modo, si no hubiéramos querido adherirnos al movimiento, incorporándonos a aquella ala que ya existía, que era la más progresiva y que, en el fondo, era un ala proletaria, para impulsarlo así hacia adelante, no nos hubiera quedado más remedio que ponernos a predicar el comunismo en alguna hojita lugareña y fundar, en vez de un gran partido de acción, una pequeña secta. Pero el papel de predicadores en el desierto no nos cuadraba; habíamos estudiado demasiado bien a los utopistas para caer en ello. No era para eso para lo que habíamos trazado nuestro programa.[17]

Las labores agitativas y de trabajo sobre las masas es lo que hizo que los comunistas se acercaran a la izquierda burguesa. La intención no era formar parte de esa ala y quedarse allí, sino concienciar y guiar a esa gente a las posiciones de clase y revolucionarias.

La izquierda actual ha perdido la perspectiva de clase y ha abrazado una línea ideológica que no representa los intereses de los trabajadores. Actualmente, defiende posiciones que coinciden con las de las grandes multinacionales y los gobiernos a su servicio. Ha pasado de defender la lucha de clases a defender agendas políticas que nada tienen que ver con las problemáticas y necesidades de los trabajadores. Es la nueva reacción, pero disfrazada de sonrisas y purpurina.

En este contexto, y teniendo en cuenta la evolución de la derecha predominante, queda claro que la dicotomía izquierda-derecha y los partidos de uno y otro espectro defienden los mismos intereses, aunque mantengan soflamas que a veces puedan parecer antitéticas. La izquierda y la derecha ya no significan lo mismo que antes; conforman los partidos al servicio del sistema, que bajo una falsa alternancia hacen que todo se mantenga como está. Los pequeños cambios y diferencias no son más que un mero maquillaje: mantienen la misma esencia. Los partidos del sistema, tanto de izquierdas como de derechas, solo sirven para engañar a la gente, polarizarla falsamente por nimiedades y mantener los intereses de los poderosos bien resguardados.

Los partidos del sistema, cuando este está en riesgo, tienden a unirse y apoyarse frente a cualquier peligro que ponga en duda los intereses sistémicos que defienden. En esas situaciones se olvidan de la supuesta lucha entre la izquierda y la derecha, y defienden a cara descubierta lo que de verdad les importa: defender el sistema que les da de comer. Un ejemplo de ello son los cordones sanitarios que a veces articulan y las grandes coaliciones de los partidos socialdemócratas y conservadores. Clouscard fue bastante claro al respecto de la alternancia de partidos ya en 1981: «Entonces el sistema dispone de una regulación interna: el juego del columpio —o de alternancia— de centro derecha y de centro izquierda».[18]

Clouscard no había visto en 1981 cómo terminaría de evolucionar tanto la izquierda, que no es de centro, como la derecha. El juego del columpio es bastante más amplio, hasta el punto de que la extrema izquierda, supuestamente radical, ha acabado pidiendo el voto a la izquierda por un ficticio auge del fascismo en España. En momentos de riesgo, la derecha también suele agruparse para mantener el orden establecido. Es el juego del columpio con el que consiguen engañar a los ciudadanos y mantenerlos alienados.

Transgresión, estética y moda de la revolución

Para la nueva izquierda, el sujeto revolucionario ya no es la clase obrera, eso sería ya cosa de otros tiempos; ahora todo se centra en el individuo. Ya no se busca la revolución en su sentido más «clásico», ahora se apuesta por el individualismo, es decir, por el acto individual de transgredir con lo establecido, con lo normativo.

Toma importancia la figura antes mencionada del rebelde, que realiza actos de transgresión contra lo normativo. Pretende que con actos individuales se pueda cambiar la realidad existente, problemas que afectan a la colectividad.

Esta transgresión de lo normativo no puede tener el resultado prometido por los defensores de esta ideología; el sistema difunde su ideología hasta en las propias mercancías. El individuo que rechaza la colectividad, por ser normativa y opresora, sin profundizar más en sus análisis y centrándose en lo individual en vez de apostar por un enfoque colectivo y de transformación de la sociedad, permite que el sistema siga alienando, afianzando el consumo transgresor y cimentando más su dominación.

En el nuevo modelo de consumo, la emancipación será a través de la transgresión.[19] Esa ruptura con lo normativo no es en realidad más que un consumo obediente de acuerdo con las modas impuestas en ese momento. El sistema ha conseguido vender su propia ideología en la mercancía, incluso dentro de lo supuestamente revolucionario. El sistema nos dirige también el modo de vida, el estilo de vida.

Se fomenta la individualidad y la transgresión individual envolviéndola en una apariencia revolucionaria y de progreso, pero en realidad el debilitamiento de la organización colectiva solo sirve para reducir toda posibilidad de una transformación social real. Un supuesto cambio individual no modifica la realidad colectiva, no contribuye a la transformación social ni acumula fuerzas para derribar al sistema.[20]

Como ya hemos comentado con anterioridad, el sistema ha conseguido difundir su propia ideología en las mercancías. La industria del deseo y de la creación de necesidades artificiales incentiva el nuevo consumo transgresor. Además, ha diseñado una estética, una moda revolucionaria, que no es más que una forma de hacer perder el tiempo, las energías y toda ansia de cambiar las cosas, reduciéndola a un estilo de ropa, música, expresiones que utilizas, tipo de ocio y hábitos que no ponen en riesgo al sistema dominante y que solo sirven para seguir incentivando el consumo. Aparentan ser alternativos, pero solo siguen modas inventadas por el sistema que nada tienen de revolucionario. El acto transgresor de sentirte y actuar de forma individual o en pequeños grupos de forma diferente al resto de la población no facilita la organización colectiva ni la resolución de ninguno de los problemas existentes, sino que agrupa a la gente por tribus urbanas y los enfrenta al resto de la población, distorsionando así los problemas reales y, en el mejor de los casos, haciéndola perder el tiempo en luchas estériles.

Cuando la moda de la revolución se consume y se apaga, surge otra igual de alienante para sustituirla, por supuesto, también sometida a la industria del *marketing* y a la del deseo capitalista. Es necesario tener en cuenta que una moda es promoción de venta.[21] Todas estas modas no son más que un negocio, que se renueva cada cierto tiempo y que es bastante lucrativo. Estamos ante el negocio de la «revolución», en la que importan mucho lo estético y las actitudes individuales de rebeldía, pero poco o, mejor dicho, nada la auténtica revolución, transformar nuestra realidad. Como apunta Clouscard:

> Así el neocapitalismo, mediante la moda actual, obtiene la regulación de su mercado y lo amplía: ha encontrado una nueva clientela y gracias al barroquismo de la moda actual se protege contra las incertidumbres de su mercado. Políticamente, ha desviado el ímpetu revolucionario de cierta juventud en las distracciones e identificado moda con revolución (¡lo cual no es poca cosa!).[22]

Son ejemplos paradigmáticos de esto algunas modas de la revolución que reciben el apoyo de las grandes empresas, compartiendo su línea ideológica y sus postulados, y que son capaces de seguir haciéndolo pasar por algo revolucionario. Los dos ejemplos más sangrantes son: el feminismo y el ecologismo, que no ecología.

El feminismo hegemónico recibe apoyo de las grandes empresas e incluso de antiguos presidentes del Gobierno. Lo hemos podido ver durante la llamada Huelga Feminista, en la que grandes empresarias y marcas internacionales apoyaron la jornada de «lucha»,[23] o en la entrevista que dio José Luis Rodríguez Zapatero para hablar, entre otras cosas, del feminismo.[24] Más sistémico no puede ser el feminismo actual, sin embargo, aún mantiene esa imagen de revolucionario, con su estética y demás parafernalia de moda.

El otro ejemplo más reseñable es el ecologismo, que mal enfocado no contribuye a la sostenibilidad del planeta, sino a restringir las actividades del individuo en vez de hacerlo con los productores y la industria del *marketing*, que diseña cómo debemos consumir. También es una moda, con sus características propias y su correspondiente estética, hábitos y soflamas. Sus portavoces parecen todos prefabricados, destacando entre ellos Greta Thunberg.

Las redes sociales

Internet y las redes sociales abrieron un amplio abanico de oportunidades beneficiosas para el individuo, permitiéndolo acceder a más información, publicitarse y conectar con otras personas. Sin embargo, el diseño de las redes sociales, sus algoritmos y los intereses de quienes dirigen las grandes empresas no se han enfocado en lograr la capacitación del hombre, lo que buscan es el máximo beneficio propio, aunque este pueda conllevar graves adicciones.

Lo que se busca, y para ello se diseñan los algoritmos, es que la persona esté el máximo tiempo posible utilizando la red social; lo que se persigue es el consumo, cuanto más, mejor. Esto en ocasiones (más numerosas de lo que la gente cree) puede crear graves problemas en el individuo.

Las redes sociales, que iban a conectarnos, nos han aislado más que nunca; estamos juntos, pero solos. De hecho, nos dirigen hacia una disminución progresiva de las conversaciones directas entre dos personas.[25] Se ha convertido al individuo en un hombre-teclado-pantalla;[26] la gente más joven, aunque no solo ellos, no puede vivir sin el móvil. Lo usan de forma constante, llegando a afectarles en su forma de comportarse. En el mundo se usa internet una media de seis horas y treinta y siete minutos diarios.[27] Pero esto solo es una media, la gente que se ve afectada de verdad por el consumo intenso de internet está mucho más tiempo conectada. Por otra parte, el uso del móvil supera las cinco horas diarias.[28] El uso adictivo de las redes sociales lleva a problemas similares a los que tienen los drogodependientes. Los adictos a las redes sociales pierden el control sobre el uso de las mismas desarrollando problemas como la pérdida de atención, ansiedad, depresión y desatención de las obligaciones de su vida personal, entre otros. Si no puedes parar de mirar el móvil y tienes una necesidad de hacerlo por si te estás perdiendo algo, sufres un problema de adicción.[29]

Esto no es más que la consecuencia lógica del consumo transgresor: la plataforma TikTok es buen ejemplo de ello. Su algoritmo es educado por tus gustos para mostrarte lo que te interesa y que no pares de consumir de forma acelerada vídeos cortos, uno detrás de otro, y que al cabo de un tiempo ni el propio usuario sea capaz de recordar qué ha visto. Es el consumo por el consumo, dando igual las consecuencias que pueda tener para la persona.

La adicción a las redes sociales crea problemas en el usuario, pero también puede agravar los que ya tiene una persona vulnerable:

> En resumen, un sujeto con una personalidad vulnerable, con una cohesión familiar débil y con unas relaciones sociales pobres corre un gran riesgo de hacerse adicto si cuenta con un hábito de recompensas inmediatas, tiene el objeto de la adicción a mano, se siente presionado por el grupo y está sometido a circunstancias de estrés (fracaso escolar, frustraciones afectivas o competitividad) o de vacío existencial (aislamiento social o

falta de objetivos). De este modo, más que de perfil de adicto a las nuevas tecnologías, hay que hablar de persona propensa a sufrir adicciones.[30]

Lejos de estar más conectados, nos hemos convertido en una muchedumbre solitaria,[31] no solo nos hemos convertido en usuarios de las redes sociales, sino que nos han transformado. Se fomentan así graves problemas en los individuos como la lectura acelerada y a trompicones, el pensamiento distraído y problemas generales de aprendizaje. También defectos conductuales como la envidia y la comparación permanente, el desarrollo de complejos, la rumia y el pensamiento neurótico. Por supuesto, también problemas relacionados con el sedentarismo y la obesidad. No obstante, las redes sociales tienen también su parte positiva. La cuestión está en saber usarlas de forma correcta, como instrumento en nuestro beneficio y no como algo que sea destructivo para nosotros.

Cuando se tiene una adicción a las redes sociales es necesario tomar medidas y ser consciente de que, aunque en un principio el usuario pueda sentirse mal por limitar el uso de las mismas, debe primar lo que le conviene a largo plazo. Debe enfocar el uso de redes sociales a cuestiones productivas para él, incluso en el ocio, que ha de ser contractivo, y evitar así caer en dinámicas consumistas que solo le afectan negativamente.

El siguiente fragmento corresponde a un artículo de investigación escrito para la revista *Historia de las ideas* sobre el tema, en el que se desarrolla de forma más extensa la cuestión y, además, expone qué hacer para enfocar el problema:

> La adicción a las redes sociales conlleva dependencia, una disminución de la capacidad crítica y una restricción de sus propios intereses. Las conductas relacionadas con la adicción están controladas por el placer inmediato en su origen, pero a largo plazo acaban siendo controladas por los reforzadores negativos.

En un inicio buscan el placer del momento, aunque a largo plazo solo traigan consecuencias negativas. Para salir de ahí, el adicto tiene que ser consciente de que debe aceptar el malestar inmediato para poder tener frutos buenos a largo plazo, solucionando su problema.[32]

Las redes sociales han conseguido implementar la industria del deseo y de la creación de necesidades artificiales, ayudando a que el consumo transgresor esté más cimentado que nunca, debilitando al individuo, aislándolo aún más, facilitando el consumo acelerado, instantáneo y continuo.

3

¿QUÉ LE HA PASADO A LA IZQUIERDA EN LAS ÚLTIMAS DÉCADAS?

La izquierda en la década de 1930 clamaba por la lucha de clases en toda Europa, y en España el PSOE seguía apostando por el socialismo y uno de sus líderes, de forma inmerecida sin duda, fue apodado como el Lenin español.[1] Las organizaciones obreras eran de base y tenían una amplia y vertebrada estructura, creada y desarrollada frente a la adversidad para defender los derechos e intereses de los trabajadores.[2]

No rehuían la violencia y su objetivo era la revolución, la toma del poder por parte de los trabajadores. Los sindicatos como la Unión General de Trabajadores abogaban por huelgas constantes que, además, cuando tomaban envergadura pretendían que se convirtieran en algo más, en huelgas políticas. El sindicalismo era combativo y luchaba contra la patronal y el Gobierno. La lucha obrera conllevó muertos, cárcel y persecuciones. Para la posteridad quedan acontecimientos como la Huelga General Revolucionaria de 1917, la huelga de La Canadiense o el llamado Trienio Bolchevique en Andalucía.

Cuando la derecha radical fue a entrar en el Gobierno en 1934 se insurreccionaron[3] y en Asturias presentaron resistencia armada al Estado. Para contrarrestar el poder que estaban tomando en las calles los grupos fascistas y las organizaciones bajo la influencia de este, organizaron milicias para enfrentarse a ellos, llegando a sufrir y a ocasionar bajas, incluso durante el periodo republicano. Las Milicias Antifascistas Obreras y Campesinas (MAOC) se fundaron en 1933 y fueron las fuerzas comunistas encargadas de luchar contra grupos como las Juntas de Ofensiva Nacional Sindicalista (JONS) o Falange Española,[4] entre otros. Ya de antes existían otros grupos de la derecha radical como los Legionarios de España, popularmente conocidos como los Legionarios de Albiñana, debido a su líder.[5] Eran el grupo perteneciente al Partido Nacionalista Español (PNE) fundado en 1930, en la etapa previa a la República.[6] Las milicias socialistas también existieron antes de la constitución de las MAOC.

A pesar de la falta de cultura por deficiencias en la educación del pueblo, las organizaciones obreras formaban a sus militantes, fomentando que fueran gente lo más instruida y capacitada posible: hacían formaciones, difundían prensa, realizaban actividades culturales e incluso deportivas. Querían que la gente fuera crítica y tuviera capacidad de analizar la realidad del momento.

La solidaridad era otra de las características de esa izquierda de hace años. La solidaridad y empatía hacia los represaliados, hacia aquellos obreros que estaban en pugna contra todos en huelgas combativas por conquistar los derechos laborales que aún mantenemos en gran parte. Huchas de resistencia, movilizaciones, donativos, lucha en las calles, etcétera. La labor del Socorro Rojo Internacional por media Europa es un buen ejemplo de ello.

Aquí muchos lectores se preguntarán, simpaticen o no con esa izquierda o movimiento revolucionario de antaño, qué tienen que ver todas estas cuestiones con cómo es la izquierda hoy en día. La verdad es que es difícil ver coincidencias, más allá de retóricas falseadas y símbolos prostituidos.

Si bien hubo un proceso de avance del reformismo tanto por la criminalización del comunismo como por que este se desinflara y se restaurase el capitalismo en la URSS,[7] incluso el reformismo socialdemócrata era muy diferente a cómo han evolucionado este tipo de organizaciones en los últimos cuarenta años. Cuesta imaginar a un partido socialdemócrata en la década de 1970 defendiendo que ser mujer es un sentimiento, apostando por la existencia de los «niñes» y los no binarios o afirmando que la clase obrera no existe ya, o que es diversa y que deberían ponerse detrás de una mujer trans a la vanguardia de la revolución.[8]

La izquierda actual ha abandonado la lucha de clases: ahora defienden luchas parciales encaminadas a los propios intereses del sistema. El sujeto revolucionario ya no es para ellos la clase obrera, ahora lo compone un variopinto grupo de minorías oprimidas que más que reivindicaciones parece que quieren imponer modas y presupuestos acientíficos basados en supuestos sentimientos y cuestiones no solo alejadas de la realidad de los trabajadores, sino que van frontalmente en contra de esta y de los intereses de los mismos.

Las luchas ahora son transversales y en plural, pero en realidad son como una jaula de grillos en la cual cada uno va por su lado, pero eso sí, todos bailan al son de las modas que impone el sistema. De todas estas luchas y supuestas opresiones se han constituido unos dogmas de fe, los cuales son de obligado cumplimiento. Todos juntos forman el pensamiento único del sistema, del cual no se puede disentir en nada o te defenestrarán del modo que puedan.

Estamos en la época de la corrección política, de pasar el rodillo por encima del que piense diferente, de la dictadura de lo políticamente correcto, la cual funciona como una apisonadora ante el hereje que se atreva a cuestionar el dogma. Se han convertido en una especie de Inquisición, pero mucho más activa que la original.

Ahora todo lo que no cuadre con sus designios e imposiciones es fascista y reaccionario, todo es anticuado y anacrónico. Lo más curioso es que todo esto dicen hacerlo en nombre de un supuesto progreso e incluso que algunos llegan a hablar de la revolución, cuando tienen la misma línea ideológica que las grandes empresas capitalistas. Han pasado de querer tomar el cielo por asalto a compartir línea de acción e ideológica con Amazon, Net-flix y otras grandes compañías capitalistas.

Aunque algunos grupos y partidos sigan hablando de revolu-ción (no todos lo hacen), se han convertido en los garantes de los intereses del capital financiero. No hay nada más sistémico que la izquierda actual y las organizaciones sindicales y sociales a su ser-vicio. Basan sus argumentos a menudo en los derechos humanos y afirman que no se debaten, ¿acaso no saben que los derechos hu-manos fueron precisamente fruto de un debate? Los derechos huma-nos solo les interesan cuando los pueden usar para sus mezquinos intereses. Fuera de ahí se olvidan pronto de ellos. Lo que intentan con estas cuestiones es imponer el dogma y que determinadas cuestiones sean como ellos manifiestan, sin capacidad de réplica de ningún tipo. Con la excusa de no retroceder en derechos, están imponiendo una forma de pensar con unos métodos que si los sufrieran ellos dirían que es fascismo.

En estas tendencias no solo han caído partidos de izquierda reformista y socialdemócrata, también lo han hecho la inmensa ma-yoría de los que se llaman a sí mismos comunistas. Podemos apreciar cómo partidos con hoces y martillos en sus símbolos y nombres de otra época, a cada cuál más revolucionario, han caído en defender lo *queer*, la parcialidad de las luchas y la agenda de las grandes empresas. De hecho, en España piden el voto para la izquierda con el objetivo de frenar a un fascismo[9] que, en el caso de nuestro país, es imagina-rio. Resumiendo, hacen el juego a los grandes poderes y piden el voto para los garantes de estos. La lucha obrera o la revolución solo son retórica y cosa de otra época para ellos.

Esta reconversión de la izquierda ha hecho que sus bases se estrechen como ha pasado con el Partido Socialdemócrata de Sue-cia. Abandonar a los trabajadores, no afrontar los problemas del país y sumarse a las modas sistémicas tiene sus consecuencias. Ha pasado de congregar más de un millón de afiliados en 1990 a me-nos de cien mil en la actualidad.[10] El rechazo de los trabajadores a este tipo de partidos por sus nuevos planteamientos es manifiesto y continuo.

En el caso de España la situación de los sindicatos es similar: UGT y CCOO están en un proceso de pérdida de afiliados constante. Quizá pueda tener algo que ver el que se hayan convertido en sindicatos al servicio del poder y que la única foto de sus dirigentes en una huelga se la hayan ido a hacer a Francia por la cuestión de las jubilaciones, cuando en España tenemos una situación peor. Llevan más de diez años sin hacer una huelga general en España con el panorama existente, y la única movilización, porque huelga no se la puede llamar, fue para un 8 de marzo, en la mal llamada Huelga Feminista que era apoyada por la patronal y el Gobierno.[11] ¿Qué huelga se hace sin objetivos económicos ni políticos y con el apoyo del poder? Curiosamente, también apoyaron la reforma laboral de Yolanda Díaz y Antonio Garamendi, una reforma con la que está encantada la patronal. Así son los sindicatos, y no solo los mayoritarios. Es recomendable ver los programas de CGT o CNT, en los cuales se habla más de ecologismo o feminismo que de lucha obrera. La desafección es evidente, y la consiguiente pérdida de afiliados también.[12]

El lector se preguntará por qué y cuándo comenzó a producirse este cambio. Tras la Revolución rusa se hicieron muchos intentos por aplacar y derrotar a los comunistas y a las fuerzas obreras a todos los niveles. Tras la Segunda Guerra Mundial, se redoblaron los esfuerzos. Los métodos violentos no funcionaron y decidieron desarrollar también otros tipos de trabajos. Uno de ellos fue la conformación del posmodernismo ideológico, la ideología de la nueva izquierda.

Los primeros pasos fueron incluso previos a la Escuela de Frankfurt, luego continuaron con la misma y de allí fueron a Estados Unidos, donde dominaron entre otras cosas la universidad. Se fue constituyendo una teoría o conjunto de ellas, cuyo objetivo era evitar la revolución, neutralizar a la izquierda revolucionaria, debilitar a los partidos comunistas y pervertir el marxismo bajo pretextos y formas supuestamente libertarias[13] o progresistas. Si el lector quiere profundizar sobre este proceso es recomendable que lea *Resistencia y lucha contra el posmodernismo*.[14] En dicho libro se analiza de forma detallada la irrupción del posmodernismo ideológico y su desarrollo en el tiempo.

En lo que es necesario centrarse para poder entender cómo ha llegado la izquierda a sufrir este cambio es en el momento en que esta nueva ideología se convirtió en la hegemónica. Esto sucedió durante el proceso de Mayo del 68 francés: a partir de ese momento se fue imponiendo la concepción de las cosas de esta nueva izquierda, país tras país, hasta la actualidad, en la que es la ideología hegemónica del momento.

Mayo del 68

Los hechos acaecidos durante Mayo del 68 han sufrido una romantización por parte de la izquierda actual,[15] que distorsionando la realidad describe lo allí sucedido como una especie de revolución en la que estuvo a punto de cambiar todo, cuando la realidad dista mucho de este relato. Hasta algunos de sus participantes principales han hablado del proceso como algo espontáneo, sin una dirección clara ni objetivos concretos.

Daniel Cohn-Bendit,[16] uno de los dirigentes estudiantiles del momento, llevó a cabo junto a algunos de sus compañeros una acción contra el ministro de Juventud y Deportes, al que le reprocharon no dar relevancia al problema sexual en la juventud.[17] Este hecho, que actualmente se vería como una *performance* más de la izquierda, tuvo una gran repercusión, que aupó a Cohn-Bendit a una posición privilegiada dentro del movimiento estudiantil y que lo colocaría en una situación idónea para ser una de las figuras juveniles universitarias durante el proceso de Mayo del 68.[18]

Autores como Raymond Aron señalaron que las protestas estudiantiles no surgieron de forma espontánea,[19] y que Cohn-Bendit y el Movimiento 22 de Marzo tuvieron buena parte de culpa. Este movimiento emergió como reacción a la detención de un joven estudiante y la ocupación de la Facultad de Letras en respuesta a la misma. Todo esto permitió a Cohn-Bendit ir tomando cada vez más prestigio dentro del movimiento. En mayo de ese mismo año continuó desarrollándose el movimiento estudiantil, produciéndose manifestaciones en la sede de Nanterre de la Universidad de París por la forma en que se hacían los exámenes.[20] Ante el aumento de las protestas, el decano cerró la sede.

El movimiento estudiantil comenzó a coger fuerza. Ante la represión empezó a movilizar a más gente, incluso buena parte del profesorado se solidarizó con sus estudiantes y apoyó las protestas, que iban en aumento.[21] Estos estudiantes y buena parte de los profesores que los apoyaron eran de extracción social burguesa, es decir, de clase media y alta. Sus posicionamientos y reivindicaciones poco tenían que ver con los del Partido Comunista Francés (PCF), la Confederación General del Trabajo (CGT) u otras fuerzas de izquierda obrera tradicional.

En un principio, el PCF se posicionó en contra de las protestas estudiantiles por considerarlas burguesas. Se vieron forzados a apoyar el movimiento debido a las presiones de sus bases, y en especial, de la CGT. En última instancia, les dio miedo estar perdiendo una oportunidad que los pudiera llevar al poder, aunque también temían estar lanzándose a una aventura destinada al fracaso. Su posición dubitativa hizo que con las elecciones convocadas por De Gaulle pasaran de tener 73 diputados a tan solo 34.[22]

La primera fase de Mayo del 68 fue el periodo ascendente del movimiento. El Gobierno decidió reprimir a los estudiantes, pero de una manera menos violenta de como solía reprimir las manifestaciones de los obreros y las organizaciones revolucionarias. El momento más álgido fue en la llamada Noche de las Barricadas,[23] durante la cual los estudiantes superaron todas las expectativas, con lo que se terminó esta fase ascendente y se pasó a la siguiente.[24]

A las protestas se sumaron los sindicatos, que decidieron apoyar a los estudiantes ante la represión del Gobierno. Se declaró la huelga general y el conflicto se recrudeció y se expandió. De Gaulle intentó convocar un referéndum, pero fracasó y las protestas siguieron su curso.

Cuando la situación no parecía que tuviera solución sin generar un conflicto civil importante, De Gaulle lo apostó todo a una carta convocando elecciones, basó su campaña en la defensa del orden. La izquierda fue perdiendo fuelle y los disturbios fueron a menos, con lo que De Gaulle ganó las elecciones. Después, ilegalizó a las organizaciones radicales, incluyendo al Movimiento 22 de Marzo de Cohn-Bendit.[25]

Tras el desinflamiento y posterior derrota del proceso de Mayo del 68, los obreros consiguieron mejoras salariales y los estudiantes volvieron a las clases. De Gaulle, a pesar de su victoria, fue derrotado en el referéndum de 1969, por lo que dimitió y se retiró de la política. Murió un año después.

Crítica ideológica al proceso y sus repercusiones

El historiador marxista Eric Hobsbawm señaló la extracción burguesa de los participantes de este movimiento y también que la Policía no reprimía a los jóvenes estudiantes de la misma forma en que lo hacía con las movilizaciones de los obreros franceses.[26] Además, expresó lo siguiente sobre el supuesto marxismo que defendían los jóvenes de las protestas, o por lo menos muchos de ellos:

> Era un marxismo peculiar, con una orientación universitaria, combinado con otras modas académicas del momento y, a veces, con otras ideologías, nacionalistas o religiosas, puesto que

nacía de las aulas y no de la experiencia vital de los trabajadores. De hecho, tenía poco que ver con el comportamiento político práctico de estos nuevos discípulos de Marx, que normalmente propugnaban la clase de militancia radical que no necesita de análisis alguno.[27]

El «marxismo» de estos jóvenes era una mezcla de teorías que poco tenían que ver con el marxismo revolucionario y la lucha obrera, de los que solo cogieron aquellos elementos que les sirvieron para justificar sus posiciones y sus actos izquierdistas e infantiles. Este fue uno de los motivos por los que las organizaciones obreras y el PCF tuvieron dudas con las protestas estudiantiles. Hobsbawm afirmó que los intelectuales no tuvieron un gran papel en los sucesos de mayo, y que actuaron dejándose llevar por lo que iba sucediendo, yendo a remolque de los acontecimientos.[28]

El ya citado Michel Clouscard es uno de los críticos principales al proceso de Mayo del 68 y de las repercusiones que tuvo este proceso en la izquierda. Para este autor, se constituyó la nueva izquierda con una nueva ideología que se convirtió en hegemónica tras los sucesos de Mayo del 68 francés.

Clouscard vivió el proceso y lo caracterizó como un movimiento de esencia liberal-libertaria y de carácter burgués. Señaló la experiencia como «un enorme *happening*, una toma de la Bastilla fantoche, un *remake* irrisorio, un tumulto», algo más cercano al «*psicodrama*» que a algo que pudiera tener un mínimo de esencia revolucionaria.[29] Para él fue una farsa sin sentido.[30] Además, criticó con fuerza las modas y la estética de la revolución, al igual que al movimiento jipi y la romantización de este tipo de procesos que para él no tenían nada que ver con el concepto de revolución del materialismo histórico.

Para Clouscard, en Mayo del 68 se llevó a cabo un nuevo reparto del poder que cimentaría el dominio de la burguesía a las cotas más elevadas hasta ese momento. Aunque él se refería a Francia, este reparto se extendió a los demás países:

> Mayo de 1968 anunció además el reparto del pastel entre los tres poderes constitutivos del consenso actual: liberal, socialdemócrata, libertario. Al primero se le devolvió la gestión económica, al segundo la gestión administrativa, al tercero la de las costumbres transformadas en necesidad del mercado del deseo. Tenemos así la nueva Francia.
>
> Ese trío consensual no es monolítico. Al contrario: es un sistema inestable siempre recomenzando alianzas, intercambios, compromisos. Y cada término no accede al poder más que en la medida que los otros lo consienten: la lengua de palo lo llama «tolerancia».
>
> Así es en el nuevo orden. Los tres principios constitutivos y antagónicos de Francia se reconcilian hipócritamente en un renegar común de los valores originales. La producción capitalista administrada por los políticos de la alternancia y de la cohabitación se consume según el modelo libertario. Esto se llama también: fin de los valores, de la historia y negación de la lucha de clases.[31]

Con este nuevo reparto, la ideología de la nueva izquierda cimentó la dominación y los intereses económicos de los de siempre, consiguiendo que se abandonara la lucha de clases por parte de la mayoría de las organizaciones de izquierdas o revolucionarias, enfocándose estas en luchas parciales estériles, en defender a supuestas minorías y en hacer el juego al sistema con sus modas inútiles y la estética de la revolución. Clouscard enunció una frase que define de forma magnífica lo que representó el proceso de Mayo del 68 y la ideología de la nueva izquierda que se convirtió en hegemónica gracias a él: «Todo es permitido, pero nada es posible».[32]

Otro de los grandes críticos de las protestas, también desde la izquierda, fue Pier Paolo Pasolini, cineasta, escritor y columnista italiano. Él señaló a los estudiantes de las protestas como «niños de papá» y pertenecientes a la burguesía. Llegó a defender a los policías que reprimían en los disturbios, ya que al menos eran hijos de obreros. Dejó escrito lo siguiente:

> (…) Ahora los periodistas de todo el mundo (incluidos
> los de la televisión)
> les lamen (como creo que aún se diga en el lenguaje
> de las universidades) el culo. Yo no, amigos.
> Tienen caras de hijos de papá.
> Buena raza no miente.
> Tienen el mismo ojo ruin.
> Son miedosos, ambiguos, desesperados
> (¡muy bien!) pero también saben cómo ser
> prepotentes, chantajistas y seguros:
> prerrogativas pequeño-burguesas, amigos.
> Cuando ayer en Valle Giulia pelearon
> con los policías,
> ¡yo simpatizaba con los policías!
> Porque los policías son hijos de pobres (…)[33]

En *Escritos corsarios*, un recopilatorio de artículos de Pasolini, se puede apreciar el pensamiento del escritor y columnista del *Corriere della Sera* sobre la nueva izquierda que emerge de Mayo del 68. En ellos desarrolla, entre otras cuestiones, las modas que impone la izquierda sistémica y critica a los jipis,[34] sobre los que señala que fueron absorbidos por el movimiento emergente de Mayo del 68. Cargó también contra los intelectuales por sumarse al movimiento: para él, un intelectual debe ser crítico y no dejarse llevar por la corriente de los acontecimientos.[35] Pasolini fue criticado por sus posiciones sobre las protestas estudiantiles de Mayo del 68, del mismo modo que la izquierda actual también tacha de reaccionario y nostálgico a todo aquel que cuestione sus dogmas.

Raymond Aron definió el proceso de Mayo del 68 como una «mascarada revolucionaria», en la que se produjo un cambio en la izquierda, una especie de punto de inflexión. Al igual que Hobsbawm, defendió que no se reprimió a los estudiantes como sí se hacía con los obreros por su extracción de clase media y alta. Según él, el Gobierno actuó tarde permitiendo que un «anarquista alemán» y su grupo de amigos hicieran lo que quisieran.[36]

Como ya se ha descrito con anterioridad, para Aron, el proceso no fue algo espontáneo, sino inducido por grupos estudiantiles como el de Cohn-Bendit. Señaló la disparidad de objetivos de los estudiantes y de los obreros, y criticó duramente a los profesores que apoyaron el proceso, pero que anteriormente se habían opuesto a la reforma universitaria, con lo que habían sido parte del problema que había desencadenado las protestas, traicionando su posición anterior.

El filósofo francés Gilles Lipovetsky, en su libro *La era del vacío*, señaló al movimiento como algo «laxo y relajado».[37] Es necesario tener en cuenta que este autor vivió el proceso y que era de izquierdas. Las críticas a las protestas vinieron hasta de aquellos que tenían una visión positiva y participaron de las mismas.

Conclusión

El proceso de Mayo del 68 francés fue una revuelta estudiantil que terminó consiguiendo que se sumaran las fuerzas obreras y se transformara en una huelga general. En un principio fue un movimiento principalmente pequeñoburgués, con unos objetivos difusos que poco tenían que ver con los intereses y objetivos de los propios trabajadores. El PCF y la CGT se dejaron arrastrar a apoyar las protestas, sufriendo un alto costo como fruto de la derrota de las mismas.

En este proceso se cambió la figura del revolucionario por la del rebelde, y el arte de la insurrección obrera por tendencias anarquizantes y espontáneas. El sujeto revolucionario dejó de ser la clase obrera para acabar defendiendo una especie de indefinición que terminó en las luchas parciales, la defensa de las minorías y otros desvaríos que vivimos en la actualidad. Surgió la nueva izquierda y su ideología sistémica como lo hegemónico dentro de la izquierda, extendiéndose por todos los países, transformando a las organizaciones obreras en entes dóciles al sistema. El nuevo revolucionario no es más que un pequeñoburgués o un desclasado que le hace el juego al sistema.

Sigue habiendo organizaciones de izquierdas que hablan del proceso de Mayo del 68 como de un gran éxito, pero la realidad es que la experiencia fue derrotada en algo más de un mes y que las fuerzas obreras en Francia sufrieron un grave retroceso en las elecciones y también en lo organizativo.

El sujeto revolucionario no puede ser una minoría, como un grupo de estudiantes, sin dirección ni objetivos claros. Los propios dirigentes del movimiento acusaron al PCF y a la CGT como los culpables del fracaso de la experiencia.[38] Debían pasar el rodillo sobre la izquierda obrera tradicional, debían rematar el trabajo. Sin duda, en las décadas posteriores lo conseguirían.

Mayo del 68 supuso un punto de inflexión en la izquierda: la nueva izquierda se impuso y desde entonces no ha parado de desarrollarse y distanciarse cada vez más de la esencia de lo que era la izquierda antes del proceso francés de 1968. Este proceso consiguió con los años lo que la reacción clásica no había conseguido nunca: una atomización y un proceso de dilución ideológica de las organizaciones obreras y de los movimientos sociales, incluida la mayoría de los partidos comunistas.[39]

La izquierda tras Mayo del 68

Tras Mayo del 68, la mayoría de los partidos de izquierdas, los sindicatos e incluso los partidos comunistas se vieron infectados, unos más rápido que otros, por la nueva ideología de la izquierda. Fueron abandonando las posiciones de clase para defender una teoría o un conjunto de ellas, que bajo pretextos y formas supuestamente revolucionarias o progresistas han realizado una labor de zapa, de degeneración y de decadencia de las organizaciones y fuerzas obreras.

En vez de luchar por los trabajadores, los han convertido en sus enemigos, defendiendo intereses antitéticos a los suyos. El obrero blanco y heterosexual europeo ha pasado a convertirse en un opresor, a pesar de que no posee los medios de producción ni explota a nadie. Sin embargo, las minorías son las revolucionarias, aunque algunos de sus miembros sean empresarios y tengan puestos de poder en gobiernos y administraciones. Los dogmas de fe del pensamiento único están definidos, todo el que se oponga o no encaje en ellos es un opresor, un fascista o algo aún peor. Han perdido la perspectiva de clase y el sentimiento nacional.

En los programas de los sindicatos se habla hoy más de ecologismo[40] o de feminismo que de lucha obrera. Y no solo los sindicatos mayoritarios, sino incluso los minoritarios como CGT o CNT. En el momento de escribir estas palabras, en la página web de CGT, si te metes en el apartado de «sindical» lo primero que se muestra es un contador de las víctimas de la violencia machista y un artículo sobre el beso de Rubiales a Jenni Hermoso.[41] El contador de las muertes por accidente laboral por no tener los trabajadores condiciones de seguridad y dignas para trabajar no lo ponen. Tampoco hablan de las necesidades de los trabajadores, solo desarrollan lo que dicta la moda sistémica del momento.

Si nos metemos en la página de la UGT, lo primero que nos sale es el artículo titulado «Corresponsabilidad y nuevas masculinidades para lograr la igualdad»,[42] cuestión que no representa ninguna necesidad real de los trabajadores. Una vez más, se prima la moda del sistema antes que los intereses de los trabajadores. Y así ocurre con todos y cada uno de los sindicatos más conocidos. No es de extrañar el bajón en las últimas décadas del número de afiliados a los sindicatos.

¿Cómo no va a haber una desafección de los trabajadores ante este tipo de políticas si no responden a ninguna de sus necesidades? A un trabajador no le interesa la nueva moda feminista o ecologista, le interesa llegar a final de mes, unas condiciones dignas de trabajo, que sus hijos puedan estudiar y desarrollarse, que puedan salir a la calle en su barrio a cualquier hora sin que les pase nada, la pérdida de su cultura, el ascenso de la criminalidad, la degradación de sus barrios y la *guetificación* e islamización. Estos son problemas reales de los trabajadores, a los que la nueva izquierda no da respuesta y en muchos casos simplemente niega su propia existencia.

Con los partidos de izquierda pasa lo mismo, se han elitizado y han dado de lado los intereses de los obreros. Centran su actividad en los intereses de los *lobbies* de las minorías, siguen modas impuestas por empresas y organismos internacionales, defienden intereses extranjeros en vez de los de su país y los dogmas de fe del sistema como algo de progreso, intentando imponer su pensamiento único a todo el mundo. El discurso de estos partidos es, en esencia, el mismo que el de las grandes empresas que dicen, o decían, combatir.

El PCE ha pasado de apostar por la revolución en España a defender que en 2023 existe el patriarcado, la brecha salarial y el techo de cristal. Defienden el establecimiento de cupos y que ser mujer es un sentimiento y no algo biológico y material. En su deriva han pasado de defender los derechos de las mujeres a ser feministas,[43] para luego abrazar el feminismo más *mainstream* y apostar por el borrado de las mujeres.[44] Su secretario general, Enrique Santiago, fue elegido como secretario de Estado para la

Agenda 2030,[45] es decir, tuvo un cargo que básicamente solo sirve para defender una agenda dictada por intereses ajenos a España en nuestro territorio. Lejos queda también la época del PCE de oponerse a la OTAN y de luchar contra el imperialismo norteamericano; ahora son los mayores defensores de la cultura hegemónica norteamericana y promueven su implantación aquí. Pasaron de ser patriotas a convertirse en nihilistas nacionales.

También han degenerado la cuestión de la lucha obrera, abandonándola y formando parte del bloque que sacó adelante la reforma laboral de Yolanda Díaz con apoyo de la patronal y, por tanto, en contra de los intereses de los trabajadores.[46] Hasta liberales como Juan Ramón Rallo afirmaron públicamente que la reforma no era perjudicial para ellos.[47] Lejos quedan las huelgas generales y la combatividad que demostró el PCE hace décadas. Han asumido el pensamiento único del sistema y defienden intereses ajenos a los obreros. El sujeto revolucionario ya no es la clase obrera, ahora lo son las minorías y aquellos grupos de los que puedan sacar réditos políticos. Ya no buscan la revolución, para ellos el nuevo acto revolucionario es la transgresión individual, la ruptura con lo supuestamente normativo y opresor. Al igual que con los sindicatos, no es de extrañar la debacle en el número de militantes en este partido, que cada año está en una situación más precaria.

La izquierda se ha convertido en algo sistémico, solo hablan de clichés y mantras repetidos una y otra vez. Han desvirtuado la lucha y lo han convertido todo en modas, favoreciendo la implantación del consumo transgresor. Tienen un papel importante en el aumento de la alienación del individuo, en la debilitación de la identidad colectiva y en la labor de zapa para la organización obrera y revolucionaria. Han conseguido la desmovilización de los trabajadores y el debilitamiento de aquellos agentes que antes servían para concienciar, agilizar y movilizar a la gente. Además, bajo sus falsos preceptos revolucionarios han conseguido criminalizar y estigmatizar aún más a quienes de verdad quieren transformar y cambiar las cosas. La gente de a pie piensa que el comunismo, el marxismo o lo revolucionario es lo que promueve la nueva izquierda, dificultando más que nunca cualquier intento de construir una alternativa real.

La nueva izquierda se dedica constantemente a polarizar a través de falsas dicotomías, haciendo pensar a la gente que si no les vota llegará el fascismo. La izquierda ha apostado vehementemente por el populismo más rancio. En España llaman constantemente al voto para frenar al fascismo, aunque no existan ni partidos ni organizaciones fascistas de más de cien personas.[48]

Los mayores logros de los que presumen las fuerzas de izquierdas tras el Gobierno del «progreso» han sido una reforma laboral que va en contra de los intereses de los trabajadores, una ley que borra a la mujer (la ley trans) y otra ley que es discriminatoria para el hombre (la ley del solo sí es sí). Ante esto, ¿cómo pretenden que los obreros no pierdan la fe en ellos y cambien su voto hacia otras opciones menos tradicionales? Y con el tiempo, cada vez pasará en mayor número.

Solo hablan de derechos humanos cuando les conviene, al igual que de democracia. Les importa mucho lo que pasa en Ucrania porque está lejos y porque Estados Unidos les obliga a apoyar este conflicto, pero poco sobre lo que pasa en la dictadura de Marruecos, la cual está muy lejos de respetar los derechos humanos o la democracia en su territorio. Cuando Sánchez reconoció el dominio de Marruecos sobre el Sáhara, Podemos no rompió el Gobierno, pero sí amenazó con hacerlo por el conflicto de la ley trans u otras cuestiones de menor importancia.[49]

La izquierda actual es la heredera de la que salió victoriosa[50] en París en 1968. Allí se establecieron las bases que han llevado a la izquierda a la situación actual; solo se ha producido el avance lógico de los preceptos y fundamentos que ya se esgrimieron y defendieron en 1968. La izquierda ha dejado de ser revolucionaria y de defender los intereses de los obreros, ahora es sistémica y va en contra de estos últimos. Ha pasado el rodillo y ha mantenido y extendido su hegemonía, muy pocos grupos se oponen en la actualidad a sus fundamentos y los que lo hacen son señalados, criminalizados, perseguidos y agredidos. La dictadura de lo políticamente correcto se ha convertido en una de las armas de esta nueva izquierda.

4
¿MARXISMO CULTURAL?

Vivimos en una época en que la falsificación de las referencias está a la orden del día: se construyen grandes relatos basados en mentiras, verdades a medias y emociones. Se retuerce la realidad para intentar amoldarla a un relato previo sesgado y partidista. Esto no es algo exclusivo de la izquierda, la derecha también ha adoptado esta forma de actuar como su línea principal de acción.

Es necesario exponer una de las críticas más manidas frente a todo lo *woke*, al posmodernismo ideológico y a la ideología hegemónica de la izquierda más sistémica: el mal llamado «marxismo cultural». Desde la derecha radical se ha tendido a señalar con este término a la ideología dominante relacionándola con el marxismo y el comunismo.

Es una teoría que se viene desarrollando desde la década de 1990 y se ha ido popularizando cada vez más con el tiempo. Según ella, vivimos bajo la influencia de un marxismo cultural que comenzó con la Escuela de Frankfurt y que se ha ido desarrollando y expandiendo hasta la actualidad. El objetivo sería destruir toda la civilización occidental, incluidos sus valores y estructuras. Esta teoría, que comenzó con un enfoque conspiranoico y marginal, ha ido escalando posiciones entre las fuerzas de la derecha mundial, hasta el punto de convertirse en referencial para grupos como el Tea Party[1] en Estados Unidos o Vox en España.[2]

La defensa de este tipo de planteamientos, en contraposición a todo lo *woke*, ha conseguido articular a amplios movimientos políticos y llevar a presidentes como Donald Trump o Viktor Orbán al poder. Vivimos en un momento en que el populismo vuelve a avanzar y a enfrentar conceptos como soberanía o patriotismo al relato globalizador.

Culpan al comunismo de la situación actual, pero están desvirtuando la realidad. La ideología hegemónica no tiene nada que ver con el marxismo; al contrario, ha servido para demoler el movimiento comunista y, en su momento, a los propios países socialistas. Como ya se ha comentado, Clouscard fue claro al respecto: la ideología de la nueva izquierda no tiene nada de revolucionaria y, tras pretextos falsos, esconde su esencia: ser la ideología del capital financiero.[3]

La Escuela de Frankfurt y todo el pensamiento desarrollado con posterioridad infectó a la izquierda y al movimiento comunista desarticulándolo, dejándolo postrado y sin capacidad de nada. Muchos de esos partidos dejaron de ser comunistas, unos de forma pública y otros manteniendo algunos «pretextos libertarios», pero abrazando la reacción. Se convirtieron en defensores de los intereses de las grandes empresas y se transformaron en la nueva reacción, disfrazada con purpurina y retóricas izquierdistas.

Además de la sociedad en su conjunto, precisamente los más perjudicados por la ideología de la nueva izquierda no son otros que los marxistas revolucionarios. Las organizaciones obreras se encuentran en proceso de disolución y retroceso permanente: la capacidad de movilización es ínfima y la peligrosidad frente al sistema, nula. Esta ideología surgió para acabar con el marxismo revolucionario para la defensa del capital, no para realizar una revolución mundial por otros medios. Estos son los frutos de esa ideología: el control más férreo sobre la población.

La teoría que defiende que existe ese marxismo cultural está mal enfocada, cae en el conspiracionismo y distorsiona la realidad.

Al gran capital no le interesan la identidad o las costumbres europeas, lo que busca es la expansión de su dominación y la ampliación de sus beneficios. Quiere vencer todo tipo de resistencia, por eso destruyó la combatividad de la izquierda y de las organizaciones obreras y ataca toda identidad colectiva que pueda suponerle un freno, por eso está facilitando la destrucción de Europa y el mundo como los conocemos.

El marxismo no tiene nada que ver con esta ideología de la nueva izquierda, al contrario, debe combatirla con vehemencia. No se puede tener una perspectiva de clase defendiendo los intereses de las grandes empresas, del imperialismo; posicionándose a favor de las fronteras abiertas y la depauperación de la clase obrera; permitiendo el nihilismo nacional y la destrucción de nuestras patrias. La nueva izquierda y su ideología no son más que una falsificación, una farsa, un intento de disfrazar a la nueva reacción.

El texto que se considera iniciático para el desarrollo de toda la teoría del marxismo cultural es «La nueva Edad Media: La Escuela de Frankfurt y la corrección política», de Michael Minnicino, que fue escrito en 1991. A continuación, se analizarán algunos fragmentos para que se pueda comprender todo lo desarrollado con anterioridad.

En la primera parte del artículo, Minnicino desarrolla un análisis de la sociedad actual[4] y de la decadencia cultural a la que se ve abocado Occidente. El artículo se deja llevar por el conspiracionismo, los mitos e incluso tiene dejes esotéricos, pero una parte de su crítica, dejando a un lado esto último, es de utilidad para comprender la visión de la derecha radical que ha abrazado esta teoría y para entender la propia evolución de nuestra sociedad.

> La gente de Norteamérica y Europa acepta hoy un nivel de fealdad en sus vidas diarias casi sin precedentes en la historia de la civilización occidental. La mayoría de nosotros se ha acostumbrado tanto a este estado de cosas, que la muerte de

millones por hambre y enfermedad no nos arranca más que un suspiro o un murmullo de protesta. Las calles de nuestras propias ciudades, hogar de legiones de *homeless*, son gobernadas por Dope Inc., la industria más grande del mundo, y en dichas calles los americanos se matan ahora el uno al otro en una escala no vista desde las Edades Oscurantistas.[5]

Es cierto que ya desde antes de la década de 1990[6] se puede apreciar un perfeccionamiento en la maquinaria de alienación por parte del sistema. De hecho, Minnicino no llegó a ver cuando escribió este artículo la profesionalización de la misma a través de redes sociales, las aplicaciones, la industria musical y plataformas varias. Han insensibilizado a la gente ante cuestiones morales importantes, han aislado al individuo, creando consumidores sumisos y haciendo que solo se preocupen por cuestiones sin relevancia y contrarias en muchas ocasiones a su propio desarrollo personal. Mediante las modas del sistema han conseguido que haya mucha gente que se preocupa por causas ajenas y distantes geográficamente, pero que les dé igual lo que pasa en su ciudad, con sus vecinos. Si el número de personas viviendo en la calle aumenta, si se multiplican los casos de abusos sexuales o mueren personas de forma violenta, carece de importancia si se oculta en los telediarios, si no te salpica directamente. Continúa de forma posterior con lo siguiente:

> Nuestros niños pasan tanto tiempo sentados frente al televisor como el que pasan en la escuela, mirando con regocijo escenas de tortura y muerte que podrían haber resultado chocantes para el público del coliseo romano. La música está por todas partes, casi inesquivable, pero no eleva, ni siquiera tranquiliza: rasga los oídos, lanzando a veces una obscenidad. Nuestras artes plásticas son feas, nuestra arquitectura es fea, nuestra ropa es fea. Ha habido, ciertamente, periodos en la historia en los que

la humanidad ha vivido en semejantes condiciones de bruta-
lidad, pero nuestro tiempo es crucialmente diferente. Nuestra
era posterior a la Segunda Guerra Mundial es la primera en la
historia en la cual dichos horrores son completamente evita-
bles. Nuestro tiempo es el primero en poseer la tecnología y
los recursos para alimentar, proveer vivienda, educación y un
trabajo digno a cada persona sobre la tierra, sin importar cuál
sea el crecimiento de la población. Aun así, cuando se muestran
las ideas y se demuestran las tecnologías que pueden resolver
los más horrendos problemas, la mayoría de la gente se repliega
en una pasividad implacable. Nos hemos vuelto no solo feos,
sino impotentes.[7]

La pasividad y el pesimismo son otros dos rasgos de nuestra
sociedad, incrementados, sin duda, desde la época de Minnicino.
Las modas para favorecer el consumo frenético son cada vez más
ridículas y se reinventan de forma constante. El autor critica que,
con los medios del momento, recalcando la capacidad tecnológica,
pudiera encontrarse la sociedad en el estado en que estaba. Cier-
tamente, se habría sorprendido de que con los años y la aparición
de internet y de las redes sociales haya empeorado tanto la situación. Los niños, y los que no son niños, se pasan horas y horas
diarias pegados no solo a la pantalla de la televisión, sino también
al móvil y a los ordenadores. Nos hemos vuelto no solo impotentes, sino además adictos. Uno de los grandes problemas de nuestra
sociedad son las adicciones, las cuales generan a su vez otros problemas. Nos encontramos en una época en la que la salud mental
se ha deteriorado de forma grave y no tiene visos de solucionarse
a corto plazo.

El artículo continúa con planteamientos conspiranoicos con
respecto al comunismo y la francmasonería, llegando incluso a
contradecirse, como veremos más adelante. Las teorías conspiranoicas basadas en opiniones y relatos solo sirven para emborronar

la verdad y que no pueda esclarecerse ninguno de los problemas que en algunas ocasiones se supone que quieren solucionar. Sin embargo, el análisis del papel de los medios de comunicación que realiza es llamativo, sobre todo teniendo en cuenta la evolución que han tenido con las redes sociales e internet.

> Esta conspiración fue decisiva en el planeamiento y en el desarrollo —como medios de manipulación social— de las vastas y hermanadas nuevas industrias de la radio, la televisión, el cine, la música registrada, la publicidad y las encuestas de opinión pública. El omnipresente control psicológico de los medios de comunicación fue intencionalmente fomentado para crear la pasividad y el pesimismo que aflige a nuestras poblaciones en el presente.[8]

Aquí el autor plantea que la pasividad y el pesimismo, además de un producto de nuestra época, son algo inducido desde los medios de comunicación. Es algo evidente que el sistema intenta que la mayor parte de la población adquiera una forma de comportarse, una cultura de consumo y de sumisión ante lo establecido. Este fenómeno se puede observar en las redes sociales, en las televisiones y en las plataformas, que se han convertido en verdaderos centros de propaganda de la ideología *woke*.

Minnicino no tarda en culpar al comunismo de todos los males de la ideología de la nueva izquierda:

> Nuestras universidades, cuna de nuestro futuro intelectual y tecnológico, han sido saturadas por una Nueva Era de «Corrección Política» al estilo Comintern. Con el colapso de la Unión Soviética, nuestros campus representan hoy la más grande concentración de dogma marxista en el mundo. El irracional arrebato adolescente de los años sesenta se ha institucionalizado bajo la forma de una «revolución permanente». Nuestros

profesores miran por encima de sus hombros, esperando que la moda actual explote antes de que la denuncia de algún estudiante arruine el trabajo de toda una vida; algunos registran sus clases con una grabadora, temiendo acusaciones de «insensibilidad» por parte de alguna enfurecida «Guardia Roja».[9]

Mezclar la revolución permanente de Trotski con la Komintern ya denota una falta de conocimiento clara sobre qué posiciones mantuvo la Internacional Comunista.[10] Los comunistas también son perseguidos por la «Guardia Roja» de la que habla Minnicino. Grover Furr[11] fue incluido en la lista de los 101 académicos más peligrosos de Estados Unidos:[12] la nueva izquierda solo acepta los rasgos no revolucionarios del marxismo, mientras persigue con vehemencia a aquellos que siguen defendiendo el marxismo creativo y revolucionario.

Es curioso que Minnicino use el término «estilo Komintern» y que intente culpar a la URSS o al comunismo del surgimiento del posmodernismo ideológico. ¿Alguien podría creer que en la Unión Soviética de Stalin se promovieran políticas LGTBI, se fomentaran autores del tercer mundo, femeninos u homosexuales y se defendiesen apuestas cosmopolitas?

Es necesario aportar una serie de datos que sirven para desmontar todas las afirmaciones de Minnicino de que el marxismo cultural existe y de que es el marxismo adaptándose a la mal llamada «revolución permanente». En la URSS se prohibió la homosexualidad masculina en 1933, con lo que difícilmente determinadas políticas que se han implementado hasta la actualidad son achacables a la URSS, menos aún al periodo de la Komintern. Stalin depuró a Kolontái, condenando sus posiciones sobre la promiscuidad y la cuestión sexual; el PCUS se opuso al cosmopolitismo e inició una campaña contra el mismo en 1949. La Komintern se disolvió en 1943, por lo que todas las acusaciones de posiciones de la Internacional posteriores a ese año son falsas. Durante una buena parte del artículo se usa a Lukács para demostrar la ligazón de la URSS con la nueva ideología que Minnicino denomina marxismo cultural; sin embargo, Lukács fue mandado a prisión por Stalin y sus obras, prohibidas. La labor del propio Lukács y de los autores de la Escuela de Frankfurt fue en favor del imperialismo de Estados Unidos, no para fomentar el avance de la revolución mundial. Sus planteamientos y teorías llevaron a un debilitamiento sin precedentes de las fuerzas obreras y por la revolución.

Es necesario entender que la URSS cambió después del XX Congreso, aunque su papel en Mayo del 68 demuestra que no fue precisamente la impulsora de la nueva izquierda. Hasta la muerte de Stalin y el proceso de constitución del capitalismo de Estado posterior, hubo una lucha enconada contra el cosmopolitismo y muchos de los preceptos que luego fundamentarían buena parte de los principios y bases de la ideología de la nueva izquierda.

Minnicino llega a afirmar que la Escuela de Frankfurt y sus teorías fueron aceptadas oficialmente por el Gobierno de los Estados Unidos durante la Segunda Guerra Mundial, y que estos cominternistas fueron los responsables de determinar quiénes eran los enemigos de América durante la guerra y después de ella.[13] Está afirmando que los comunistas eran los que llevaban la dirección de los Estados Unidos, lo cual representa un disparate de grandes dimensiones. Posteriormente, plantea que la CIA utilizó las drogas para llevar a cabo un control mental eficiente. ¿Qué tiene que ver nada de esto con la URSS, la Komintern (que ya no existía) o el comunismo? A lo largo del artículo, hay varias ocasiones en que Minnicino cae en contradicciones de este tipo, en las que o bien comete errores incluso temporales o desarrolla cuestiones que dejan en evidencia que lo que denomina marxismo cultural no tiene los orígenes que él plantea.

Para Minnicino, el indicador principal de la Era Oscurantista en que vivimos es que una mayoría de la población está perdiendo la capacidad cognitiva para transmitir a la generación siguiente las ideas y los métodos sobre los cuales nuestra civilización fue construida. La pérdida de dicha capacidad es el principal indicador de una Era Oscurantista. Y una nueva Era Oscurantista es exactamente en la que estamos inmersos. En tales circunstancias, el registro de la historia es inequívoco: o creamos un Renacimiento —un renacimiento de los principios fundamentales sobre los cuales se originó la civilización—, o nuestra civilización se muere.[14]

Esta pérdida de capacidad de transmisión de valores, de tradiciones, de la historia y de la cultura de los que nos antecedieron se está incrementando día a día debido a que vivimos en una sociedad cada vez más líquida, más vacía, en la que a pesar de tener más acceso que nunca a la información, la gente muestra cada vez menos capacidad crítica y se encuentra más alienada; solo importa que la gente consuma a un ritmo cada vez más acelerado.

A lo largo del artículo critica, especialmente apuntando a Theodor Adorno y a Walter Benjamin, el uso de los medios de comunicación para contribuir a alienar y manipular al ciudadano de a pie. Señala de forma concreta y relevante el uso, nuevo uso, de las encuestas para fomentar la manipulación:

> Hoy, las encuestas de opinión pública como las de los noticieros de la televisión han sido completamente integradas a nuestra sociedad. Un «sondeo científico» de lo que se dice que la gente piensa acerca de determinada cuestión puede ser producido en menos de veinticuatro horas. Algunas campañas para altos cargos políticos están por completo moldeadas por las encuestas; de hecho, muchos políticos intentan crear cuestiones que son en sí mismas insignificantes, pero que saben que se verán bien en las encuestas, y hacen esto meramente con el propósito de hacerse «populares». Se toman importantes decisiones políticas, incluso con anterioridad al voto de la ciudadanía o del poder legislativo, de acuerdo con los resultados de las encuestas. Los periódicos escribirán ocasionalmente editoriales beatos

instando a la gente a pensar por sí misma al mismo tiempo que el agente de negocios del periódico envía un cheque a la organización encuestadora local.[15]

Un buen ejemplo de esta manipulación, y que en España ha creado una gran controversia, son las acusaciones de imparcialidad y manipulación, por no hablar de lo frecuente que es que no se acerquen ni de lejos a la realidad, de las encuestas realizadas por Tezanos a través del Centro de Investigaciones Sociológicas (CIS). Las acusaciones de manipulación son frecuentes y virulentas.[16]

El marxismo cultural es, en resumen, una denominación errónea, la ideología de la nueva izquierda no tiene nada que ver con el marxismo. No defiende la lucha de clases ni la revolución. Es la ideología del gran capital, una ideología sistémica que nada tiene que ver con las luchas obreras o comunistas. Sus defensores, aunque se puedan disfrazar de progresistas o de revolucionarios, no son más que la nueva reacción, oculta tras purpurina y símbolos que no les pertenecen. Defender este término o teorías conspiranoicas relacionadas solo sirve para emborronar la verdad y contribuir a la alienación general para que todo permanezca tal y como está.

5

EL PENSAMIENTO ÚNICO DEL SISTEMA Y LOS DOGMAS DE FE: LA DICTADURA DE LO POLÍTICAMENTE CORRECTO

En el capítulo anterior se ha definido cuál es la ideología hegemónica de la nueva izquierda, izquierda *woke* o posmodernismo ideológico.[1] Esta teoría o cúmulo de ellas articula un pensamiento único de obligada adscripción, dividido en una serie de cuestiones que son de obligado seguimiento en todas sus formas, una especie de dogmas de fe que si son violentados de alguna manera te conviertes inmediatamente en un monstruo, en un reaccionario, en un ser de otra época que solo merece extinguirse. Lo llaman progreso y defensa de los «derechos humanos»,[2] pero no son más que imposiciones para la defensa de intereses partidistas ajenos a la mayoría de la sociedad.

Cuando alguien no defiende alguno de los dogmas de fe del sistema comienzan a moverse contra él los engranajes de la dictadura de lo políticamente correcto con una fuerza tal que hace que las personas suelan autocensurarse para evitar problemas de cualquier tipo. El señalamiento, las campañas de odio, los insultos, las amenazas, las presiones laborales, los linchamientos y las criminalizaciones pueden llegar a ser continuos, prosiguiendo incluso con agresiones físicas, pérdida de futuras oportunidades profesionales e incluso procesos judiciales. Todo vale para defender el pensamiento único del sistema y acabar con cualquier resistencia ante lo que para ellos es el progreso. La corrección política llegó para quedarse y el individuo debe acatarla sin posibilidad de disentir, y pobre de aquel que no lo haga.

Los dogmas de fe son muchos, por lo que destacaremos los más relevantes. Los referentes al feminismo y al globalismo serán tratados en un apartado propio debido a su importancia. En el presente capítulo solo serán esbozados.

Los dogmas de fe representan unas posiciones o supuestas luchas claramente parciales, aisladas, mal enfocadas[3] y sistémicas. Se desarrollan a través de los dictados de las grandes organizaciones internacionales y se sirven de amplias campañas publicitarias de gobiernos y grandes empresas de comunicación y redes sociales.[4] Cada lucha parcial funciona a rebufo de los intereses generales del sistema, parcheando y haciendo creer a la gente que están cambiando las cosas gracias a sus esfuerzos y obediencia debida, cuando en realidad solo se está contribuyendo a que los de siempre sigan manteniendo su dominio. Hablan de cambios para no cambiar nada.

El posmodernismo ideológico permitió un nuevo reparto de poder y que los «avances» sociales[5] fueran dirigidos por la nueva izquierda, mientras que el control económico, su orientación, siguiera en las manos de los de siempre. La nueva izquierda tiene una gran influencia liberal, el liberalismo en gran parte comparte muchos presupuestos esenciales con la izquierda *woke*: libertad individual, defensa de la propiedad privada, fomento del individualismo en todos los ámbitos, rechazo a las tradiciones, etcétera. En realidad, la izquierda y la derecha del sistema se hacen el juego de forma mutua, retroalimentándose y simulando un enconado enfrentamiento, cuando en realidad defienden el mismo sistema y los mismos intereses de clase.

El pensamiento único del sistema ha llegado a tal punto que su obligado cumplimiento implica un seguimiento fijo y antirracional que recuerda a los dogmas de fe de las grandes religiones, en las que hay cuestiones en las que debes creer porque son un dogma, aunque sean incomprensibles para uno. Los defensores de esta ideología han conformado una especie de feligresía, que cuando empieza a funcionar la dictadura de lo políticamente correcto parecen, por sus acciones, una especie de nueva Inquisición, que persigue a los herejes ante la verdadera fe.

Esta caza de brujas no está enfocada solo a peligrosos subversivos que quieren derrocar el sistema, sino a cualquiera que disienta. Un ejemplo paradigmático de esto es la persecución a escritores e investigadores por disentir del discurso oficial. El ejemplo más sonado es la persecución que sufre J. K. Rowling, la creadora de Harry Potter, por el *lobby queer*. Su delito fue apoyar a una mujer que fue despedida por decir que ser mujer es una cuestión biológica.[6] Llegaron a producirse quedadas para quemar sus libros en público.[7]

En España hubo otro caso célebre: la cancelación y persecución a José Errasti y Marino Pérez por su libro *Nadie nace en un cuerpo equivocado*. Les amenazaron con quemar una librería con ellos dentro, y la presentación de la obra se vio interrumpida por la agresividad de los que fueron a reventarla.[8]

La ideología de la nueva izquierda y la parcialización de las luchas, junto al cambio del sujeto revolucionario,[9] ha conllevado a una debilidad de la organización política colectiva, contribuyendo al fomento del individualismo, del aislamiento y de la separación del individuo, mostrando como única forma de cambiar las cosas la transgresión individual, sobre la que ya se ha señalado su inutilidad para una auténtica transformación social.

Pasemos ahora a desarrollar los dogmas de fe principales.

Feminismo

El feminismo es uno de los grandes dogmas de fe, no solo por ser posiblemente el más extendido e interiorizado, sino que, además, es el más transversal, ya que suele introducir sus tentáculos en otros dogmas (ecofeminismo, feminismo racializado, etcétera.), condicionándolos y haciendo que modifiquen algunos de sus presupuestos. También es el dogma de fe con el que la persona de a pie tiene más fácil empatizar, por lo menos con su versión más demagógica. Una vez que una persona cae bajo los influjos de un dogma de fe, es una tarea fácil que continúe con los demás y acepte el pensamiento único del sistema en su conjunto.

El feminismo no es revolucionario. Es una ideología y un movimiento que ha sido asimilado por el sistema y que no tiene nada que ver con el progreso ni tiene ninguna capacidad de transformación. Es apoyado e implementado por las grandes empresas y la gran mayoría de sus apuestas y planteamientos está basada en cuestiones que ya no existen, en mentiras y en falsedades de todo tipo.

Ya desde sus inicios tuvo una esencia burguesa y liberal. El mejor ejemplo fueron las sufragistas, que separaron a las mujeres del movimiento obrero y de los hombres, para lograr avances parciales que no solucionaron ni sus problemas ni los de los trabajadores. Buen ejemplo de esto fue la confrontación que mujeres revolucionarias y comunistas como Clara Zetkin o Rosa Luxemburgo mantuvieron contra ellas, posiciones que son claramente antifeministas,[10] pues el feminismo no significa igualdad, por mucho que algunas se empeñen en ello. Defender los derechos de las mujeres y la igualdad no es equivalente a ser feminista: el feminismo actualmente defiende la discriminación.[11]

Vivimos en la época de los cupos, de la discriminación positiva, de los chantajes, de los señalamientos y de las cazas de brujas contra quien no comulga con los postulados feministas. Cada día hay más gente harta de sufrir estas situaciones y que se desencanta por momentos con el feminismo y sus imposiciones.[12] La vuelta de tuerca definitiva ha sido con el movimiento *queer* y transgenerista y con su ascenso al centro del poder dentro del movimiento feminista. Ahora ser mujer es un sentimiento, el sexo se puede cambiar mágicamente y a los niños se les puede hormonar desde tempranas edades. A las feministas radicales ahora se las persigue, se las señala y se las agrede mientras el movimiento feminista se encuentra dirigido por hombres biológicos que niegan serlo, que imponen una estética y una moda feminista que debe ser cumplida. Y aquellas mujeres que se oponen a ello son criminalizadas como TERF,[13] como tránsfobas, pasan a ser peor que los nazis en el organigrama de opresores y reaccionarios de esta gente.

El feminismo no es más que una rama del sistema apoyada por grandes empresas y gobiernos para separar las luchas, embaucar a la gente en una moda del progreso o de la revolución, que solo busca alienar y controlar cada vez más al individuo, haciéndole perder el tiempo o directamente defender intereses que le son ajenos. Desorganizan a aquellos que sí quieren cambiar las cosas y tienen una clara labor desmovilizadora. El mejor ejemplo de esto son los sindicatos, como CCOO o UGT, cuyos programas tienen más de feministas o ecologistas que de lucha obrera: solo hacen huelgas cuando los partidos de la izquierda a los que deben sumisión se lo ordenan. En España no hacen una huelga general desde 2012, a pesar de la situación de problemas económicos y sociales del país.[14] Ni siquiera lo hicieron durante la mayoría de los años de Gobierno de Mariano Rajoy. Solo organizaron una comparsa feminista en 2018, la cual no puede ser considerada como una huelga real, ya que fue algo con carácter festivo, apoyado por las grandes empresas y el Gobierno y sin reivindicaciones claras ni objetivos unificados. El carácter interclasista y sistémico de la mal llamada Huelga Feminista se puede apreciar tan solo con echar una ojeada a su manifiesto.[15]

El feminismo también contribuye a la separación y al aislamiento del individuo, pues para ellos el cambio no viene de la organización colectiva contra los que nos dominan, sino del cambio individual, de la transgresión individual contra las «imposiciones de lo normativo».

Cosmopolitismo

Aunque no son sinónimos, mucha gente se refiere a él como globalismo. Los primeros en efectuar una crítica contra el mismo fueron los soviéticos, que vieron que este pensamiento solo servía para implantar la dominación norteamericana en todo el mundo. La campaña contra el cosmopolitismo se desplegó a partir de 1949 con la publicación del artículo «Sobre un grupo antipatriótico de críticos teatrales», publicado en el *Pravda*.[16] Para ver tanto este artículo como *«El cosmopolitismo burgués y su papel reaccionario»*, publicado en *El Bolchevique*,[17] se recomienda ir a los anexos del libro *¿Cómo reconstruir la izquierda revolucionaria en España?*[18] En dicho libro se da la siguiente definición del cosmopolitismo, extraída de lo expuesto en ambos artículos:

> El cosmopolitismo es una ideología reaccionaria y capitalista que defiende la indiferencia, el olvido y la apatía frente a la cultura y tradiciones de un país, atentando contra su soberanía nacional, facilitando así la propagación de las ideas y la defensa de los intereses económicos del imperialismo. El cosmopolitismo es un instrumento para mantener y expandir la dominación de los monopolios, sometiendo a los pueblos, y obligarles a tener relaciones de dependencia con respecto a ellos.[19]

El ataque a lo autóctono como algo negativo y reaccionario y su sustitución por una presunta cultura internacional o globalizadora solo esconde el objetivo de hacer una *tabula rasa* con todo aquello que pueda ser un obstáculo para la implantación de la cultura hegemónica dominante, la norteamericana. No existe la cultura internacional del progreso, lo que estamos viviendo es la imposición de la cultura e intereses de los Estados Unidos.

Junto a esta cultura del cosmopolitismo viaja la idea de que los Estados ya no tienen sentido, que las fronteras son algo obsoleto, que el sentimiento nacional es cosa de otra época y que las tradiciones e historia de los países son algo anacrónico. Lo que se pretende con esto es aislar aún más al individuo, fomentar el individualismo, privarlo de todo soporte al que aferrarse y conseguir consumidores dóciles. Las identidades colectivas, las organizaciones e instrumentos para poder oponerse a estas imposiciones del sistema están siendo debilitadas y eliminadas; son el principal objetivo que eliminar por parte del cosmopolitismo. Su desaparición cimienta más que nunca la dominación sobre el individuo y sobre nuestros países. Nunca antes la gente había estado más alienada. Hay personas que piensan que hay más capacidad crítica que nunca en nuestra sociedad, pero la realidad desmiente este tipo de relatos, nunca ha habido menos capacidad de movilización, reivindicación y transformación que ahora. El sistema ha hecho bien su trabajo.

Es curioso ver cómo la izquierda, que tradicionalmente siempre ha denunciado las injerencias del imperialismo en sus países, de repente se ha convertido en la mayor defensora del pensamiento cosmopolita. Convirtiéndose en los mayores defensores de la cultura hegemónica norteamericana y, por tanto, plegándose a su agenda e intereses políticos. En su degeneración ideológica han llegado a defender políticas que favorecen la depauperación de la clase obrera, entre otras cuestiones que se desarrollarán más adelante.

Defender el sentimiento nacional, el orgullo nacional y la cultura de tu país no es algo negativo. Aunque siempre se intenta equiparar el patriotismo con el nacionalismo, son dos fenómenos cualitativamente diferentes. Se intenta mezclar estos conceptos junto con la exacerbación nacionalista e incluso racista. Querer a su país no hace que una persona crea que su cultura es superior a las demás y que debe imponerla, simplemente aprecia lo suyo y quiere que se mantenga. Este tipo de planteamientos y falseamientos no son más que relatos que buscan caricaturizar cualquier apego a lo nacional para criminalizar y favorecer la imposición de una especie de nihilismo nacional que solo sirve para facilitar y defender intereses ajenos al país y a su población: los intereses del imperialismo.

El influjo del cosmopolitismo nos llega por múltiples vías, no solo por las políticas de los gobiernos, de izquierdas o de derechas, que implantan las medidas de otros organismos superiores. Nos llega a través del sistema educativo, los personajes aupados a lo pop, cantantes, actores, películas, series, plataformas, redes sociales, etcétera. El bombardeo ideológico y cultural al que estamos sometidos constantemente es intenso y no tiene visos de parar. La defensa del Estado, en otras manos, como instrumento para enfrentarnos a estas dinámicas es vital y exige una lucha ideológica y cultural descarnada para poder contrarrestar lo que se está imponiendo en nuestra sociedad.

En el capítulo sobre inmigración hay un apartado en que se muestra el retraimiento de todo lo nacional y de las identidades colectivas frente al avance del cosmopolitismo a través de los últimos años.

Ecologismo

Cuando se habla de ecologismo en este libro se hace señalando a lo que comúnmente se entiende como tal, es decir, al ecologismo individualizado[20] o ecologismo capitalista. Nada que ver con la ecología, que es una ciencia, o con los grupos que buscan la sostenibilidad del planeta culpando al capitalismo y no al individuo que sufre las consecuencias del modelo productivo actual y de su industria del deseo y del consumo transgresor.

Pretender que la sostenibilidad del planeta, o la falta de ella, dependa del individuo, del consumidor, es caer en hacerle el juego a los verdaderos culpables, al modelo productivo capitalista, a las grandes empresas productoras. El individuo vive en una sociedad de consumo en la que tiene menos libertad de elección de lo que se pretende hacernos creer. Solo elige entre los productos que se le ofrecen desde las empresas, por lo que consume lo que tiene al alcance y la variedad de opciones está más restringida de lo que los gurús del ecologismo actual dicen. Además, la industria del deseo capitalista crea necesidades artificiales para promover un consumo constante, condicionando al individuo sobre lo que debe consumir y lo que no.

Las pequeñas acciones individuales están muy limitadas y su eficacia es prácticamente nula. ¿De qué sirve que consumas menos pajitas de plástico si la producción mundial de plástico no deja de crecer, aumentando en otros países? La sostenibilidad del planeta es algo global; de poco vale que en Europa se restrinjan determinadas cuestiones si las empresas producen y distribuyen más productos cuya elaboración perjudica a la misma en otros países. Se ha creado una moda ecologista, con la que se lucran organizaciones, personalidades y gobiernos, actuando muchas veces en contra de la lógica para conseguir una sostenibilidad ecológica global. Hay muchos intereses políticos e intereses de *lobbies* en juego, que evitan que se lleven a cabo medidas planificadas por expertos reales en la ecología y la sostenibilidad y no por niños *influencers* prefabricados como Greta Thunberg o Francisco Vera, que solo repiten clichés y argumentos en defensa del lucrativo negocio ecologista de los *lobbies* empresariales y de las ONG. Las grandes empresas buscan la obtención del máximo beneficio pasando por encima de sus competidores si pueden, y poco les importa la sostenibilidad futura del planeta.

Los recursos, o buena parte de ellos, no son ilimitados: el sistema capitalista no es sostenible ecológicamente. Solo un nuevo modo de producción más eficaz y planificado podría conseguir que la humanidad siguiera creciendo y desarrollándose en armonía con el medio ambiente y con una óptima utilización de los recursos.[21] Aun no compartiendo las posiciones de los decrecentistas, es necesario admitir que existen defensores serios y formados que apuestan por un decrecimiento ordenado como sociedad, pero desde luego no son a los que te encontrarás en los medios de comunicación defendiendo auténticas barbaridades al servicio de los *lobbies*.

La sostenibilidad ecológica y los problemas que esta presenta no deben ser analizados desde las perspectivas de las modas o los negocios de las grandes empresas, sino que hay que apartar esos intereses políticos y económicos y desarrollar estudios científicos y propuestas globales desarrolladas por expertos, no por *influencers* comprados por los poderosos.

El ejemplo de la producción de plásticos es una buena muestra de la hipocresía del *lobby* ecologista y de los gobiernos de determinados países. Actualmente, hay más residuos de plástico de un solo uso que nunca, 139 millones de toneladas en 2021. Además, hay que tener en cuenta que los productos de plástico son fabricados a partir de materias primas basadas en combustibles fósiles.[22] Los procesos de reciclaje siguen sin ser eficientes y no pueden revertir las consecuencias de una producción y una incitación al consumo irresponsable.

En la siguiente figura puede apreciarse cuáles son las principales empresas petroquímicas que hacen uso de polímeros vírgenes para la fabricación de productos de plástico de un solo uso.

ExxonMobil, empresa con sede en Estados Unidos, es la que más elabora esta clase de productos, pero luego es desde ese país donde más se incita a dejar de consumir plástico. Solo importa el negocio, no la sostenibilidad del planeta. De nuevo, los intereses del *lobby* antes que los de los ciudadanos.

En relación con los plásticos es necesario hablar de Coca-Cola, empresa que se dedica a promover campañas sobre su reducción en el uso del plástico.[23] Lleva a cabo este tipo de campañas cuando en realidad es la empresa que encabeza la generación de residuos plásticos a nivel mundial. En 2021, generó 19.826 millones de piezas de plástico, aumentando de forma drástica los

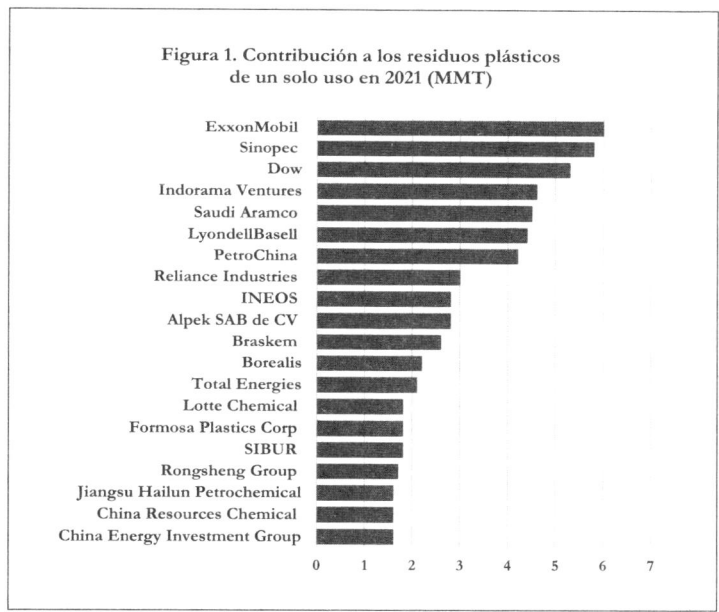

Figura 1. Contribución a los residuos plásticos
de un solo uso en 2021 (MMT)

Fuente: Adaptado de Minderoo Foundation (2023, 12).

números de años anteriores.[24] En 2018, según Break Free from Plastic, de un total de 187.000 piezas recogidas en la limpieza de costas, el 65 por ciento de las piezas de plástico correspondían a las grandes empresas, destacando Coca-Cola, Pepsi y Nestlé.[25]

Otra cuestión que reseñar es el aumento general de las emisiones de CO_2 a pesar del descenso producido en Norteamérica y en Europa.

La sostenibilidad es global, insisto: de poco sirven pequeños avances en determinadas zonas si luego en Asia, especialmente en China,[26] se multiplican exponencialmente las emisiones. El problema de la sostenibilidad debe enfocarse desde una perspectiva global y teniendo en cuenta que el modelo productivo actual no

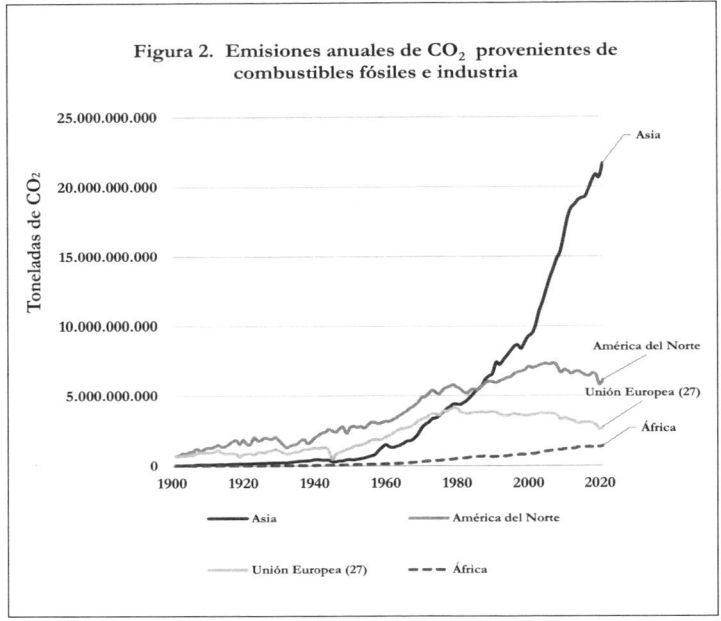

Figura 2. Emisiones anuales de CO_2 provenientes de combustibles fósiles e industria

Fuente: Adaptado de Our World in Data (2022).

es sostenible. El problema no es el individuo y la solución no son las medidas tomadas en base a modas o *lobbies* ecologistas en determinados países de Europa o Norteamérica. El problema no se va a solucionar sin tener en cuenta la necesidad de un cambio en el modo de producir.

Veganismo

En primer lugar, es necesario recalcar que una persona que decide por motivos personales llevar a cabo una dieta vegetariana estricta no significa que defienda las posiciones morales, éticas, filosóficas o ideológicas de lo que, sin duda, se ha convertido en una moda más del sistema: el veganismo. En la actualidad se han desvirtuado los significados originales de algunos términos, y el de veganismo es uno de ellos. Comúnmente cuando alguien señala que una persona es vegana lo que quiere designar es que es vegetariano estricto, es decir, que no consume productos de origen animal. En sus inicios, y en el núcleo del movimiento vegano, se concibe este no solo como un hábito alimenticio sino como «una filosofía y una forma de vida que busca excluir, en la medida de lo posible y practicable, todas las formas de explotación y crueldad hacia los animales para alimentación, vestimenta o cualquier otro propósito».[27]

El veganismo es parte de la ideología de la nueva izquierda, uno de sus dogmas de fe, y muy relacionado con la liberación animal. Además del hábito alimenticio, implica tener una serie de concepciones, presupuestos ideológicos que son inseparables para ser un buen vegano y cumplir con el dogma, con lo que requiere este *lobby*, esta moda sistémica.

El primer grupo en usar el término *veganismo* fue la Vegan Society, constituida en Reino Unido. Fue la promotora de muchos de los preceptos que han seguido desarrollándose hasta el día de hoy. El movimiento vegano se define a sí mismo como un movimiento de progreso, de lucha contra la opresión, continuador de grandes reivindicaciones como la lucha por los derechos de las mujeres o para acabar con la esclavitud. Intentar extrapolar problemáticas de la sociedad humana para hablar de la «opresión» de los animales es caer en una argumentación falaz que no tiene en cuenta las condiciones materiales de unos y de otros.

El uso de los animales, tanto para consumo como para ser usados como medio para el trabajo, son cuestiones sin las que no podríamos haber tenido una evolución como la que ha experimentado nuestra especie.[28] Es primar el moralismo y los sentimientos infundados a las necesidades de la propia humanidad, y anteponer unos sentimientos individuales al bien colectivo.

Si bien es cierto que cada vez se usa menos a los animales para determinadas cuestiones relacionadas con el trabajo humano y la producción, pues están siendo sustituidos por tecnología, aún es imprescindible su uso en muchas cuestiones de investigación y de producción donde no se les puede relevar sin crear un perjuicio a la humanidad. De hecho, en algunos casos no pueden ser relevados. Ninguna sociedad desarrollada hace apología del maltrato animal, por supuesto, pero los preceptos veganos no son compatibles con la industria alimenticia. Los animales no tienen derechos humanos, por la simple cuestión de que no son humanos. Los defensores del veganismo argumentan lo siguiente:

> El veganismo es pues un principio moral que se fundamenta en la idea ética de que todos los seres sintientes merecen ser considerados como personas, es decir, ser respetados siempre como fines en sí mismos, y nunca tratados como objetos, como simples medios para conseguir un fin. El veganismo consiste específicamente en aplicar esta idea moral a nuestra relación con los demás animales.
>
> Por supuesto que el veganismo, en su aplicación como movimiento social, también consiste en tratar de concienciar a todo el mundo sobre las posibilidades prácticas que tenemos de no participar en la explotación animal. Pero el cambio en la conducta no es menos importante que el cambio de mentalidad. Veganismo no significa solo dejar de explotar a los demás animales sino dejar de considerarlos como recursos al servicio de nuestros deseos y necesidades.[29]

Básicamente, se está defendiendo que los animales deben ser tratados como personas, con sus derechos, como si estos fueran racionales y pudieran, por ejemplo, tener una vida libre dentro de nuestra sociedad y sus ciudades. Desde los preceptos veganos la industria cárnica se cimentaría en un genocidio constante, el asesinato sería algo diario y los individuos que comen carne o favorecen la explotación animal en cualquiera de sus vertientes serían cómplices. Algunos grupos de veganos denominan «carnacas» a las personas que incluyen en su alimentación la ingesta de carne.

La filosofía vegana es idealista y anticientífica, y sus posicionamientos políticos tienen una marcada influencia liberal y elitista. Da una supuesta respuesta a problemas que se podrían calificar como del primer mundo. Se hace difícil imaginar a un granjero nigeriano preocupado por la situación «laboral» de sus vacas, bastante tiene ya con intentar conseguir sobrevivir. Este *lobby* está financiado y dirigido por los grandes poderes empresariales y políticos. No tiene nada de antisistema, es solo una moda más para garantizar la sumisión y alienación de los ciudadanos.

La propia Vegan Society es muy clara en demostrar el profundo carácter anticientífico de sus teorías:

> Aunque sin una evidencia científica de ello, sospechamos que el gran impedimento para el desarrollo moral del hombre está en su condición de parásito de otras formas de vida animal. La investigación acerca de las propiedades inmateriales de los alimentos apenas acaba de comenzar y no parece que los usuales métodos materialistas de investigación puedan aclararnos mucho sobre ello. Pero ¿acaso no sería posible que eliminando todas las vibraciones animales de nuestra dieta descubramos el camino no solamente hacia un modo de vida saludable sino también hacia un avance en nuestra capacidad intuitiva y psíquica desconocida hasta el presente?[30]

Admiten que no tienen ninguna evidencia científica para defender lo que promueven, añaden que eso no es ningún impedimento para nada y que tampoco esperan a corto plazo que eso cambie. Además, no dudan en afirmar que ser vegano puede llevar a que la humanidad alcance un estado superior en capacidad psíquica y capacidad intuitiva. ¿En qué se basan para afirmar esto? En sueños e ilusiones, en esperanzas fantasiosas. El idealismo de este dogma de fe es más que evidente.

Los grupos de activistas veganos, y las empresas que están detrás, quieren imponernos como sociedad no solo una forma de alimentarnos, sino una forma nueva de vivir e incluso de pensar. Les preocupan mucho los derechos y sentimientos de los animales, pero los activistas, blancos y de extracción social alta en su mayoría, no centran sus campañas políticas e ideológicas en los millones de muertos fruto de la miseria, las hambrunas, las guerras, los asesinatos o el propio sistema alimentario y sus efectos en los países subdesarrollados. Eso no les importa, solo lo que les pasa a determinados animales en los países desarrollados. De hecho, su agenda no difiere mucho de las de las grandes empresas que en teoría se supone que retóricamente combaten.

En los últimos años hemos visto campañas ridículas de estos grupos para concienciar. Las más famosas son las afamadas vigilias a las bandejas de carne en los supermercados.[31] Muchas de estas protestas acaban en conflictos con los trabajadores de los supermercados, que es a quienes perjudican con sus acciones. Al empresario, que es el que decide lo que se hace, no le molestan. Ni siquiera sabe quiénes son.

Liberación animal

El animalismo o movimiento de liberación animal se construye sobre los cimientos de los preceptos del veganismo. Aunque promueve un lenguaje y una estética en teoría antisistémicas, la mayor parte del movimiento vive de subvenciones y tiene un funcionamiento público sin ningún problema. Solo sufren represión, y bastante mitigada, aquellos grupos marginales que usan la violencia y atacan la propiedad privada, por ejemplo, con las llamadas liberaciones de animales en granjas, es decir, cuando se realizan asaltos y robos con fuerza.

Este movimiento parte de la base de que los animales son seres sintientes. En algunos casos directamente enuncian que los animales son racionales e iguales que las personas,[32] declaran su antiespecismo y su intención de luchar por conseguir la liberación animal total. Para ellos, los que apuestan por el uso de los animales para el desarrollo y avance de nuestra sociedad, no solo en el ámbito alimentario, son especistas que priorizan lo humano a lo demás, como si esto fuera algo extraño o a evitar y no algo deseable y lógico. De hecho, algunos han llegado a defender una especie de antiespecismo materialista, a pesar de que sus presupuestos base se fundamentan en sentimientos y relatos melodramáticos. Como ya señalé en mi libro *Resistencia y lucha contra el posmodernismo*:

> No existe un antiespecismo materialista; he llegado a ver defensores de esta aberración. El materialismo afirma todo lo contrario que el antiespecismo sobre cómo nos hicimos hombres, cómo se construyó la sociedad humana y cómo debemos construirla en el futuro.[33]

Este movimiento también tiene un claro enfoque burgués, elitista e idealista. Solo tiene fuerza en los países desarrollados y, al igual que con el veganismo, nadie en su sano juicio daría prioridad a estas cuestiones en Estados subdesarrollados como algunos de África, por ejemplo. Lo más curioso es que también usan soflamas radicales y en teoría antisistema, llamando incluso a la revolución, cuando en realidad defienden una moda sistémica sin peligro ninguno para aquello que dicen combatir. Aquí se puede ver un buen ejemplo de ello:

> El sexto Congreso de la Asociación Europea de Estudios Críticos Animales (EACAS) pretende ser, por tanto, un espacio

de encuentro y pensamiento crítico académico-activista para estudiantes, investigadoras, activistas y para todas aquellas personas interesadas en repensar la revolución, ya imparable, que conlleva la liberación animal en nuestras vidas y, sobre todo, en las de miles de millones de animales no humanos que experimentan en sus cuerpos la opresión especista con toda su violencia. Repensar la revolución, para tejer colectivamente estrategias que nos acerquen a la justicia social e interespecie, a la liberación animal total.[34]

Se puede apreciar cómo los términos *revolución*, *liberación* y *justicia social* son recurrentes en este tipo de documentos; eso sí, justicia social interespecie, por supuesto. En un mundo donde no existe esa justicia social ni siquiera entre humanos, ellos quieren centrarse en las opresiones contra los animales. Desde luego, comparar este tipo de causas con la conquista de los derechos de las mujeres o con la lucha contra la esclavitud es desvirtuar la realidad hasta límites peligrosos para la propia sociedad humana.

Este movimiento también promueve la creación de santuarios para que los animales «víctimas» de los humanos puedan vivir en libertad. Estos centros, en muchas ocasiones, no reúnen las condiciones adecuadas para los animales, ya que son gestionados por activistas y no por profesionales. Gastar recursos y esfuerzos en estos santuarios mientras que en las grandes ciudades de Occidente hay millones de vagabundos es una ofensa a la razón y a la humanidad. Es solo una muestra más de que este movimiento no busca el desarrollo de la sociedad o el progreso, solo sigue dictados y modas sistémicas.

En último lugar, es necesario hacer mención a los grupos marginales, o no tanto, que se dedican a realizar acciones violentas, en especial contra granjas de animales, supuestamente para liberarlos. Con estas acciones muchas veces crean más problemas de los que en teoría resuelven. Ejemplo de esto es cuando liberaron a unas conejas y murieron las crías y crearon problemas en el eco-sistema de la zona,[35] algo que también ha sucedido en granjas de visones.[36] También es célebre su oposición a acabar con las plagas de ratas y de ratones: por lo visto tienen más derechos que el resto de los animales y que los propios humanos, a pesar de las enfermedades y otros problemas asociados que conllevan.[37]

Prostitución

Desde hace tiempo el movimiento transgenerista ha impuesto su posición sobre la prostitución al resto del movimiento feminista. Aunque siguen estando activas las feministas abolicionistas, la hegemonía actual dentro de lo que se conoce como movimiento feminista está en manos de los *queer*.

Han surgido plataformas como el sindicato OTRAS,[38] que se dedica a blanquear el supuesto oficio libre de la prostitución. Cada vez hay un movimiento más grande a favor de la regulación y, por tanto, la normalización de la prostitución en nuestras sociedades. La llegada de las redes sociales y de plataformas de pago como OnlyFans han contribuido de forma nada desdeñable a favorecer la expansión de este negocio y facilitar el acceso al mismo; también han contribuido a blanquearlo de cara a la sociedad.

La prostitución es una industria que se basa en el sufrimiento ajeno, en aprovecharse de las necesidades económicas de la gente y de una cultura que promueve la idea de que ejercer la prostitución es la vía más rápida para conseguir dinero fácil, aunque luego pueda tener unas repercusiones terribles, tanto para la sociedad como para la propia persona que se prostituye. Además, está la cuestión moral del tipo de sociedad que se quiere y con qué valores se ha de desarrollar.

La mayor parte de la prostitución está enfocada hacia los hombres, el 99,7 por ciento;[39] además, la mayoría de los hombres solicitados para este tipo de servicios también están enfocados al consumo por parte de hombres. Es un negocio lucrativo que tiene en la explotación de la mujer su centro.

> Se intenta camuflar de muchas maneras, se intenta justificar desde perspectivas individuales, pero las estadísticas no mienten: entre el 80 y el 95 por ciento (Farley *et al.*, 2004) de las prostitutas están bajo el control de mafias y proxenetas; el 90 por ciento (Anon., 2007, p. 20) son mujeres inmigrantes, el 74 por ciento (Farley *et al.*, 2004) citan como la razón principal de por qué realizan ese trabajo la necesidad económica y al menos el 90 por ciento (Charpenel, 2012) de ellas desearían dejar esa vida de forma inmediata.[40]

En España hubo, tan solo entre 2018 y 2022, 1.041 detenciones por trata sexual y 1.107 por explotación sexual.[41] Que se hayan producido estas detenciones no sirve para saber el verdadero volumen de la trata en España, ya que es una actividad clandestina de la que la Policía no tiene un registro, más allá de las operaciones exitosas que llevan a cabo.

La prostitución la ejercen principalmente mujeres que están en una situación económica desfavorable o depauperada. Esto hace que la mayor parte de las mujeres que la ejercen sean mujeres inmigrantes, ya que su situación suele ser más precaria. En Francia, el 80 por ciento de las prostitutas son de origen inmigrante.[42] Si bien existe una prostitución libre y de lujo, esta no representa la situación general ni mayoritaria de las personas que la ejercen. Existen incluso actrices porno[43] o famosas de OnlyFans que dicen ser feministas y que afirman que este tipo de actividades son escogidas por ellas.

Privilegiados hay en todos los espacios, pero su situación no es ni la general ni moralmente aceptable para una sociedad de progreso. Por mucho que quieran hablar de la libre elección, para la inmensa mayoría no existe la posibilidad de escoger: o es por la fuerza o por una necesidad imperiosa de dinero. En el mundo, ocho de cada diez mujeres que ejercen la prostitución lo hacen en contra de su voluntad.[44]

Además, las prostitutas tienen un gran factor de riesgo en su trabajo, y no solo por las enfermedades venéreas, sino por la violencia y las violaciones que sufren en su desempeño. En Alemania, según datos del propio Gobierno alemán, el 50 por ciento de las mujeres que desean salir de la prostitución han sufrido violencia en su desarrollo, incluyendo, por supuesto, violaciones. Curiosamente estos datos coinciden con los proporcionados por la psicóloga Melissa Farley,[45] que han sido y son muy criticados por el *lobby* proxeneta.

En España la prostitución es alegal, es decir, existe una amplia red de prostitución en teoría prohibida, pero en realidad permitida por el Estado. Actualmente, pocos esfuerzos se hacen aparte de poner multas. Permiten que funcione en la ilegalidad o sirviéndose de vacíos legales.

Cada vez hay movimientos más fuertes que apuestan por la regulación, básicamente para sacar más beneficios y, además, de forma legal. Uno de los argumentos es el de dar derechos laborales a las prostitutas; sin embargo, la legalización no se ha traducido en una mejora en la vida de las mujeres que ejercen la prostitución en otros países, como por ejemplo en Países Bajos. De hecho, en Alemania la mayoría de las prostitutas han seguido trabajando sin contrato, al margen de la legalidad a pesar de que en ese país podrían hacerlo sin problema.[46]

El mito de que legalizar la prostitución da derechos es una estafa, por lo menos para la mayoría de las prostitutas. Lo que habría que hacer para ayudar a las mujeres que tienen que ejercer la prostitución, por lo menos a la inmensa mayoría de ellas, es ofrecerles una salida laboral adecuada y que puedan reintegrarse al funcionamiento normal y productivo de la sociedad. Se debe volver a insistir en que la situación privilegiada de unas pocas que desarrollan una prostitución de lujo no sirve para comprender la realidad que sufre la gran mayoría de mujeres que se ve abocada a prostituirse.

La solución de las feministas abolicionistas representa una mejora con respecto a la situación actual, pero tampoco soluciona el problema. Prohibir y actuar contra quienes están detrás del fomento de la prostitución, el desarrollo de la lucha cultural y la represión frente a los que contratan este tipo de servicios puede hacer disminuir el consumo de prostitución y la trata de personas con fines sexuales, pero no puede erradicarlos. La prostitución tiene unas causas históricas que la hicieron surgir, y bajo el sistema capitalista no van a cambiar; si no se hacen desaparecer esas causas siempre va a haber consumo de prostitución, aunque se consiga disminuir de forma considerable.[47]

La industria de la prostitución está muy relacionada con la de la pornografía y, de hecho, los escándalos por abusos son recurrentes en ambas esferas, pero esto se desarrollará en otro apartado posterior.

Drogadicción

El problema de las drogas y de su consumo no se puede analizar poniendo la lupa en el pequeño consumidor, ya que es solo una víctima de todo el proceso de producción, distribución y consumo del sistema. El problema se ha de abordar desde un punto de vista amplio: el verdadero causante del modelo actual no es otro que el propio sistema capitalista.

Ya desde la Antigüedad ha existido un consumo de drogas continuado que llega hasta la actualidad, pero era un consumo marginal en el que los adictos escaseaban. Su uso era local, limitado, por tanto, no masivo, y, en muchos casos, se llevaba a cabo por motivos religiosos y de culto. No existían las redes actuales de producción, almacenaje, distribución y venta. Todo esto llegó con el capitalismo, convirtiéndose en mercancía y creándose las capacidades antes descritas y de las que carecían anteriormente. El consumo de drogas actual es impensable en la Antigüedad, no se podría llevar a cabo sin tener las capacidades materiales antes descritas.

El tráfico de drogas se convirtió en un negocio lucrativo en extremo. Además, facilita tener a la gente en un estado de docilidad, aunque se esté destruyendo mental y físicamente al individuo, contribuyendo a aumentar la alienación. La persona que consume persigue evadirse de su realidad, buscando una solución rápida, pero también efímera a sus problemas, incluso a costa de crearse otros nuevos que pueden ser aún peores.

Con el capitalismo se instauró la industria de la droga, de hecho, fue una de las más fuertes desde sus inicios, constituyéndose a través de las farmacéuticas de forma legal. Estas podían comerciar con todo tipo de productos consiguiendo grandes ganancias. Con el paso del tiempo, se descubrió que algunas sustancias eran nocivas y dejaron de dispensarse o se restringió de forma estricta su dispensación.

El clorhidrato de coca fue un elemento recurrente en los jarabes durante mucho tiempo, y también existieron caramelos para los niños con cocaína. Otro tanto sucedió con la morfina y con la heroína, que también se vendió en forma de jarabe para quitar la tos y facilitar dormir.[48]

Sin embargo, los productos retirados son sustituidos por otros, de modo que el beneficio no se termina nunca. En ocasiones, los productos que sustituyen a los que suponían un riesgo para la salud vuelven a ser reemplazados por otros al descubrirse públicamente que tampoco eran beneficiosos. Cuando se desvela que un producto es utilizado para drogarse de forma lúdica se suelen meter restricciones. Un buen ejemplo de esto son los jarabes con codeína, que en teoría solo se pueden obtener con receta.[49] Cuan-

Botella de heroína comercializada por Bayer
en la década de 1920, que contenía 5 gramos
de la sustancia.

do un medicamento está creando adictos de forma visible suele generarse una alarma social que induce a que ese producto se retire o se controle más. La industria no puede dejar de ganar dinero porque se monte un escándalo con un producto determinado; puede seguir vendiendo otros, ya que no tiene sentido mantener algo que le perjudique la imagen.

La industria farmacéutica tiene el monopolio legal de la venta de drogas, y los Estados se han dotado de leyes para defender estos intereses y perseguir la producción, almacenaje y distribución al margen de la legalidad establecida. Estas medidas no han acabado con el tráfico de drogas; ni siquiera es lo que buscan. El objetivo es controlar al consumidor y que la situación no se vaya de las manos: tener adormilados a ciertos sectores es algo beneficioso para el Estado.

Todo el negocio relacionado con las drogas está dominado por grandes empresas internacionales, legales o no. Las legales son grandes corporaciones farmacéuticas y las ilegales, cárteles de la droga.

Como ya planteé en mi otro libro:

> Para solucionar toda la problemática de las drogas tal como la conocemos en la actualidad no puede ser abordada sin tener claro que el problema no existiría si no hubiera paraísos fiscales, blanqueo de dinero y corporaciones empresariales.[50]

Es decir, hay que actuar de forma directa contra los intereses de las grandes empresas capitalistas, lo cual en el sistema actual es difícil de realizar, por no decir imposible; se puede mitigar el problema, pero no acabar con él de raíz. Es necesario ir más allá y enfocarlo como algo propio del sistema actual, que ha de ser derribado y superado.

La principal labor que se puede realizar actualmente es la lucha encarnizada contra los cárteles y sus agentes, el desarrollo de una enconada lucha cultural que fomente la fortaleza del hombre, la cultura física y la capacidad crítica para alejarse de caer en el consumo. Los valores que transmite una sociedad son importantes. Todas estas cuestiones mitigarán el problema, aunque no lo erradicarán.

A nivel mundial, 296 millones de personas consumían drogas en 2021, un 23 por ciento más que diez años antes. El cannabis es la droga que más se consume, excluyendo el tabaco y el alcohol, por supuesto. 219 millones de personas consumieron esta droga en 2021; además, el 41 por ciento de los casos de trastornos por consumo de drogas son por cannabis.[51] Las muertes relacionadas con el consumo de drogas, directas e indirectas, también han aumentado año a año en las últimas décadas.[52]

El número de toneladas incautadas de cocaína y metanfetamina también es una buena muestra del aumento constante del consumo a nivel mundial. La industria de la producción de estas sustancias sigue aumentando: solo en 2021 se incautaron 2.026 toneladas de cocaína y 393 toneladas de metanfetamina.[53]

En Europa el consumo de drogas también es alarmante, solo durante el transcurso de 2022 hubo 22,2 millones de consumidores de cannabis, 3,5 millones de cocaína, 2,6 millones de MDMA, 2 millones de anfetaminas y 1 millón de heroína y otros opioides.[54] Además, Europa occidental y central es el segundo mercado de cocaína más grande del mundo.[55] España es también un puerto de entrada para la droga desde otros países extraeuropeos, lo cual empeora aún más el problema en el interior del país.

El problema de las drogas y su consumo asola nuestras sociedades, creando adictos y problemas derivados de estas adicciones: marginalidad, violencia, enfermedades mentales, empobrecimiento, etcétera. Es necesario actuar de manera firme contra aquellos

Tabla 1. Estimaciones del consumo de drogas
en la Unión Europea

	Cannabis (millones)	Cocaína (millones)	MDMA (millones)	Anfetaminas (millones)
Consumidores durante 2022 (15-35 años)	15,8 (15,5 %)	2,2 (2,2 %)	1,9 (1,9 %)	1,4 (1,4 %)
Consumidores durante 2022 (15-64 años)	22,2 (7,7 %)	3,5 (1,2 %)	2,6 (0,9 %)	2,0 (0,7 %)
Consumidores a lo largo de la vida (15-64 años)	78,9 (27,3 %)	14,4 (5,0 %)	10,6 (3,7 %)	8,9 (3,1 %)

Fuente: Observatorio Europeo de las Drogas y las Toxicomanías (2022, 9).

Tabla 2. Estimaciones del consumo de heroína y otros
opioides en la Unión Europea

Consumidores de opioides de alto riesgo	1 millón de personas
Consumidores de opioides que recibieron tratamiento en 2020	514.000 personas
Solicitudes de tratamiento a causa de la heroína	28 %
Sobredosis a causa de la heroína	74 %

Fuente: Observatorio Europeo de las Drogas y las Toxicomanías (2022, 9).

que promueven este lucrativo negocio, priorizando no solo la represión, sino la concienciación y educación de la gente para que todos contribuyan a acabar con este gran problema en nuestros países.

En la lucha cultural y política se puede apreciar cómo la nueva izquierda ha adoptado una posición antagónica respecto a la que mantenían con anterioridad. Ahora defienden el consumo personal, según ellos, responsable, de drogas con carácter lúdico, o en su opinión, medicinal. Apuestan, por tanto, por la legalización de determinadas sustancias que conllevarían nuevas legalizaciones de forma posterior. Justifican esto aduciendo que la gente ya lo hace y que representaría nuevos ingresos para el Estado que podrían invertirse en el bien de todos.

No es necesario extenderse mucho para demostrar estas afirmaciones, puesto que ellos mismos las han hecho públicas de forma constante. Por ejemplo, la Confederación Nacional del Trabajo (CNT), contraria a la prohibición de las drogas, en un artículo sobre el tema dice cosas como esta: «La quema de libros y la quema de drogas tienen algo en común: el humo desprendido de sus hogueras es una combustión incalculable de placer aniquilado».[56] Pocas veces se podrá ver una justificación tan burda del consumo de drogas, y solo hay que pasarse por algún acto de esta organización para darse cuenta de que este posicionamiento llevado a la práctica ha causado verdaderos estragos.

Otro ejemplo es cuando el Ministerio de Sanidad del Gobierno de Pedro Sánchez financió y publicó en su web un estudio para consumir drogas «de forma segura» practicando sexo.[57] Desde el propio Gobierno se promovió el consumo «responsable» de drogas, lo cual sería un escándalo en cualquier sociedad con un mínimo de moral o perspectiva de futuro.

Por último, basta recordar la propuesta de Más Madrid para legalizar la marihuana,[58] y que menos mal que no salió adelante, como tampoco el punto en el programa de Podemos en pro de la legalización de esta misma sustancia.⁵⁹ De hecho, existe hasta un círculo cannábico en este partido.

Con lo expuesto se puede ver en qué tendencia ha caído la izquierda en España, primando los deseos y vicios individuales al bienestar tanto colectivo como de la propia persona que puede acabar siendo un adicto. Antes se apostaba por la formación integral del hombre, por la cultura física y por una vida saludable. Ahora han caído en defender las modas del sistema y contribuir a tener a la gente alienada y sumisa. Se han convertido en los defensores de todas las medidas y actuaciones que van en contra de los intereses de los trabajadores, pues es en los barrios de estos en los que más duro golpea el problema de las drogas. Prefieren a la gente drogada y sumisa que combativa, crítica y preparada para luchar por sus intereses.

Hipersexualidad desbocada

La sociedad actual está hipersexualizada en extremo, el sexo es un negocio rentable y adictivo y lo promueven por todas partes: televisión, películas, redes sociales, pornografía, etcétera. Ha pasado de ser algo de la esfera íntima y personal a rodearnos constantemente, que nos persigue allá donde miremos y, además, de una forma bastante explícita.

El sexo ha pasado de ser algo personal a ser demasiado público, comenzando los niños a tener influencias externas sexuales a edades cada vez más tempranas. Además, debido al influjo de la pornografía —entre otras cuestiones— se están normalizando comportamientos inadecuados, formando obsesiones y adicciones insanas en sus consumidores, cada vez más frecuentes y numerosas.

El modelo sexual promovido por el sistema solo sirve para alienar a las personas y debilitarlas. No aporta nada al individuo y perjudica a la sociedad en cuanto a la reproducción, la producción y el propio avance de la sociedad. La promiscuidad desbocada conduce a tendencias destructivas y obsesivas que no aportan nada al individuo. La transgresión sexual como acto de suma realización solo ha llevado a que cada vez surjan más personas con fetiches extraños y prácticas sexuales degeneradas.

Lo que era individual se ha convertido en algo público, que nos rodea por todos lados y que se estructura en una moda, que se impone pasando el rodillo a través de redes sociales, películas, música, etcétera. Es necesario hacer que el sexo vuelva a ser algo íntimo, personal, fruto de un deseo propio no inducido por modas, estereotipos o por la pornografía. Debe ser elegido de forma racional y no inducido por nadie; debe ser una parte de la vida privada de la persona, desarrollada en armonía con la propia sociedad.

En España, consume pornografía el 68,2 por ciento de los adolescentes, que son el grupo más afectado por esta,[60] aunque también tiene graves efectos adversos en los adultos. Más de la mitad de los jóvenes se inspira en lo que ve en el porno para guiar sus propias experiencias y para el 30 por ciento de ellos es la única «formación» sobre sexo que recibe.[61]

El consumo continuo de porno lleva a que se cree más interés por comportamientos sexuales cada vez más extremos, desviados e incluso ilegales. Produce una reducción de la satisfacción sexual con la pareja, llegando incluso en algunos casos a tener problemas para excitarse con relaciones normales.[62]

La adicción al porno puede provocar «interferencia cognitiva, que afecta a los tiempos de reacción de los sujetos, un peor procesamiento y menores niveles de atención».[63] Por supuesto, también puede acarrear problemas de erección, depresión, vulnerabilidad a la hiperestimulación, dificultad para llegar al orgasmo, adicción grave, ansiedad y creación de fetiches, entre otros.[64]

El porno y sus creadores y promotores defienden que su industria es la del placer y de la satisfacción de necesidades humanas, pero viendo los efectos adversos que tiene en gran número de personas parece que hace justo todo lo contrario.[65]

Es necesario tener en cuenta que la industria pornográfica no deja de ser un conglomerado de empresas que lo que buscan es la obtención del máximo beneficio; poco les importan los problemas morales que crea a la sociedad o los problemas mentales que fomentan en amplias capas de la población. Les importan los beneficios, no la salud mental de nadie.

Además, se suman a las modas del momento para lograr vender más y blanquear su industria. Buena prueba de ello es cuando Pornhub[66] colocó el símbolo feminista en su página,[67] a pesar de que el contenido que promueven no es que sea precisamente favorable a las reivindicaciones feministas, por lo menos de las clásicas, aunque ya sabemos cómo ha ido degenerando también este movimiento. Pornhub tuvo que retirar la mitad de su contenido debido a que se subía material abusivo y violento, incluyendo violaciones, a su plataforma. Tras un proceso de denuncias, se vio forzado a exigir verificación a sus usuarios.[68]

6
FEMINISMO

¿Qué es el feminismo?

El feminismo fue, en sus orígenes, un movimiento que luchaba por los derechos y libertades democráticas de las mujeres, es decir, tareas que dentro del marxismo deberían ser desarrolladas durante la revolución democrática: derecho al voto, derechos reproductivos, derecho a tener propiedades y, por supuesto, igualdad total ante la ley. A diferencia de este, el feminismo fue un movimiento de carácter o influencia liberal e interclasista que, además, apostaba por la separación entre hombres y mujeres en la lucha por los derechos democráticos, debilitando a las organizaciones obreras que sí enfocaban el problema como una cuestión de clase.

El feminismo siguió construyéndose y adoptando posiciones cada vez más burguesas y sistémicas, y el sistema terminaría no solo aceptándolo, sino promoviéndolo y financiándolo. Gobiernos y patronales, incluidas las grandes empresas internacionales, harían del feminismo su bandera. En España, la Huelga Feminista de 2018 fue apoyada por todos los poderes fácticos; fue una farsa denominada huelga. ¿Qué huelga no tiene objetivos económicos ni políticos y, además, es apoyada por el Gobierno y por gran parte de la patronal?[1]

En todo Occidente, aunque se pongan de ejemplo casos en su mayoría de España a lo largo de todo el libro, el movimiento transgenerista ha tomado el timón del feminismo hegemónico o *mainstream*, produciendo grandes cambios en determinadas posiciones. Históricamente el feminismo había sido abolicionista y contrario a la prostitución, crítico con la hipersexualización y tenía claro qué es una mujer.[2] Actualmente, todo esto ha sido retorcido hasta el punto de que desde el propio feminismo se ha iniciado un proceso de borrado de la mujer: ya no es que el feminismo luche por conseguir determinados derechos parciales para las mujeres, sino que su agenda se ha vuelto directamente contraria a la mujer, a sus derechos, a su realidad material y a su propia identidad.

Estas cuestiones ya han sido desarrolladas en el capítulo de los dogmas de fe, por lo que este capítulo se centrará en desmontar algunos de los presupuestos falsos en los que se basa el feminismo actual, y no tan actual, pues a pesar de la decadencia y degeneración del movimiento contemporáneo, uno es heredero del otro y comparten buena parte de sus premisas.

El feminismo es uno de los dogmas de fe del sistema, y está especialmente relacionado con la introducción de otros dogmas del pensamiento único y con la dictadura de lo políticamente correcto. Sus medidas y posicionamientos están basados en pretextos falsos y en la discriminación hacia el hombre, por lo que cada vez crea un rechazo mayor en sectores más amplios de la sociedad y, además, ya no responde a ninguna necesidad real de la mujer.

En esta encuesta de Estados Unidos se puede apreciar el sentir hacia el feminismo por parte de varias comunidades étnicas.

Existe un apoyo ostensiblemente mayor a la igualdad y los derechos de las mujeres en todas las etnias que al feminismo. Además, exceptuando las personas de los Estados Unidos de origen asiático, hay un sentimiento mayor de no identificación con el feminismo que de identificación con este.

El feminismo hegemónico actual actúa contra lo considerado normativo, apostando por la transgresión individual como la acción revolucionaria para la transformación de la sociedad. Su

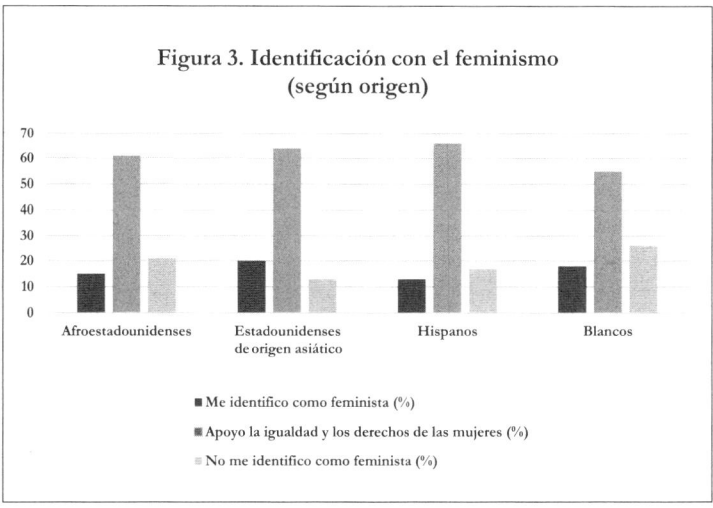

Fuente: Adaptado de GenForward Survey (2018, 4).

transgresión no tiene nada de revolucionario, no sirve para cambiar las relaciones sociales de producción ni los problemas más básicos ni de la mujer ni de nadie, es pura *performance* siguiendo las directrices de la moda de turno. La transformación solo se puede realizar de forma colectiva.

En el *Diccionario de la transgresión feminista* dan la siguiente definición de esta: «Transgresión feminista: una acción o conjunto de acciones individuales o colectivas que van contra las normas y costumbres impuestas a las mujeres por el patriarcado capitalista y que tienen el objeto de erradicar permanentemente todas las formas de opresión».[3] En primer lugar, el patriarcado ya no existe en Occidente, por lo que la visión en la que se cimienta su necesidad de la transgresión como acto revolucionario hace aguas desde el principio; en segundo lugar, su transgresión es individual, no puede ser colectiva, ya que es una respuesta a lo mayoritario, a lo normativo en la sociedad, excepto en pequeños grupos que, desde luego, no representan al conjunto de esta.

La transgresión en un acto individual ante lo que se considera normalidad por parte de quien lo realiza no cambia esa situación de forma general, es solo un acto personal que no tiene repercusión ni realiza ninguna transformación de la sociedad y las condiciones materiales que dice transgredir.

Defienden la promiscuidad y la hipersexualización, y llevan a cabo un ataque frontal a cualquier valor familiar; pero ¿por qué modelo de familia pretenden sustituir la concepción de familia actual? Aunque sería más preciso decir «concepción de familia tradicional», pues en Occidente[4] el concepto de familia está descomponiéndose de forma acelerada. Obviamente, no tienen una propuesta realizable que no sea una salida decadente y degenerada a la cuestión. El matrimonio por grupos, el poliamor y otras apuestas de grupos feministas, que se analizarán en el último apartado de este capítulo, no son una solución o sustitución viable al modelo de familia tradicional, que ya poco o nada tiene de patriarcal.

El feminismo se ha convertido en algo *kitsch*, con su correspondiente estética, sus lemas, su música, autoras que hay que leer o seguir y más preceptos que conforman una moda más del sistema, la cual se disfraza de progresista o revolucionaria y es de obligado seguimiento; contra aquel que disienta se movilizará la dictadura de lo políticamente correcto.

¿Existe el patriarcado en Occidente? Cuestiones pendientes

El patriarcado —un sistema socioeconómico que discrimina a la mujer en favor del hombre— dejó de existir hace ya tiempo en Occidente. Si bien es utilizado como epicentro de todos los males, la realidad es que no hay evidencias de su existencia más allá de los relatos oportunistas para el mantenimiento de los intereses económicos y políticos de ciertos *lobbies*. Cualquier tipo de conducta individual de un hombre hacia una mujer es inmediatamente señalado como fruto del patriarcado, sin pararse a analizar que quizá haya otros factores, de hecho, varios de ellos, para explicar esos casos concretos.

La llamada brecha salarial, por ejemplo, es una mentira repetida hasta la saciedad: a igual trabajo no se da un salario diferente, el techo de cristal dejó de existir hace décadas; no mueren fruto de la violencia más mujeres que hombres[5]; hay más mujeres con estudios superiores[6]. El hombre sufre más pobreza: el 76 por ciento de los vagabundos son hombres.[7] Y también son los hombres los que sufren más accidentes de trabajo: en 2022, en España los hombres tuvieron 382.000 y las mujeres, 170.189.[8] El 74,25 por ciento de los suicidios corresponden a los llevados a cabo por hombres;[9] los hombres tienen una tasa de abandono escolar mayor que el de las mujeres, el 16,7 por ciento frente al 9,7 por ciento.[10] Son ellos los que son enviados, incluso forzosamente, a las guerras[11] y, además, existe una serie de leyes que garantizan los cupos de género y que discriminan al hombre. ¿Cómo se puede hablar de patriarcado en una situación como la que vivimos en Occidente?

La doble explotación de la que hablaban Marx y Engels ha pasado a la historia: la doble opresión por ser obrera y por ser mujer cambió en Occidente, pues la mujer no tiene una situación de discriminación de ningún tipo. La única opresión que se mantiene es la de clase, que no hace distinción entre hombres y mujeres. Bien es cierto que quedan tareas pendientes para la igualdad, pero tanto hacia la mujer como hacia el hombre, como veremos más adelante.

La filósofa Roxana Kreimer afirma lo siguiente en su libro *El patriarcado no existe más*:

> Sugerimos también que los varones están como las mujeres a fines del siglo XIX, puesto que una porción significativa de

la sociedad no atiende a sus derechos. Hoy el hembrismo parece más pronunciado que el machismo. El concepto de patriarcado presupone que hay una discriminación a nivel sistemático, y nada de eso es posible encontrar si se revisa la evidencia empírica de cada uno de los reclamos del feminismo hegemónico.[12]

Para la autora, en la situación actual de Occidente, los hombres estarían en una situación de desigualdad con respecto a la mujer, por lo menos legalmente, por lo que hablar de la existencia de un sistema estructurado socioeconómico de marginación de la mujer carece de sentido alguno. Afirma Kreimer que no existe evidencia alguna de la existencia de ese patriarcado, y usa términos como «feminismo hegemónico» o «hembrismo» para referirse a las derivas actuales del feminismo.

En los últimos tiempos, el feminismo ha afirmado que lo que existe es un heteropatriarcado, dando una vuelta de tuerca más a los planteamientos —sin correspondencia con la realidad— que ya defendían de antes. Ahora hacen hincapié en el papel de dominancia y opresión ejercido por los hombres heterosexuales sobre las mujeres cis o trans, todo esto a nivel estructural, sistémico. La llegada de lo *queer* a la cima del feminismo ha tenido mucho que ver con los últimos cambios acaecidos dentro del propio movimiento e incluso de la evolución de la ideología.

En una sociedad patriarcal, la mujer tiene limitados sus derechos, son excluidas de las posiciones de poder y carecen de autonomía.[13] Esto no sucede en Occidente, pero sí lo hacen en los países islámicos y, de hecho, los casos que se dan en Europa de tendencias o conductas consideradas patriarcales (no a nivel sistémico) suelen ser llevadas a cabo por gente de cultura islámica que ha emigrado a Europa. Es necesario aclarar que la no existencia del patriarcado no exime de la existencia de conductas sexistas hacia hombres y mujeres, pero no es algo sistémico.

Helen Pluckrose fue muy clara al respecto en su artículo «Cómo saber si vivimos en un patriarcado» sobre la no existencia del patriarcado en Europa:

> Por todas las interpretaciones históricas del patriarcado y mirando las sociedades patriarcales que existen ahora, parece claro que el Reino Unido y los Estados Unidos y gran parte del mundo occidental no son patriarcales. Las mujeres ya no están obligadas a obedecer a sus maridos y tienen plena igualdad jurídica con los hombres y el acceso a todas las posiciones públicas de las que disponen los hombres. [...] La mayoría de las personas apuntan a estadísticas que muestran que los hombres están muy sobrerrepresentados en la política y los negocios y dicen que esto es evidencia de una sociedad gobernada por hombres. Sin embargo, no hay ninguna ley que indique que solo los hombres pueden acceder a estas posiciones, y algunas son ocupadas por mujeres. Nuestra actual primera ministra es, después de todo, una mujer. Hay pocas pruebas de que el desequilibrio se deba a la discriminación contra las mujeres en lugar de a las diferentes elecciones hechas por hombres y mujeres. Dado que las mujeres han tenido acceso a todas las profesiones, han llegado rápidamente a dominar la educación, la salud, la publicación y la psicología. ¿Esto hace de estos campos fuertemente sociales, que guían cómo la sociedad piensa y siente, que sean matriarcales?
>
> Es perfectamente posible que exista una discriminación sexista contra las mujeres en las profesiones dominadas por los hombres, pero no podemos descubrir su existencia o la extensión de la misma si solo miramos esas áreas y lo hacemos con un supuesto *a priori* de que la discriminación es la causa, ignorando una amplia evidencia de que hombres y mujeres tienen intereses y prioridades diferentes en promedio. Necesitamos datos que incorporen todo el campo del empleo y los factores en las elecciones de hombres y mujeres, y no suponer que los

campos dominados por hombres son superiores y los únicos que tienen poder en la sociedad.[14]

Pensar que el hecho de que las mujeres prefieran a nivel general unos tipos de trabajos en vez de otros es debido a la discriminación es construir un relato que trata a la mujer como un ser de luz incapaz de tener preferencias y sin tener en cuenta que existen factores, incluso biológicos, para que exista más preferencia por unos trabajos o estudios frente a otros. La existencia de más mujeres en educación o psicología no tiene ninguna relación ni hay evidencia de ello con ningún tipo de opresión, y lo mismo se podría decir de otros estudios o profesiones donde proliferan más los hombres. Existe libre elección, no opresión.

Tareas pendientes

La única desigualdad que sufre la mujer frente al hombre en nuestra sociedad es cuando llega la maternidad. Cuando tiene descendencia, la mujer encuentra más problemas para seguir progresando en su carrera, disminuyendo sus posibilidades de ascender y surgiéndole problemas para conciliar el trabajo en los primeros años de vida de su hijo. En una sociedad de progreso es necesario revertir esta situación, pues la maternidad, y por tanto la natalidad, son fundamentales para el desarrollo de nuestras sociedades.

Es necesario que se facilite el acceso a las guarderías públicas y gratuitas, y fomentar una flexibilidad y reducción horarias, logrando así disminuir el efecto en la carrera profesional de la mujer por el simple hecho de tener un hijo. Las licencias por paternidad y maternidad deben de ser más extensas, permitiendo que la pareja decida cómo repartirse el tiempo con los hijos sin dejar de lado su trabajo. Como sociedad se debe fomentar la natalidad, pero sin que sea en perjuicio de la mujer.

En Occidente hay una crisis de la natalidad debido, en primer lugar, a motivos económicos y de conciliación del trabajo y, en segundo lugar, por la cuestión cultural, que también debe revertirse con una intensa lucha en pro de la natalidad y en contra del egoísmo y el individualismo que se fomenta en nuestra sociedad. Solucionar este problema pasa, en parte, por lograr una conciliación efectiva del mundo del trabajo y el de la maternidad.

Con respecto al hombre, se encuentra discriminado y señalado en múltiples ámbitos, pero con la derogación de las leyes discriminatorias, el fin de la financiación de los *lobbies* y de los grupos feministas que defienden la discriminación por parte del Estado, acabar con los cupos y el fin de la propagación e imposición del adoctrinamiento en escuelas, institutos, universidades y medios de comunicación, la situación sería reversible en un plazo de tiempo no muy extenso.

Brecha salarial y techo de cristal

Una de las afirmaciones repetidas hasta la saciedad por gobiernos, empresas y organizaciones de todo tipo es la existencia de una brecha salarial entre hombres y mujeres, con un supuesto beneficio de los primeros sobre las segundas. Según esta teoría, a igual trabajo los hombres cobran más que las mujeres.

Esto no solo es ilegal en España, sino que además no se produce en ninguna circunstancia. Suelen calcular esta brecha salarial juntando todos los salarios de los hombres por un lado y el de las mujeres por otro, y dividiendo por el número de individuos utilizados en la muestra estadística. Esto en ninguna circunstancia significa que a igual trabajo se cobre de forma diferente. Simplemente las mujeres tienen predilección por escoger trabajos en la educación, los cuidados o la psicología antes que en trabajos más relacionados con la fuerza física o la dureza del empleo, como pue-

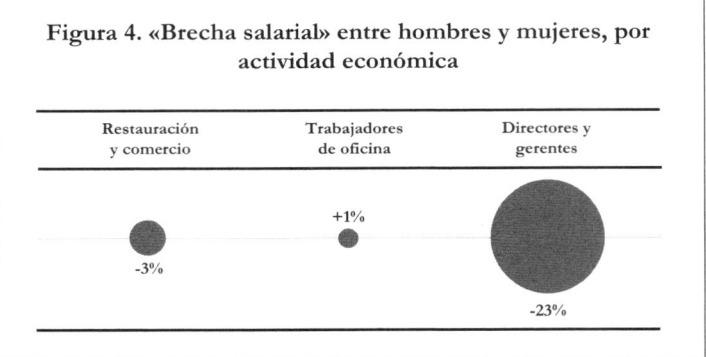

Fuente: Instituto Nacional de Estadística (2015).

de ser la construcción, el asfaltado de carreteras o la minería.[15] Estos últimos están mejor remunerados, pero que haya menor número de mujeres en esos oficios no es por una imposición del patriarcado, sino por una libertad de elección que no tiene nada de mala. La remuneración es diferente porque el trabajo es distinto.

Hasta el Instituto Nacional de Estadística español muestra que en los sueldos en la hostelería la diferencia salarial es de apenas el 3 por ciento, hecho explicable por cuestiones de antigüedad relacionadas con la maternidad y la falta de conciliación, y que en los trabajos de oficina la mujer cobraría de media el 1 por ciento más. En ambos casos, nos encontramos ante porcentajes nada significativos y que, además, no tienen nada que ver con una brecha salarial, ya que es una acumulación de trabajos que no son iguales. Por tanto, lo de que, a igual trabajo, se perciba un distinto salario tampoco se cumpliría. La pequeña diferencia porcentualmente que pueden tener es fruto de la necesidad de más flexibilización de horarios por parte de la mujer durante la maternidad ya que los trabajos a tiempo parcial, más solicitados por parte de las mujeres, tienen peores sueldos que los que son a tiempo completo.

De hecho, las mujeres solteras sin hijos ganan un 8 por ciento más en los Estados Unidos que los hombres; en Dinamarca, las mujeres solo ganan menos dinero cuando se casan, el 20 por ciento menos, y, en Reino Unido, las mujeres solteras ganan de media 1.111 libras al año más que los hombres, mientras que cuando están casadas ganan 8.775 libras menos que los hombres.[16]

En lo único que sí existiría una diferencia salarial significativa, que tampoco sería una brecha salarial puesto que no es el mismo trabajo, es en los puestos directivos de las empresas. Esto sucede debido a que, antiguamente, sí existía un techo de cristal y, por tanto, hay más número de varones, pero según se van jubilando y siendo sustituidos se va nivelando, aunque se mantiene una diferencia debido a la no conciliación del trabajo con la maternidad en el caso de las directivas que deciden tener hijos. De esta forma, trabajan menos horas y pierden oportunidades de ascenso. La diferencia salarial, según el INE, es del 23 por ciento. Por tanto, no existe una brecha salarial: la única brecha o discriminación que existe es la de clase.

En cuanto al techo de cristal, se trata de una teoría feminista que afirma que la mujer tiene vedados ciertos puestos de poder destinados a los hombres, que estarían en la cúspide del poder, y que la mujer no podría acceder a dichos puestos por su propio estatus de mujer. Si bien esto fue real hace décadas, ya no es así. La mujer tiene una representación proporcional en los puestos de poder, solo condicionada por las causas antes mencionadas: la falta de conciliación de la maternidad, los trabajos a tiempo parcial, consecuencia de lo anterior, y la existencia de un mayor número de hombres directivos de edad avanzada que representan restos de otra época ya superada y que se está revirtiendo según van jubilándose. Un ejemplo de esto es España: país en el que ya hay más juezas que jueces.[17]

Según la filósofa Roxana Kreimer, el término «techo de cristal» es una metáfora sobre las barreras a las que supuestamente se enfrentarían las mujeres en su voluntad de alcanzar los estratos superiores de la jerarquía laboral y política, independientemente de sus logros y méritos.[18]

Es interesante cómo esta autora desarrolla otro término, «piso de lodo», para señalar que, aunque hay más representación de hombres en la cúpula, también la hay en los puestos más bajos de la sociedad y, sin embargo, el feminismo no dice nada de esto, que va en un claro detrimento del varón.[19]

El número de hombres en los puestos directivos es minúsculo en comparación al conjunto de los hombres y a los que tienen un estatus bajo. Decir que el hombre mantiene una situación de privilegio cuando la mayoría de ellos no lo tienen y, además, hay una mayor proporción de ellos con respecto a las mujeres en los estatus más bajos, es cuando menos injusto para los hombres.

Lenguaje de género

Desde el feminismo llegó a nuestra sociedad el llamado lenguaje de género o inclusivo. Su uso dentro de determinados espacios, pues en la sociedad su uso es nimio, se ha ido imponiendo hasta el punto de que se emplea en la enseñanza y por parte del Gobierno y de las administraciones, aunque sea en su versión más moderada.

En teoría, el uso de este lenguaje sería algo de progreso e incluso revolucionario que permitiría que ciertas realidades cambiaran. Esto carece de sentido alguno si se tiene en cuenta que la lengua no es parte de la superestructura, sino que solo es un reflejo de la realidad. Lo que se debe cambiar es la realidad, en el supuesto de que existiera una discriminación hacia la mujer, lo cual ya se ha visto que no es cierto, por lo menos en Occidente.

Una lengua no puede ser machista ni reaccionaria: es un instrumento del hombre para comunicarse, y en todo caso sería machista el uso que hace una persona concreta de ella, no la lengua en sí.

La lengua, en su proceso de desarrollo, tiende a perfeccionarse, simplificándose y facilitando la comunicación del hombre. El lenguaje inclusivo hace justo lo contrario: dificulta la comprensión lectora y oral, creando un fuerte rechazo entre la población pues dificulta enormemente poder comunicarse con naturalidad. El lenguaje inclusivo no es más que una jerga, incapaz de imponerse en la sociedad, que solo es seguida por grupúsculos minoritarios con intereses políticos y económicos en el asunto o gente alienada que sigue las modas impuestas por el sistema.

Los usos más corrientes del lenguaje de género son doblar o triplicar, y en los últimos años se ha añadido el *elle* a los géneros. Se ha sustituido la vocal *o* por la *a*, o la *a* y la *o* por la *e* (o incluso por la x); y en términos generales, el género masculino por el femenino. Los más usados son la sustitución del masculino por el femenino y repetir la misma palabra con todos los géneros.

La lengua no forma parte ni de la superestructura ni de la base de la sociedad. Es necesario mostrar qué son cada una de ellas para poder comprender por qué la lengua no puede ser opresora o machista:

> La base es el conjunto de relaciones sociales de producción correspondientes a una fase en el desarrollo de las fuerzas productivas; sobre ella se erige la superestructura política, ideológica y judicial. En consecuencia, la superestructura refleja las relaciones sociales de producción, la base económica de la sociedad. Los cambios producidos en ella son cambios producidos por el desarrollo de las propias fuerzas productivas, mientras que los cambios en la superestructura se producen por cambios en la base.
>
> De la base económica de un modo de producción surgirá una superestructura, que estará formada por las ideas, concepciones y teorías que corresponden a ese modo de producción concreto y las instituciones correspondientes con las mismas; de aquí se desprende que la economía es el factor determinante

(aunque no el único) para el desarrollo de la sociedad. La superestructura es fruto de la lucha de clases y por tanto se encuentra condicionada por lo económico, pero una vez controlada la superestructura, se puede influir en el desarrollo económico.

La lengua no es parte de la superestructura ni es fruto de una base concreta, sino que surge del desarrollo de la historia de la sociedad, por tanto, de la historia del desarrollo y del cambio de los modos de producción a lo largo del tiempo.[20]

El español es una lengua que existía antes de que se dieran la base o la superestructura actuales, es producto de la evolución y seguirá existiendo después de superar la situación actual. De hecho, en Rusia, la lengua fue la misma, al igual que en el caso anterior, con los pequeños cambios fruto de la evolución y la aparición de nuevas palabras para designar nuevas realidades, durante el modo de producción feudal, el capitalista y el socialista. No se creó una nueva lengua para cada base o superestructura, siguió avanzando y desarrollándose a través de ellas.

Si algún grupo, sea el que sea, intenta, como están haciendo los promotores del lenguaje inclusivo, aprovecharse de la lengua e intentar modificarla de forma artificial, esta se convertirá en una jerga usada por estos grupos, dándole la espalda el resto de la sociedad, mientras la lengua en sí seguirá evolucionando de forma paralela. Los grupos que usan esta jerga se verían cada vez más marginados, tendiendo a desaparecer con el paso del tiempo.

La instrumentalización de la lengua es por ello imposible: pertenece al conjunto de toda la sociedad y, por tanto, no puede ser machista. Solo puede serlo una persona concreta que la use y lo sea. La lengua tiene un proceso de evolución material, que cambia o se desarrolla según lo hacen las condiciones materiales. Ningún Estado puede hacer cambiar la lengua.[21]

A veces se aduce por parte de los defensores del lenguaje inclusivo que el castellano no ha evolucionado correctamente como han hecho otras lenguas o que está más atrasado. Al contrario, la lengua tiende a simplificarse cuanto más avanzada es. Como señala Ashlee Oswald:

> Pasando de la etimología de las palabras al supuesto idioma original, el indoeuropeo, podemos ver que había una vez dos géneros de sustantivos, que intentaban distinguir entre objetos animados (personas) y objetos inanimados (Deutscher, 2011). Avanzando al latín, la gramática se complicó, dividiendo los sustantivos en una de las tres categorías: masculino animado, femenino animado o neutro inanimado. Esta modificación del sistema de clasificación gramatical surgió para hacer el femenino una categoría visible y marcada, separada del grupo colectivo de género mixto y del inanimado. Aunque esta reforma sirvió como una función esencial del lenguaje al especificar un caso en el que el sustantivo colectivo genérico de grupo se diferencia del femenino explícito, al destacar el femenino como una categoría separada, simultáneamente lo excluyó del colectivo, tanto en su significante como en su significado. Así, el cambio crítico para hacer visible a la mujer, y al género femenino, en la lengua (Grijelmo, 2019) implicó que el animado masculino ya establecido permaneció como genérico para el colectivo, abarcando el masculino explícito. Esto señala que en la evolución del latín al español se produce un fenómeno doble: la reducción de tres géneros a dos a la vez que nuevas palabras a partir del plural latino (tabla 2). Pero, también, hace que el genérico plural sea absorbido por el masculino, por semejanza con la declinación original en latín, y no por sexismo.[22]

Los defensores de estos posicionamientos desconocen el origen y desarrollo del castellano, y por eso caen en defensas sobre la naturaleza machista del mismo, cuando la realidad dista mucho de ello.

La lengua evoluciona de forma lenta y gradual, reflejando la realidad material que la rodea, siendo un vehículo de comunicación para el conjunto de la sociedad. Los cambios no se producen por destrucción de lo anterior, sino como evolución, enriqueciéndose con los avances sociales y tecnológicos y con préstamos de otras lenguas.

El lenguaje de género dificulta la fluidez y la simplificación, entorpeciendo la comunicación, complicando la comprensión lectora y oral e incluso haciendo que los mensajes sean incomprensibles. No es más que otro intento del feminismo y, por tanto, del pensamiento único del sistema, de usar cualquier elemento a su alcance para seguir introduciendo su ideología en los individuos, contribuyendo a su alienación. Se basa en preceptos falsos y es de una manifiesta inutilidad para el grueso de la población. Es solo una moda más del sistema, defendida por la corrección política imperante.

Violencia de género

La violencia de género es uno de los buques insignia del feminismo y una de las banderas principales de los políticos para ser usada en su propio provecho contra sus adversarios. Según los defensores de su existencia, vendría a ser una violencia ejercida contra la mujer por el mero hecho de serlo, una violencia que surge del patriarcado, de un sistema de dominación sobre la mujer.[23]

La realidad dista mucho de estas afirmaciones; hay mujeres que también ejercen violencia en sus relaciones, tanto contra su pareja como contra sus hijos. También existe violencia contra los ancianos y violencia de unas mujeres hacia otras. Según el feminismo, la violencia ejercida por un hombre contra la mujer sería algo sistémico y la ejercida por una mujer contra el hombre tendría otras motivaciones.

La diferencia de fuerza entre el hombre y la mujer promedio tiene mucho que ver en la violencia física e incluso en los homicidios, pero, aun así, hay mujeres que matan a hombres por otros medios, destacando el veneno o las armas de fuego. Además, las mujeres cometen más filicidios que los hombres. Cuando se da un caso de maltrato, se suelen señalar como motivos los celos, la posesividad, la agresividad u otros intereses, como si la violencia ejercida por una mujer no pudiera estar motivada por las mismas cuestiones.[24] Por ejemplo, cuando un hombre es controlador, celoso y comprueba el teléfono de la mujer es por el patriarcado y el machismo; sin embargo, si una mujer realiza esas mismas actuaciones se considera fruto de otros factores, como, por ejemplo, ser precavida.

La acusación de violencia de género criminaliza al hombre y victimiza a la mujer. Cuando alguien es acusado de llevarla a cabo sufre un juicio público previo al proceso judicial. Socialmente se condena y discrimina a los hombres sin posibilidad alguna de defensa. La violencia ejercida dentro de una pareja o de una familia es multifactorial, no es por una cuestión de género. Si un hombre es violento y pega a su mujer no lo hace por un sistema patriarcal que le induce a ello, lo hace porque es un maltratador y una persona violenta, no por el hecho de que la otra parte sea una mujer; posiblemente ese sujeto también se comportaría de igual forma con un anciano o con los niños. Si fuera por ser mujer, agrediría a todas las mujeres, o por lo menos a más, y no solo a su pareja. De igual forma, esto se vería claro en el caso de una madre maltratadora que ejerciera la violencia física o la verbal y psicológica, más desarrollada por las mujeres: nadie diría que esa mujer ejerce la violencia por un sistema socioeconómico que la induce a ello, y todo el mundo pensaría que es una persona violenta y maltratadora, entre otras cuestiones, y que por eso lo hace. En ambos casos sería fruto de varios factores que poco tendrían que ver con el género.

En Occidente no existe la violencia de género como tal: no es más que otra teoría feminista fundada en falsedades para la consecución de sus objetivos e intereses. La violencia ejercida en el seno de las parejas y en las familias tiene un origen multifactorial. Esto no quiere decir que no exista sexismo: claro que sí, tanto hacia la mujer como hacia el hombre. Las personas que viven violencia en la pareja o en la familia deben ser ayudadas y las actitudes de maltrato, combatidas, pero esto no quiere decir que exista la violencia de género. Tanto hombres como mujeres pueden sufrir este tipo de violencia (y ejercerla), y no por una cuestión sistémica precisamente.

> Una muestra de 848 parejas estadounidenses de trabajadores mostró una prevalencia del 14,2 por ciento de violencia recíproca, 6,1 por ciento de violencia de hombre a mujer y 9,3 por ciento de violencia solo de mujer a hombre (Caetano y otros, 2005). La misma revisión da cuenta de que en jóvenes parejas de Estados Unidos, la violencia recíproca de pareja era más común que la no recíproca, y con más probabilidad de generar lesiones.[25]

La violencia puede ser recíproca, la ejercerían tanto el hombre como la mujer; puede ser del hombre hacia la mujer, maltrato, o de la mujer hacia el hombre, maltrato también. Además, puede ser física, verbal y psicológica.

Tampoco existe la cultura de la violación de la cual el feminismo defiende su existencia. En todo Occidente las violaciones son perseguidas, condenadas y, además, están mal vistas socialmente. Es más, existen movimientos en España que defienden la cadena perpetua para los violadores.[26]

De hecho, y de esto poco se habla para no crear alarma social, se han disparado las violaciones en aquellos lugares de Europa, España incluida, en los que hay una alta concentración de inmigrantes africanos, que vienen de una cultura donde sí se tiene a la mujer como a un ciudadano de segunda. Pero como esto, una realidad comprobable estadísticamente, no encaja con la visión *woke* sobre la inmigración, el movimiento feminista lo pasa por alto.[27] Los datos no mienten:

> Casi una cuarta parte de los hombres (24,8 por ciento o 27,6 millones) en los Estados Unidos experimentaron alguna forma de violencia sexual en su vida. Más de un tercio de las mujeres (37 por ciento o aproximadamente 44,3 millones de mujeres) informaron haber tenido contacto sexual no deseado en su vida. En Estados Unidos hay más hombres que padecieron agresiones sexuales que mujeres si se incluyen los que están en prisión (*Daily Mail*, 2013). 216.000 reclusos fueron agredidos sexualmente mientras estaban en prisión, comparados con 90.479 violaciones ocurridas fuera de la prisión.
>
> Es sabido que en innumerables conflictos armados las mujeres han sido víctimas de delitos sexuales. Menos conocido es que también los hombres son víctimas de delitos sexuales en los conflictos armados (Valdés Correa, 2019).[28]

Los hombres también sufren agresiones y abusos sexuales, y aunque sean menos numerosos, descontando los sufridos en las prisiones, la diferencia no es tan significativa como cree el imaginario popular. No existe una cultura de la violación ni tampoco existe una orientada contra la mujer, como afirma el feminismo. En ninguna circunstancia está bien visto que alguien abuse o viole a un hombre, no es algo exclusivo hacia la mujer. Además, en las guerras también los hombres sufren este tipo de problemas.

Las denuncias falsas

Existe una tendencia dentro del feminismo a creer que las mujeres son una especie de seres de luz, incapaces de mentir o de usar las leyes estúpidas y discriminatorias en su favor. El mero hecho de que una mujer afirme que ha sufrido violencia de género hace que se le confiera un halo de verdad incuestionable. Una de las argumentaciones para defender este absurdo no es otra que el supuesto bajo porcentaje de condenas por denuncias falsas, que en España es del 0,01 por ciento.[29]

Pero este dato es engañoso porque no tiene en cuenta la cantidad de denuncias archivadas y sobre las cuales no se hace ninguna investigación para saber si eran falsas o no. Además, hay que tener en cuenta que las personas que han sufrido este tipo de denuncias cuando superan el proceso no tienen ganas de gastar más dinero y tiempo en algo que solo quieren intentar olvidar, cuestión por otra parte complicada, pues el juicio social ya se ha hecho mucho antes de acabar el proceso.

En España, solo se saldan con una condena judicial el 23,2 por ciento de las denuncias realizadas, esto quiere decir que computando el 76,8 por ciento de los casos en los que no hay condena se elevaría de forma notoria el 0,01 por ciento antes señalado si se investigaran de forma adecuada.[30]

Hay mujeres que realizan denuncias falsas[31] por intereses económicos, para conseguir una pensión, para tener los papeles en regla o incluso la nacionalidad, por obtener una vivienda y por la custodia de los niños, entre otros motivos, logrando en muchos casos sus objetivos sin realizar prácticamente ningún esfuerzo. Además, si la denuncia es archivada no la obligan a devolver lo adquirido.[32]

El hombre está discriminado en cuanto a su presunción de veracidad y es señalado y criminalizado con solo el testimonio de la mujer denunciante. A todo esto hay que sumar que las condenas por denuncias falsas son muy laxas en España, y que, mientras el hombre denunciado falsamente ha visto su vida destruida, el castigo a la mujer que ha denunciado falsamente no se corresponde con el daño que ha causado al hombre.[33]

En España uno de los casos más sonados fue el de Rafael Marcos, un padre al que pusieron varias denuncias que resultaron ser falsas por parte de María Sevilla, presidenta de Infancia Libre y alguien a tener en cuenta dentro del feminismo más *mainstream* en España. Fue calificada como «madre protectora» por Irene Montero y otras feministas, cuando lo que hizo fue secuestrar a su hijo y saltarse todas las disposiciones judiciales referentes a la custodia.[34] Fue condenada y el Gobierno la indultó, demostrando su parcialidad y una forma de actuar que si hubiese sido al revés habrían puesto el grito en el cielo, realizado movilizaciones y culpado al patriarcado.[35]

Irene Montero insultó y difamó a Rafael Marcos. Tras sufrir todo el viacrucis al que se vio abocado, entre otras cosas por el señalamiento y juicio mediático, el padre denunció a la ministra de Igualdad de Podemos y consiguió que la condenaran a pagar 18.000 euros por atentar contra su honor. Este caso acabó bien, haciéndose justicia, pero la mayoría tiene un final muy distinto.

Las denuncias falsas son un cáncer para nuestra sociedad, algo que, a pesar del negacionismo de las organizaciones de izquierda, sigue sucediendo, creándose un perjuicio permanente contra el hombre, estableciendo una situación de clara desigualdad o discriminación que debería ser eliminada en cualquier sociedad desarrollada lo antes posible.

Degeneración actual del feminismo. Falsa rebeldía y moda sistémica

El feminismo y sus imposiciones crean un gran rechazo, cada vez mayor, entre los obreros y trabajadores de todo tipo. Tanto en los hombres que se ven discriminados y perjudicados por leyes y señalamientos sociales como por las mujeres trabajadoras, ya que los preceptos y apuestas de las feministas no solo no dan respuesta a ninguna de las necesidades o problemas de las mujeres, sino que, además, van incluso en su contra. Esto se ha podido ver con la negación hasta de la materialidad de la mujer, que, ahora, según los líderes del feminismo, la llevan a cabo personas gestantes y no mujeres, pues para ellos ser mujer se reduce a un sentimiento.

El movimiento feminista tiene una estética y unos lemas rebeldes, pues revolucionario no ha sido nunca, que camufla o intenta camuflar lo que cada vez más gente ve: que es una moda del sistema, presta a contribuir a la alienación general y que no defiende ni representa los intereses de los hombres y mujeres de a pie, de los trabajadores. Es un movimiento elitista en sintonía con las grandes empresas y los gobiernos a su servicio.

Dirige su acción especialmente entre gente joven, para poder adoctrinarla desde edades tempranas en las que aún no se ha desarrollado a varios niveles, por ejemplo, en colegios e institutos. Cada vez intentan introducir sus posicionamientos en un público más joven.[36] Por supuesto, también lo hacen con el resto de la sociedad a través de la televisión, el cine, las plataformas de vídeo, las redes sociales, la música, etcétera.

En España, el desempeño del Ministerio de Igualdad de Irene Montero y de las leyes que ha impulsado ha elevado el rechazo y la disconformidad con el feminismo hasta cotas impensables hace unos años. El presupuesto de más de 500 millones de euros[37] destinados a campañas absurdas que van en contra de la propia mujer y que nada tienen que ver con las necesidades de los trabajadores ha conseguido que mucha gente haya abierto los ojos y se haya dado cuenta de la realidad del feminismo actual. Ven este ministerio y el gasto producido por el mismo como un despilfarro sin sentido que pagamos entre todos, hombres incluidos.

A continuación, se van a exponer algunas de las acciones y campañas más chocantes del movimiento feminista, Gobierno incluido, para que el lector pueda apreciar el porqué de la desidia y el rechazo que produce el feminismo en cada vez más trabajadores, incluido entre las propias mujeres.

Cupos

Una de las cuestiones que más rechazo causa y que es un claro ejemplo de discriminación son los cupos, los cuales fijan un número determinado de plazas para acceder a empleos, puestos de la administración, etcétera. Los cupos no se ciñen solo a las mujeres, sino a los trans y los racializados, entre otros. Aunque los más conocidos y propagados son los de las mujeres.

En España, el Gobierno ha empezado a tramitar una ley por la que el 40 por ciento de los miembros del ejecutivo, los consejos de las grandes empresas, colegios profesionales y jurados de premios públicos deben ser mujeres de forma obligatoria.[38] Cuando ha habido más del 50 por ciento de representación de mujeres en los miembros del ejecutivo, se ha visto como algo normal,[39] cuando es al revés se señala en la prensa. Las mujeres deberían estar en los puestos de poder por su valía, nunca por cupos, pues las mujeres que lleguen a esos puestos por el cupo están desmereciendo no solo a hombres que pudieran merecerlo más, sino a las propias mujeres que sí están capacitadas y a las que nadie les ha regalado nada.

Esto también sucede en las oposiciones a puestos de Policía, Guardia Civil y bomberos,[40] trabajos para los que hay que cumplir unos requisitos físicos, de aptitudes imprescindibles. Por supuesto que hay mujeres que cumplen los requisitos, pero no todas las que entran por cupos tienen esas aptitudes, por lo que luego se pueden ver vídeos en las redes sociales de mujeres que no cumplen con las capacidades y dejan en evidencia el sistema de cupos. Los cupos deben ser eliminados: la inclusión de la mujer en determinadas profesiones no puede hacerse rebajando el nivel de exigencia y garantizando sí o sí su entrada.

Los cupos y las grandes diferencias en las pruebas para el acceso a determinados puestos solo son un reflejo de la discriminación que sufre el hombre en las sociedades occidentales como la española. ¿Dónde está el patriarcado del que tanto hablan cuando se favorece de forma clara la posición y el acceso de la mujer?

Degeneración

El feminismo, a pesar de lo que fue desde su nacimiento, ha ido degenerando con el tiempo y adoptando posiciones cada vez más extremas con respecto a algunas cuestiones y a la forma de imponer su pensamiento. Desde que el transgenerismo se hizo con el timón en la dirección del movimiento feminista, los casos de cuestiones amorales, decadentes y degeneradas se han ido desarrollando en un número cada vez mayor, teniendo a los niños y adolescentes en su punto de mira.

Estas acciones y campañas no solo se llevan a cabo desde colectivos de mujeres feministas, sino desde grandes empresas, gobiernos y ayuntamientos. El feminismo ha extendido sus tentáculos a todas las esferas de poder. Se van a mostrar algunos ejemplos de ello.

El Ayuntamiento de Tarrasa programó un taller infantil de travestismo para niños de entre seis y doce años. La coreógrafa al cargo de su dirección, Sara Manubens, lo definió como un taller de travestismo dirigido a familias.[41] ¿Desde cuándo es saludable fomentar la hipersexualidad en los niños? ¿Cómo no va a crear un fuerte rechazo en cualquier padre este tipo de actividades?

La asociación Naizen llevó a una de sus portavoces a un programa infantil de la televisión a defender que el sexo es «como nos gusta llevar la ropa, el pelo, los gestos que hacemos»,[42] contribuyendo así a la confusión y dando a entender que el sexo no es biológico, sino esa suma de actos conductuales. Este tipo de planteamientos en espacios televisivos de gran audiencia solo contribuye a la confusión y a crear problemas en los niños, un auténtico intento de adoctrinamiento desde edades tempranas.

Muchos de los grupos de activistas transgeneristas tienen un carácter violento e intransigente. Los de la Universidad Complutense han realizado acciones que si se las hubieran hecho a ellos estarían haciendo campaña contra los ataques fascistas que están sufriendo. Uno de los más sonados fue cuando arrancaron páginas de libros «tránsfobos» de la biblioteca y las pegaron por la Facultad de Políticas amenazando a escritores y profesores, incluso con poner una bomba debajo de sus coches.[43] La nueva caza de brujas es una actividad constante de este tipo de grupos.

Estos mismos grupos realizaron una campaña ridícula, ojalá en broma, para abolir la familia. Adjunto en la siguiente página la imagen que quedó para la posteridad con su campaña.

La alternativa que dan este tipo de grupos a la familia tradicional es la nada, pues son incapaces de articular ninguna propuesta viable alternativa. Lo único que pueden ofrecer es transgresión

Campaña del colectivo Erre Que Te Erre
en la Universidad Complutense de Madrid,
el 20 de abril de 2023.

de lo considerado normativo y la degeneración de los valores morales y las estructuras de desarrollo del hombre.

En Murcia, un grupo de feministas transgeneristas agredieron
a un grupo de feministas radicales, llamadas por las primeras des-
pectivamente como TERF, por el simple hecho de no pensar
como ellas y hacer públicas sus críticas frente a la deriva del feminismo.[44] También fue reseñable el boicot antes mencionado que
hicieron a José Errasti y Marino Pérez por su libro *Nadie nace en
un cuerpo equivocado* en su presentación en Barcelona. Tuvo que ir
la Policía y el acto concluyó antes de tiempo por las amenazas de
quemar la librería con ellos dentro.[45]

Para terminar este apartado es necesario reseñar que actualmente se están fomentando los llamados «cambios de sexo», además
sin evaluación psiquiátrica ni psicológica. Esto está empeorando y
aumentando los casos de disforia y se están produciendo «cambios
de sexo» sin el asesoramiento adecuado creando graves problemas a
muchos jóvenes. Por este motivo, se están produciendo reversiones
de estas operaciones o *detransiciones* y están empezando a denunciar
a las clínicas que las llevan a cabo.[46] En España ya están comenzando
también a desarrollarse estas cuestiones, aunque vamos con cierto
retraso con respecto a otros países de Europa.[47]

Estos son solo algunos ejemplos de los miles que existen de la
irracionalidad y extremismo sistémico del feminismo en la actualidad. Por supuesto, este tipo de acciones crea un gran rechazo
entre aquellas personas que no viven ni económica ni políticamente de este movimiento.

Enseñanza

Como ya se ha dicho con anterioridad, los niños son uno de los
objetivos del feminismo, pues espera llegar a ellos a edades tempranas en las que aún no han desarrollado una conciencia crítica para

adoctrinarlos y tenerlos alienados y dominados siguiendo las modas del momento.

Sindicatos como la CGT defienden una pedagogía *queer* en las escuelas,[48] en los colegios se introducen talleres LGTB de hombres maquillándose[49] o de diversidad sexual.[50] Estos no son casos aislados, sino una tónica general en la que se ha puesto a la enseñanza al servicio del feminismo más sistémico.

También se están adaptando protocolos en colegios para que el alumno pueda comenzar con su proceso de cambio sin el consentimiento de los padres a edades bastante tempranas.[51] Esto no es más que la enésima copia del sistema norteamericano, que ya ha demostrado que es un fracaso y solo empeora o crea más problemas a los jóvenes que sufren disforia.

7
PATRIOTISMO Y GLOBALISMO[1]

Desde hace varias décadas se ha ido construyendo y convirtiendo en la realidad hegemónica una nueva pugna, una dicotomía que es capaz de revolver a la gente, volver a hacer sentir que es necesario realizar grandes cambios de la forma en que sea necesario, con una capacidad de movilización de las masas no vista desde el derrumbe de la URSS y la llegada de la dominación global de Estados Unidos (aunque en los últimos quince años la situación ya no es esta, pues hay poderes que se enfrentan a los intereses estadounidenses). Incluso en Europa han surgido movimientos —algunos de ellos han llegado a la jefatura de sus Estados— contestatarios con respecto a los dictados de la Unión Europea y de Estados Unidos.

La situación está cambiando, y ante las imposiciones cosmopolitas y globalistas cada vez hay más rechazo. Movimientos que son o vienen de la derecha o de la izquierda rompen con las dinámicas precedentes y comienzan a construir estructuras organizativas y de movilización basadas en el rechazo al desarraigo nacional y en favor de la defensa de la cultura del país y la recuperación de la soberanía nacional, con la determinación de que es necesario tomar las medidas pertinentes para solucionar la situación de sus países, aunque sean mal vistas por la actual corrección política y por la nueva izquierda en general. Esto, por supuesto, choca frontalmente con la ideología hegemónica del sistema y con los partidos a su servicio, pues es antitético a los intereses de las grandes empresas y corporaciones internacionales y va en sentido contrario a los designios de los grandes organismos internacionales como la ONU y la Unión Europea.

Algunos[2] dirán que en realidad estos movimientos que están surgiendo son solo la reacción a sus «políticas de progreso» y que todos son fascistas o de extrema derecha. Sería ideal entonces que dijeran de dónde provienen Nayib Bukele[3] o movimientos como el Frente Obrero en España. El primero proviene del Frente Farabundo Martí para la Liberación Nacional, nada sospechoso de ser fascista o de extrema derecha. Para quien no lo sepa, era una guerrilla revolucionaria de El Salvador que posteriormente se constituyó como la izquierda política del país. El segundo es un movimiento constituido oficialmente en 2022,[4] que surgió como fruto de una ruptura absoluta con la extrema izquierda en España de la que muchos de sus miembros habían formado parte. Hasta 2021 seguían participando en espacios de la izquierda, y solo empezaron a crecer y se estructuraron de forma real cuando la ruptura fue absoluta.[5]

Seguir dividiendo la política en izquierdas y derechas es inservible. La izquierda y la derecha han evolucionado de tal forma que se han convertido en la izquierda y la derecha del sistema, ambos vienen a defender lo mismo: lo que ya existe. La izquierda mayoritaria ha dejado la lucha obrera y se dedica a defender modas sistémicas referentes a luchas parciales fomentando la inoperatividad, la desmovilización y la alienación. La derecha, como contraparte, ha tenido una evolución en la que ha adoptado los modos y posicionamientos de la derecha norteamericana, la cual no se define precisamente por su capacidad de transformación, de cambiar la situación actual.

Simulan grandes diferencias y fomentan una polarización social e ideológica cuando en realidad están defendiendo en esencia lo mismo, solo se diferencian en cosas superfluas. La dicotomía de la izquierda y la derecha ya no sirve para entender o explicar nada ni para movilizar a la gente, solo para entretener, confundir y engañar a la ciudadanía para que todo siga como está.

Esto se ve ante los grandes problemas a los que se tienen que enfrentar nuestros países. Pongamos algunos ejemplos.

Primer ejemplo: la cuestión migratoria. La izquierda, los globalistas, defienden las fronteras abiertas o medidas análogas que vienen a representar lo mismo. La derecha mayoritaria defiende cierto control, pero en la práctica el resultado es el mismo. En España, el Partido Popular defiende la Agenda 2030 y fue, además, quien fijó las leyes que dieron paso a la llegada de la inmigración masiva y durante sus gobiernos la masividad de las llegadas no ha cambiado en absoluto.

Podemos ver cómo izquierda y derecha, aunque tengan pequeñas diferencias, defienden lo mismo: el debilitamiento del Estado y del control de sus fronteras en pro de intereses extranjeros y del mito del cosmopolitismo cultural. Los movimientos soberanistas defienden el reforzamiento del Estado, el control férreo de las fronteras y la defensa de la cultura del país. Ante esta tesitura, ¿qué es lo que está pasando en las zonas donde más se pagan las consecuencias de las políticas migratorias? Se está produciendo un crecimiento de aquellas fuerzas que apuestan por afrontar el problema en vez de negarlo o tomar medidas que solo empeoran la situación. No hay más que ver la situación de Francia, los países nórdicos o Alemania para poder observar cuáles están siendo los resultados.

Segundo ejemplo: la criminalidad y las pandillas. Tanto la izquierda como la derecha de ciertos países centroamericanos se han encontrado con la tesitura de enfrentarse a las pandillas que actúan en sus países, pero que tienen un carácter supranacional. Son auténticas mafias con un gran poder. Las apuestas, tanto de la izquierda como de la derecha, han sido inútiles; los primeros han apostado por supuestas medidas de integración, y los segundos por intentar ocultar el problema. Sin embargo, llegó Bukele al poder en El Salvador, apostando por un reforzamiento del Estado y la declaración de la guerra a las pandillas. El resultado ha sido que ha solucionado el problema, aunque todos los partidos de izquierda y de derecha, las ONG y los organismos internacionales lo señalen como un monstruo, un fascista de extrema derecha. Pero la realidad es que no tiene nada que ver con el fascismo, solo desarrolla ideas y medidas soberanistas y patriotas frente a las imposiciones extranjeras y las mafias que actuaban en su país.

En otros países, la situación con las pandillas es agónica, incluidos algunos europeos donde la criminalidad se está disparando. Muchos hablan de tomar medidas integradoras, pero en primer lugar no las aplican, o las que deciden desarrollar está comprobado en la realidad que no funcionan. Discuten mucho en parlamentos y comisiones de investigación, pero no hacen nada. Solo marean la perdiz, buscando no crear alarma social para mantener sus privilegios. No les importan los derechos humanos ni la gente desfavorecida, solo mantener su estatus y continuar con las modas y dogmas de fe que les permiten conservar su posición.

Tercer ejemplo: la política internacional y aceptación de imposiciones. Ante los intereses de Estados Unidos es ya costumbre que tanto la izquierda como la derecha hagan la genuflexión y apoyen aventuras, incluso bélicas, en las que solo están luchando por intereses que les son ajenos. Un país soberano debe tener su propia agenda internacional y sus actuaciones deben estar supeditadas a sus propios intereses, no a los de potencias extranjeras. Mientras los globalistas apuestan por un seguidismo que solo lleva a la ruina a sus países, los movimientos soberanistas actúan en pro de su propio país, invirtiendo sus recursos en su propio bienestar, dejando de actuar en contra de lo que les conviene. Con la guerra de Ucrania, tenemos una muestra clara de todo esto.

Un ejemplo similar de lo que no hay que hacer es lo que hizo España con la cuestión del Sáhara. Pedro Sánchez actuó de acuerdo con intereses extranjeros y no según los de la propia España. Traicionó su posición histórica sobre el Sáhara haciendo una cesión ante Marruecos, inexplicable desde el punto de vista de los intereses geopolíticos españoles sobre la región.

Podrían ponerse muchos más ejemplos, pero con estos tres es suficiente para que el lector pueda darse cuenta de que la dicotomía izquierda y derecha ya no es útil, salvo para engañar a la gente y para entender por qué los movimientos que apuestan por el patriotismo y la recuperación de la soberanía nacional frente al cosmopolitismo están tomando tanta fuerza y tienen tanta capacidad de movilización.

Está claro que se está produciendo una reacción a las imposiciones del pensamiento único del sistema, y los movimientos soberanistas o patriotas están surgiendo en buena parte del mundo. Sin embargo, ni todos son iguales ni vienen de los mismos espectros. Hay una pugna entre los movimientos que han surgido desde la derecha más tradicional, e incluso en algunos casos fascistoide, o directamente fascista, y los que tienen un carácter más popular, que vienen de la izquierda o incluso que mantienen posiciones de clase. Desde luego, los que vienen de la derecha o lo son comenzaron mucho antes, pero se está dando un proceso de ruptura con lo sistémico desde otras perspectivas. Habrá que ver en el futuro cómo evoluciona todo esto, si se tiende hacia el nacionalismo exacerbado que tradicionalmente habían defendido las élites[6] o se constituyen movimientos populares, de clase y, por tanto, revolucionarios.

También habrá que ver cómo evolucionan algunos de esos movimientos, o de las personas que forman parte de ellos, que, aunque vengan de posiciones reaccionarias, sí tienen un carácter popular y están abandonando poco a poco muchos de sus planteamientos heredados de su pasado de derechas.

Lo que está claro es que las políticas del multiculturalismo han fracasado o van a fracasar a corto plazo y deben ser relegadas al olvido.Veremos quiénes consiguen la hegemonía dentro de las fuerzas que se oponen al cosmopolitismo. Se avecinan tiempos de conflicto en Europa, de grandes dificultades, de violencia e inestabilidad. Aunque suene mal teniendo en cuenta la mentalidad actual, esto abre grandes oportunidades de cambio, de recuperar nuestra esencia y de construir en base a ella algo nuevo. Abre oportunidades de transformación, de revolución, de salvar la situación en que estamos y a la que lamentablemente nos encaminamos.

En el capítulo sobre los dogmas de fe se explicó qué es el cosmopolitismo, por lo que no es necesario volver a hacerlo en el presente capítulo. Lo relevante teniendo en cuenta lo expuesto con anterioridad es exponer qué es el patriotismo revolucionario, diferenciándolo del nacionalismo, y ver cuál es nuestra apuesta dentro del proceso internacional de resistencia y reacción a la imposición del pensamiento único del sistema, incluido, por supuesto, el cosmopolitismo.

¿Qué es el patriotismo?

Si hay un sentimiento que siempre ha movido a las masas con intensidad ha sido el patriotismo. Este no es otra cosa que el amor por tu tierra, por el lugar donde has nacido y has crecido, por la historia de tus antepasados y por la cultura común, que te une a muchos más individuos, con los que formas una colectividad. El sentimiento nacional, incluso el orgullo nacional, no tiene nada de malo, ni el apego por tu tierra tampoco, por mucho que nos lo repitan hasta la saciedad en televisiones, películas y redes sociales. El patriotismo siempre ha sido un agente movilizador que, dependiendo de quién lo hegemonice en un país, puede tener una evolución bastante diferente.

El patriotismo es apostar por que tu patria se desarrolle y consiga llegar a sus cotas más altas. No es algo solo del pasado, es algo que se construye y reivindica en el presente con vocación de futuro. Tiene un gran carácter movilizador y un gran potencial de transformación. Por ello, el sentimiento patriota debe conjugarse con la cuestión de clase, con la lucha y reivindicaciones de los obreros, y juntos poder construir algo revolucionario y con capacidad de afrontar los retos futuros a los que se enfrente la patria. Los ricos no tienen patria, su bandera y sus colores son solo los del dinero, y en cuanto sus intereses económicos se vean perjudicados no tendrán ningún problema en actuar contra su país o marcharse del mismo.

La patria es de los trabajadores, de aquellos que levantan el país cada día y tienen arraigo y sentimientos por el mismo, de aquellos que no tienen ninguna intención de marcharse o actuar contra el interés general, que están dispuestos a defender su país de cualquier peligro o problema al que se enfrente. No hay otro patriotismo que este, y el patriotismo revolucionario es el único camino para la recuperación de la soberanía nacional, de nuestra identidad y para la supervivencia de nuestro país, teniendo en cuenta las circunstancias en las que nos encontramos.

Los patriotas de pulsera, los señoritos de la derecha que se llenan la boca con España y que a la menor ocasión nos venden a intereses extranjeros o abandonan el país si las cosas no les salen como ellos quieren, son lo contrario al patriotismo. También lo son los nuevos señoritos de la izquierda malasañera, que solo hablan de España en las elecciones, defienden intereses extranjeros y todavía tienen el valor de decir que ellos son los verdaderos patriotas justo antes de una cita con las urnas. Ambos representan lo mismo y hablan de la patria solo para sacar rédito político, cuando sus actividades y posicionamientos van en contra del país y de cualquier concepción de patriotismo.

El nacionalismo y el chovinismo son contrarios a la concepción desarrollada sobre qué es el patriotismo. Ser patriota o el patriotismo no tienen nada que ver con sentirse superior a los demás ni querer imponer lo tuyo por ser superior a otros países o pueblos. Defender y amar lo tuyo no implica que tengas que desarrollar ninguna actitud de superioridad. Los nacionalistas tienden a echar la culpa a otros de los males del país, generalmente a gente más débil, principalmente para mantener privilegios o conquistarlos, mientras que el patriotismo busca el desarrollo del país, no el sojuzgamiento de nadie. Esto es una cita de un ideólogo soviético, defendiendo el patriotismo revolucionario frente a las tesis cosmopolitas:

> Amar a la patria y trabajar por su bien y prosperidad no significa ser enemigo de otros pueblos. Por el contrario, un verdadero patriota ama a su pueblo y respeta a los otros pueblos. Por supuesto, es natural que un patriota tenga orgullo nacional. No puede evitar estar orgulloso de los hechos históricos de su nación. Es consciente del hecho de que su país también ha contribuido al desarrollo de la civilización y la cultura mundiales. El orgullo patrio, no obstante, es la antítesis de la arrogancia nacionalista.[7]

Los revolucionarios también son patriotas, y ellos supieron conjugar muy bien la lucha de clases con el patriotismo, la lucha de los trabajadores y el sentimiento y el orgullo nacional. La izquierda actual se ha desnortado y ha caído en el nihilismo nacional; la mayoría de los partidos comunistas, aunque habría que llamarlos mejor poscomunistas,[8] también han caído en este tipo de tendencias cosmopolitas.

El orgullo nacional, en definitiva, no es algo negativo, ni tiene nada que ver con pisotear los sentimientos de otra persona o grupo de personas; no significa que te creas mejor que los demás, ni te convierte en un reaccionario o en un nacionalista. Es solo estar orgulloso de lo que eres, de lo que formas parte: de tu cultura, símbolos, historia, tradiciones y hábitos.

Debido al cosmopolitismo está de moda odiar a tu país y a su historia. En España, desde hace tiempo, si eres de derechas debes amar a tu país, y si eres de izquierdas debes defender el cosmopolitismo. Es hora, no solo de romper con la dicotomía izquierda-derecha, sino también con los clichés absurdos. Todo el mundo debería amar a su país, su cultura y su historia.

La historia de un país debe conocerse por el conjunto de la población, con sus sombras y con sus luces. La riqueza cultural de un pueblo no debe perderse. El camino de construcción nacional de España es muy rico y debido al cosmopolitismo y la imposición de la cultura hegemónica norteamericana se está comenzando a perder. Tenemos una historia prolífica con la cual algunos intentan hacer política, falseándola. No debe permitirse; nuestra historia debe ser estudiada y conocida como parte de lo que somos y de lo que seremos en el futuro.

8

INMIGRACIÓN

La inmigración es una cuestión que afecta de especial manera a los trabajadores, a sus condiciones de vida, a la situación de sus barrios y ciudades y a la calidad de sus empleos. También repercute en la seguridad, en los índices de criminalidad y se originan fuertes choques culturales debido a la masividad con que se produce. El problema no es la inmigración, que ha existido siempre, existe en la actualidad y seguirá existiendo en el futuro: el problema es el modelo migratorio.

Las consecuencias de este modelo para los trabajadores y para el país en su conjunto son negadas por parte de los que nos gobiernan, que hacen negocio de la situación y poco más les importa. Crean efectos llamada, tratan a los inmigrantes, que también son víctimas de estas políticas nefastas del sistema, como carnaza para explotar y niegan la depauperación de la clase obrera autóctona y la degradación de sus barrios. Solo les importa el vil dinero; les dan igual los cadáveres que dejen por el camino. En este aspecto, la izquierda y la derecha centrista se dan la mano, llevando a cabo las mismas políticas. La izquierda más radical hace décadas que empezó defender políticas que van contra los trabajadores y a apostar por las fronteras abiertas.

En este contexto, se está produciendo una derechización en toda Europa, la cual está cimentada precisamente en la cuestión de la inmigración y la supervivencia cultural nacional de todos y cada uno de los países. La llegada al poder de Giorgia Meloni, la fuerza de Viktor Orbán, los cambios en los países nórdicos o el avance de Marine Le Pen no se pueden entender sin la cuestión migratoria, pues es el motivo principal por el que los obreros cada vez votan más a este tipo de fuerzas, ya que al menos no caen en el negacionismo sobre su realidad y los problemas que sufren.

Es necesario recordar que las políticas migratorias que se están desarrollando en Europa, y que tienen un claro carácter suicida y destructivo, no se han votado en ninguna parte, son decididas por organismos supranacionales que imponen a los diversos países su acatamiento, principalmente por presiones de la Unión Europea. Sin embargo, comienza a haber una encarnizada resistencia, sobre todo de determinados países del este y nórdicos, que empiezan a pugnar por recuperar su soberanía para poder tomar las medidas pertinentes con el fin de solucionar el grave problema que tenemos en toda Europa occidental.

Antes de desarrollar la cuestión migratoria en España al detalle, se ha de citar la introducción del ensayo *Inmigración: ¿realidad, fenómeno o problema?*, en el cual se hace un esbozo general de la problemática actual en todo Occidente y que es un acercamiento ideal para la exposición del tema que nos concierne en el presente capítulo de este trabajo. Posteriormente, se desarrollará un conciso resumen de lo expuesto en dicho libro, incluidas sus conclusiones, actualizándolo con los últimos datos y centrándose en el aspecto de la derechización progresiva de los trabajadores españoles.[1]

> La cuestión de la inmigración es difícil de tratar cuando no se siguen ciertos dogmas relativos a la corrección política y a los intereses tanto del Estado como de determinados grupos de poder (políticos y grandes empresarios). Solo por hablar del tema con una perspectiva diferente, la máquina de la cancela-

ción y el linchamiento comienza a rodar contra aquella persona que quiera investigar y conocer la realidad.

En prensa es fácil apreciar cómo se ocultan datos y se emborrona la realidad. Esto se puede ver, por ejemplo, a la hora de informar sobre el origen étnico de determinados casos de violencia y de delitos[2] o en la ausencia de estudios de carácter étnico por la posibilidad de que puedan ser usados para fines supuestamente racistas.[3] ¿Desde cuándo los datos objetivos son promotores del racismo? ¿Los que nos gobiernan tienen miedo a que la gente sea consciente de la realidad?

No parece una actitud adecuada teniendo en cuenta que señalan como racista, discriminatorio e incluso conspiranoico todo lo que se salga de lo aceptado mediáticamente por el poder. De hecho, los conspiranoicos y aquellas personas que caen en exageraciones y se alejan de la verdad contribuyen a que el Gobierno, las ONG y los grandes poderes puedan seguir erigiéndose como los poseedores de la verdad absoluta, cuando en realidad huyen de los datos y de que estos salgan a la luz.

La inmigración es un fenómeno con el que convivimos en España, y desde 1997, de una forma cada vez más acentuada. La inmigración ya existía antes, pero de una forma no masiva, lo que facilitaba la integración y/o asimilación de los migrantes y que no causaran un efecto negativo en la sociedad receptora: delincuencia, violencia, marginación, guetos, islamización…

Esto hace que la inmigración sea una realidad, un fenómeno y, por supuesto, debido a la forma en que se realiza, un problema. En este último punto, la masividad, el choque cultural de algunos inmigrantes de contextos radicalmente diferentes y poco compatibles y las políticas erróneas están haciendo que la situación se recrudezca enfilando a España a sufrir las mismas penurias que ya se sufren en otros países como Francia o Alemania.

La inmigración masiva y descontrolada crea un drama humano de grandes magnitudes, tanto para los propios migrantes, que también son víctimas del sistema, como para el país receptor. Los primeros vienen en unas condiciones lamentables y en la mayoría de los casos acaban en barrios en un acelerado proceso de *guetificación*, con todo lo que ello conlleva; el segundo, por su parte, sufre una depauperación de los salarios y los efectos que esa no integración de los inmigrantes va a acarrear.

Además, es un error circunscribir el problema de la inmigración solo a la ilegal. Hay muchos inmigrantes que no se integran a pesar de estar aquí de forma legal; aparte de sus propios hijos y los de los inmigrantes que entran en el país de forma ilegal y obtienen la nacionalidad con el paso de los años. En los barrios en proceso de *guetificación* estas personas tienen DNI, pero no están integrados ni asimilados, lo cual engendra problemas variados y de complicada resolución. El problema de la inmigración y de la integración va mucho más allá de la inmigración irregular. La existencia de grandes cantidades de personas con la nacionalidad, pero que no se sienten españolas y que no tienen ni quieren adecuarse a la cultura autóctona ni al modo de vida, es un foco de problemas que nos va a llevar a vivir situaciones dramáticas como ya se están viviendo en múltiples países europeos.

El proceso de aculturación general es evidente, la intención de los grandes promotores de la inmigración masiva no es la sustitución de nuestra cultura por la de alguno de los países exportadores de migrantes, sino crear una mezcolanza, una debilitación de todo aquello que pueda hacer frente a la implantación de la cultura norteamericana, de la exportación del cosmopolitismo, o como muchos lo llaman, globalismo, para mantener a Europa débil y dominada por intereses ajenos. Cuando se realizan este tipo de planteamientos en seguida se acusa a quien los enuncia de fascista o de conspiranoico; pero la verdad es que ya pensadores marxistas como Michel Clouscard enunciaron el problema de la aculturación en Francia por parte de la cultura norteamericana en 1981[4], ni siquiera es una cuestión novedosa y, desde luego, refleja una realidad. Este tipo de acusaciones solo demuestra la ignorancia de quien las realiza.

Este proceso de desaparición o sustitución de la cultura autóctona se les está yendo de las manos a sus promotores, pues una cantidad a tener en cuenta de los inmigrantes son de origen musulmán, y una buena parte de ellos lejos de integrarse están reforzando lazos y, en determinadas regiones, radicalizándose hasta el punto de implantar la sharía en algunos barrios europeos.[5] Además, están exigiendo el establecimiento de regímenes islámicos, se están produciendo atentados terroristas y se está llevando a cabo una islamización creciente allí donde son numerosos. Estamos hablando de una población por lo general muy conservadora y que no cuadra con las costumbres y tradiciones de los países europeos donde se encuentran, creándose conflictos agudos. Hay un fuerte choque cultural.

Antes de comenzar con la exposición de la realidad de la inmigración es necesario añadir a la cuestión antes enunciada otro motivo por el que los gobiernos europeos y las grandes patronales promueven este tipo de inmigración: la cuestión económica, la cuestión de la bajada de los salarios.

El fenómeno migratorio actual poco tiene que ver con los flujos migratorios de épocas pasadas, pero incluso en un contexto mucho menos acentuado, el propio Marx vio la naturaleza de las migraciones espoleadas por los grandes patronos. El objetivo no era otro que vencer las estructuras sindicales y de lucha existentes (en España no es ni necesario, ya que los sindicatos mayoritarios están al servicio del Gobierno) y lograr una bajada de salarios[6] gracias a la explotación de esos inmigrantes dispuestos a trabajar en peores condiciones que las logradas en décadas de lucha por los trabajadores autóctonos. Un ejemplo de esto traído a la actualidad es la posición que mantiene la patronal de Murcia sobre la necesidad de traer más trabajadores inmigrantes,[7] cuando el paro en España está rondando los tres millones de personas.[8] Prefieren traer a inmigrantes en unas condiciones lamentables a emplear a españoles con unas condiciones laborales y un salario dignos. No les importan el país, las condiciones materiales de los inmigrantes ni los problemas creados por la masividad de la inmigración, solo les importan sus beneficios, el sucio dinero. Si algo demuestra el estudio y la investigación sobre este tema es que los principales damnificados de la inmigración masiva son los propios trabajadores, foráneos o no.

En el argumentario de la nueva izquierda,[9] solo se desarrolla la tesis de que todo esto es por la cuestión colonial. Si bien es cierto que el subdesarrollo es en parte por la situación pasada y por la actuación de potencias europeas y no europeas rapiñando en otros países, también es cierto que esa pobreza y subdesarrollo que mantienen tiene bastante que ver con las élites y gobernantes corruptos que dirigen sus países. Es adecuado pensar que hay que contribuir económicamente a que sus países puedan desarrollarse, pero también lo es que no tenemos por qué destruir el desarrollo y la cultura de nuestros países engendrando problemas que serán difíciles de resolver. Todo esto por una apuesta de la nueva izquierda tan sesgada, incompleta y en gran parte errónea a la hora de identificar las causas del problema y escoger una «solución», que nos está llevando al desastre. Además, el hecho de que la población joven que debería ser la que reconstruyera sus propios países venga a Occidente solo va a hacer que la situación se cronifique, ya que estos países se quedan sin el recurso más valioso a la hora de fomentar e iniciar los cambios necesarios para que sus países cambien la situación en la que están: su población más joven y productiva. Aunque las posiciones de la nueva izquierda puedan parecer más «humanas», en realidad no lo son, pues están basadas en el egoísmo y en dogmas de fe, que aparte de perjudicar a los países receptores también lo hacen a los emisores.

Aparte de las élites corruptas que dirigen esos países, hay otra cuestión que desmonta el argumentario de los defensores de las fronteras abiertas al señalar el colonialismo como la única causa de la inmigración masiva y por la cual debemos aceptarla sin rechistar: la inmigración masiva no se da solo en los países que han tenido un pasado como potencia colonial.

Tabla 3. Evolución de la población inmigrante en Finlandia (2010-2021)

Año	Población inmigrante	Porcentaje
2010	248.141	4,62 %
2011	266.151	4,93 %
2012	285.471	5,26 %
2013	304.279	5,58 %
2014	321.977	5,88 %
2015	337.162	6,14 %
2016	357.541	6,50 %
2017	372.802	6,76 %
2018	387.215	7,02 %
2019	404.179	7,32 %
2020	420.766	7,60 %
2021	442.290	7,97 %

Fuente: Tilastokeskus, «Immigrants and integration. Population according to origin and background country, age and sex, 1990-2021».

El ejemplo de Finlandia es claro, nunca tuvo colonias, al contrario, fue dominada por otros países durante la mayor parte de su historia. Sin embargo, es un país receptor de inmigración, de la más conflictiva: la islámica. En 2021 la inmigración se situó en Finlandia cerca del 8 %,[10] y subiendo. A pesar de que el número de inmigrantes es menor, el problema está más acentuado que en España debido a que la mayoría de inmigración que recibe es de origen musulmán.

Este ejemplo, junto con el de Noruega o Suiza, deja claro que el proceso migratorio masivo se da principalmente por la cuestión económica. Es espoleado por aquellos que se van a beneficiar de ella y se realiza, a su vez, la aculturación que tanto necesitan algunos para mantener su dominación, su bota subyugando a Europa.

En lugares fuera de Europa también se da la inmigración masiva. Este libro se centrará en Europa y España, pero tanto en Estados Unidos como en Canadá o incluso en países hispanoamericanos que jamás tuvieron un pasado como potencia colonial, el factor económico, de búsqueda de una bajada de los salarios para enriquecerse unos cuantos, por el que se produce este movimiento continuo de personas, es todavía más claro.

Hay que tener en cuenta que un país que no controla sus fronteras va camino de ser un Estado fallido. España, siguiendo la estela de Francia y de Alemania, va camino de ello. Sin un control férreo de las fronteras, el fin de la masividad de la inmigración (legal o no) y el fomento de políticas de integración y de asimilación, vamos camino del desastre. Estaremos firmando nuestra condena de muerte, pero también la de los inmigrantes, especialmente la de los que vienen a integrarse y sumar al país, al igual que la de los que nacen aquí y en vez de integrarse se crían en un gueto contribuyendo a agravar el problema.

El problema de la inmigración masiva debe afrontarse con valentía, buscando la verdad, analizando el problema en su conjunto y apostando por soluciones viables a corto, medio y largo plazo. Es una cuestión difícil y debido a la incompetencia de nuestros políticos habrá que tomar medidas drásticas que no gustarán a muchos, especialmente a las élites que nos gobiernan y a sus siervos a sueldo; pero es necesario que los problemas sean identificados y afrontados lo antes posible. El objetivo de este trabajo no es otro que plantear el debate con datos y contribuir a concienciar, hacer reflexionar y solucionar este grave problema que nos afecta a todos.[11]

Los datos de la inmigración en España

En España hay un 13,1 por ciento de población extranjera, según el INE.[12] Esta información es del 1 de julio de 2023, y seguramente cuando este libro esté en las manos del lector habrá subido, pues la tendencia es al alza. Estamos hablando de 6.335.419 residentes sin nacionalidad española. Ya de por sí, este número es excesivamente alto, más viendo que no se integra a la gente y que se están conformando auténticas zonas separadas de la sociedad dentro de nuestro país.

Pero esto no termina aquí. En los demás países, incluso en la ONU, se calcula la población inmigrante en base a aquellos que no han nacido en el país aunque tengan la nacionalidad, lo cual es evidentemente lógico, porque es la forma de hacerlo que más se asemeja a la realidad. De acuerdo con esto, en España hay un 17,49 por ciento de población inmigrante, lo cual supone 8.457.886 de personas que han nacido en el extranjero. Y esto no acaba aquí, pues los hijos de los inmigrantes que se han criado al margen de la sociedad española, con su propia cultura y que no tienen ninguna intención de asimilarse o integrarse, son considerados españoles legalmente a pesar de que es evidente que culturalmente no lo son.

Afirmar esto es polémico y va en dirección contraria a lo que marca la corrección política impuesta en nuestra sociedad, pero sin tener en cuenta estos factores es imposible analizar de forma precisa los problemas que afectan a los barrios obreros y por qué cada vez más intensamente se está produciendo un proceso de acercamiento y cambio de voto hacia la derecha en zonas que tradicionalmente eran feudos de la izquierda. Negar un problema, ocultar los datos y ceñirse a relatos fantásticos impuestos por multinacionales es inútil cuando una persona ve su realidad y la sufre todos y cada uno de sus días. No solo cómo le afecta a él, sino también cómo afecta a su familia y a su entorno.

Solo por poner un ejemplo claro del rumbo que está tomando esto, en el primer semestre de 2022 el balance de inmigrantes en España aumentó en 258.547: llegaron 478.990 y se marcharon 220.443.[13] Además, según las estimaciones del propio INE, en 2022 el saldo migratorio total fue de 484.137 personas.[14] Esto representa un aumento sin precedentes en España desde 1997, que es cuando comenzó a venir inmigración de forma intensiva y masiva.

A continuación, se puede ver la tabla sobre la evolución de la población extranjera por países de procedencia:

Tabla 4. Evolución de la población extranjera residente en España. Primer semestre de 2022

Nacionalidad	1 enero 2022	1 julio 2022	Relativo (%)
TOTAL	5.407.491	5.579.947	3,2
Marruecos	775.159	770.610	-3,2
Rumanía	631.585	619.833	-1,9
Colombia	315.386	375.528	19,1
Reino Unido	315.824	307.443	-2,7
Italia	298.170	306.621	2,8
Venezuela	220.258	251.961	14,4
China	193.046	187.988	-2,6
Ucrania	105.667	154.063	45,8
Alemania	142.632	144.386	1,2
Perú	117.949	141.705	20,1
Honduras	125.199	135.214	8
Francia	127.732	127.668	-0,1
Ecuador	120.801	117.431	-2,8
Bulgaria	116.843	114.616	-1,9
Argentina	104.076	113.558	9,1

Fuente: Instituto Nacional de Estadística, «Cifras de Población. Datos definitivos 01/01/2022 y provisionales 01/07/2022», INEbase, 18 de noviembre de 2022.

Para entender la disminución de las personas de ciertas nacionalidades que no se corresponden luego en la calle, es necesario saber que se han entregado decenas de miles de nacionalidades y que la inmigración ilegal no está registrada en su totalidad. Solo así se puede comprender que, por ejemplo, haya habido una disminución de personas marroquíes en España. En 2022 se dieron 55.462 nacionalidades a personas de este origen.[15] Muchas de ellas han obtenido este estatus sin estar integrados ni asimilados, solo por haber permanecido en el país, pues los exámenes para obtener la nacionalidad son una mala broma que, además, pueden evitarse con ciertas excepciones legales, aprovechadas públicamente por las ONG.[16]

La nacionalidad de un país debe ser algo más que la obtención de un documento o la estancia de X años sin crear problemas. Para ser español se ha de tener la cultura propia del país, un conocimiento de nuestra historia, de nuestras tradiciones y un sentimiento de pertenencia, es decir, una asimilación general sostenida por el paso de los años. Entregar la nacionalidad sin cumplir estos requisitos es devaluar la nacionalidad, dar pasos acelerados hacia la propia destrucción del país como lo conocemos. Hay una obsesión clara por parte de todos los gobiernos de entregar nacionalidades de forma masiva; lo hacen para ocultar problemas y que en los estudios estadísticos no salgan tan mal parados y se dibuje una fantasía edulcorada que no se corresponde con la realidad. Pero estos intentos por emborronar lo que está pasando se caen por su propio peso con solo observar cómo son los centros de las grandes ciudades de España. Ese es el futuro de todo el país si no se toman las medidas necesarias, si no algo bastante peor. La derecha, o ciertos sectores de la derecha, se están aprovechando de la situación, del negacionismo de la izquierda y de la derecha moderada para que sus proyectos se conviertan en fuerzas de gobierno.

Los estudios estadísticos en España solo sirven de orientación para poder apreciar la evolución que se está produciendo con los años. Debido a las nacionalizaciones masivas, más de millón y medio desde 2010,[17] los estudios sobre delincuencia, por poner un ejemplo, no reflejan la realidad. A pesar de que los inmigrantes cometen más delitos porcentualmente, la realidad es que el porcentaje tiene trampa, pues las personas que han adquirido la nacionalidad cuentan como españoles en los estudios, aunque en muchos casos ni están integrados ni pretenden llegar a estarlo nunca. Para poder tener una visión real de lo que está pasando, sería necesario, como ya pasa en otros países como Estados Unidos, la realización de estudios étnicos. Si se realizaran en España, mucha gente que defiende relatos fantásticos sobre la inmigración dejaría de hacerlo o lo haría sin esa aura «humanista» a la que nos tienen acostumbrados aquellos que viven de hablar de la inmigración y de blanquear políticas suicidas para nuestro país.

Existe un aumento en el número de personas de ciertos colectivos de inmigrantes en España debido a intereses partidistas políticos y económicos del Gobierno. Esto se ha podido ver en la llegada masiva de venezolanos y de ucranianos. Por supuesto, esto se da también con las nacionalizaciones que, en determinadas situaciones, se dan por supuestos motivos humanitarios, pero que esconden otros intereses.[18]

Aunque, como ya se ha dicho, no se puede saber de forma precisa cuál es la situación exacta de estos problemas, sí se pueden apreciar la masividad y la tendencia que existe con los inmigrantes por países.

Los inmigrantes de origen hispanoamericano rondan el millón y medio sumando todos los países, lo cual los hace la comunidad extranjera más grande en España. Aunque esto se está revirtiendo poco a poco ante el avance de los inmigrantes de origen africano. Por el pasado que compartimos con los hispanos, son los que tienen más fácil la integración y la asimilación. Tienen una cultura más cercana a nosotros y un idioma común, cuestión que no sucede con inmigrantes de otras procedencias. Pero, debido a la masividad, muchos de ellos se están concentrando en ciertas zonas, viviendo separados de la sociedad española, reforzando sus lazos y no integrándose. Un buen ejemplo de esto es el problema de las bandas latinas.

Si analizáramos la cuestión desde una perspectiva de país de origen y no de origen cultural, la comunidad de inmigrantes más grande en España sería la de Marruecos, aunque, si nos atenemos a la realidad, toda la inmigración musulmana de África tendría que contarse como un solo bloque, ya que los problemas disociados de este tipo de inmigración no varían en gran medida de un país a otro. La inmigración de origen marroquí supone un problema adicional debido a las políticas injerencistas de la dictadura de Marruecos, pero en el resto de cuestiones no hay una gran diferencia.

A los más de 770.610 marroquíes que están en España habría que sumar los senegaleses musulmanes, los pakistaníes, los tunecinos, etcétera. En total superan oficialmente el millón,[19] aunque, debido a la política de entrega de nacionalidades, los musulmanes en nuestro país[20] alcanzan ampliamente los dos millones.[21] Es necesario señalar que los inmigrantes de este origen son los que menos se integran y con los que se tiene un mayor choque cultural. Tienen una tendencia a *guetificarse* y son los que más problemas crean. Es una cuestión de estadística, no de relatos. En el apartado sobre criminalidad se desarrollará de forma detallada esta cuestión.

En España también existe una fuerte inmigración de origen europeo, encabezada por Rumanía con 619.833 inmigrantes, Reino Unido con 307.433, Italia con 306.621, Ucrania con 154.063, Alemania con 127.668 y Francia con 127.668.[22] El choque cultural con la población de estos países, y de otros con menos número de inmigrantes, es mínimo, ya que en Europa el estilo de vida es similar en comparación con las grandes diferencias que hay con otros países y otros contextos. Aunque es cierto que no tienden a asimilarse, por lo menos se integran y crean menos problemas, aunque sea de forma general. Problemas como la islamización o la *guetificación* no se producen, aunque sí la separación. Esto se puede ver en Mallorca con los alemanes o en el levante español con los ingleses.

La población de origen chino que no ha recibido la nacionalidad en España asciende a 187.988.[23] Es una población que tiende a separarse de la sociedad, aunque no crea los problemas que sí se producen con inmigrantes de otros contextos. El problema más sonado en relación con esta comunidad ha sido el de la mafia china, contra la cual se ha actuado con dureza.

Algunos partidos defienden que el problema de la inmigración es la inmigración ilegal, que es parte del problema, aunque no el problema en sí. En España se entregan cada año centenares de miles de visados de forma legal para venir al país, de manera que la inmigración ilegal supone un número mucho más pequeño. Los problemas que surgen por la cuestión migratoria se producen por la masividad, y la principal responsable de esta es la propia inmigración legal, el modelo migratorio que tenemos.

Aunque la evolución de las llegadas se vio afectada con la pandemia de COVID-19, está volviendo a las dinámicas previas a este evento mundial, de modo que estas han vuelto a subir. De hecho, aunque en la siguiente figura no salga reflejado, en 2022 y 2023 el aumento está siendo intenso.[24] Este fenómeno también se está produciendo en paralelo al aumento de la criminalidad, especialmente en las grandes ciudades como Madrid y Barcelona. Es-

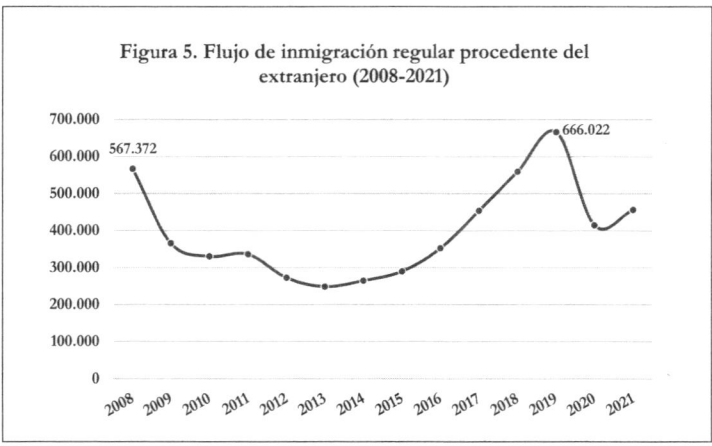

Fuente: Instituto Nacional de Estadística, «Estadística de migraciones. Flujo de inmigración procedente del extranjero», INEbase, 18 de noviembre de 2022.

tamos viviendo una subida incluso mayor que en los años previos a la pandemia.

La tendencia es clara. Incluso el propio Gobierno tiene el objetivo de que vengan al año una media de 250.000 inmigrantes a España,[25] aunque luego este número se queda corto en comparación con la gente que llega cada año. Los problemas que ya tenemos de *guetificación*, islamización y aumento de la criminalidad, entre otros, no solo no van a desaparecer, sino que van a aumentar. Tenemos cerca el ejemplo de Francia: millones de desarraigados, *lumpenización* de amplias zonas y constitución de guetos islámicos. Recientemente hemos podido ver cómo el país estallaba en disturbios de todo tipo por la muerte de un delincuente en un control policial,[26] mientras poco tiempo antes nadie hacía nada cuando un refugiado sirio se dedicó a apuñalar a bebés en un parque.[27] La sociedad francesa está herida de muerte, y nosotros seremos los siguientes si no se hace nada para evitarlo. Francia tiene un 10,3 por ciento de inmigración;[28] y España no solo tiene más porcentaje de inmigración, sino que además está aumentando y acelerando la situación existente con rapidez. El futuro va a ser muy negro si no hacemos algo como sociedad para evitarlo. Desde el poder y los medios de comunicación quieren hacernos creer que la inmigración masiva se produce para ayudar a mantener el nivel de vida que existe en Europa, pero el resultado de este modelo no es otro que lo que ya sucede en Francia: no es viable.

Se calcula que el número de inmigrantes ilegales en España ronda el medio millón de personas,[29] pero es necesario tener en cuenta que esto es una aproximación, pues no todo el mundo que llega a España de forma irregular es identificado y pasa a formar parte de un registro. También hay que tener en cuenta que la mayor parte de la inmigración ilegal viene en avión, como turistas, y en muchas ocasiones su situación tarda en computarse. Es necesario que se establezca un control eficiente sobre las personas que vienen a nuestro país. A quien llega de forma irregular no se le debe permitir regularizarse, debe ser expulsado y, si quiere venir, que lo haga de forma regulada, no saltándose todas las normas del país receptor. Debe hacerlo después de iniciar los trámites pertinentes desde su país.

El problema que tiene la frontera sur no es el volumen, ya que en comparación con los que vienen en avión de forma ilegal o el conjunto de personas que lo hacen de forma regulada su número no representa una cifra relevante.[30] El problema de la frontera sur es la seguridad: no sabemos quién viene. Ya se ha dado el caso de la llegada de yihadistas islámicos y delincuentes de todo tipo.[31] El Gobierno de Pedro Sánchez ha sacado pecho por haber conseguido disminuir las llegadas por mar, pero no dice nada del aumento general en la entrega de visados y la concesión de nacionalidades. De todas formas, esta disminución es fruto de sus negociaciones con Mohammed VI, lo cual solo supone un poco de calma antes del siguiente chantaje de la monarquía marroquí a nuestro país. De hecho, en 2023, el año se inició con la llegada de varias pateras que partieron de territorio controlado por Marruecos.[32] España está pagando a la monarquía alauita para defender sus propias fronteras, y encima no hace su trabajo y juega de forma constante con chantajes para conseguir sus objetivos, alguno de ellos relacionados con anexionarse parte del territorio español.

Con respecto a la celebración de estas reducciones de llegadas de inmigrantes de forma ilegal por la frontera sur, es necesario tener en cuenta que, cuando se producen crisis, la inmigración, tanto la legal como la ilegal, tiende a disminuir. Por ello, este tipo de celebraciones del Gobierno deben ser cogidas con pinzas, pues pueden tener que ver más con la crisis que con las medidas, o con la falta de ellas, de Pedro Sánchez. Cuando la situación mejore, el flujo migratorio volverá con más intensidad que antes, por lo que estamos lejos de ver una solución a corto o medio plazo.

Otra cuestión relevante es el estatus de refugiado. España se ha convertido en un hazmerreír internacional, en que la figura del refugiado se ha desvirtuado. Es frecuente ver a tertulianos de televisión hablando de los refugiados que vienen a España, pero refugiado político no es sinónimo de inmigrante, que es lo que parece que quieren defender. En España se acepta el estatus de refugiado según le conviene al Gobierno: mientras que a los saharauis o a los kurdos se les dificulta poder venir, a quien conviene al poder no le ponen pega ninguna.

Un refugiado debería ser acogido en un país cercano al suyo, que culturalmente no sea muy diferente, y así poder facilitar la vuelta a su país cuando la situación mejore. No tiene mucho sentido alojar a los refugiados a miles de kilómetros de su hogar en países con los que se va a producir un fuerte choque cultural.

También es necesario definir qué es un refugiado. Es una persona que no emigra para mejorar económicamente, sino por supervivencia. Tiene que huir de su país de origen por cuestiones políticas, por ser víctima de una persecución, donde su vida está en riesgo. También es refugiado aquel individuo que se tiene que marchar de su país por haber una guerra o una situación de violencia extrema que requiere que se marche para poder salvar su vida. Por tanto, un refugiado no es aquella persona que emigra de forma ilegal por motivos económicos. Ya basta de aceptar la demagogia de la izquierda para justificar de forma encubierta una política migratoria de fronteras abiertas. Los primeros damnificados de todo esto son los propios refugiados, bien porque se les deniegue el acceso al país, o bien por la criminalización que pueden llegar a sufrir debido a que se equipara su situación con las de otras personas que no tienen nada que ver con lo que ellos están sufriendo en su estatus de refugiado.

Las proyecciones de futuro no son nada halagüeñas. El propio INE publicó el estudio del que surge el siguiente gráfico en el que se puede apreciar la tendencia hacia donde vamos. Además, como ya se ha dicho, esto es solo orientativo, muchos de los que cuentan como nacionales culturalmente no lo son, por lo que el problema, si no se hace algo al respecto y pronto, va a ser mucho más grave. Todos los problemas antes expuestos, según haya más población de origen migrante sin integrar ni asimilar, se van a ver agravados.

La cultura autóctona se irá viendo sustituida por el batiburri-llo multicultural al que ya estamos sometidos, creando una deca-dencia que será barrida por el multiculturalismo o globalismo, por la cultura norteamericana que ya está imponiéndose poco a poco. De hecho, ya se ha convertido en la cultura hegemónica, y en unas décadas será la única que quede.

España ya sobrepasó hace tiempo la población extranjera que puede asimilar, hay más inmigrantes de los que el país puede integrar. La prueba de ello es que se están creando guetos,[33] pro-duciéndose la islamización del país,[34] aumentando la criminali-dad en las zonas donde hay más inmigrantes,[35] subiendo el paro juvenil[36] y creciendo la población en paro inmigrante en un nú-mero nada desdeñable.[37] También se ha generado una dependen-cia a las ayudas que no facilita precisamente el desarrollo econó-mico del país.[38]

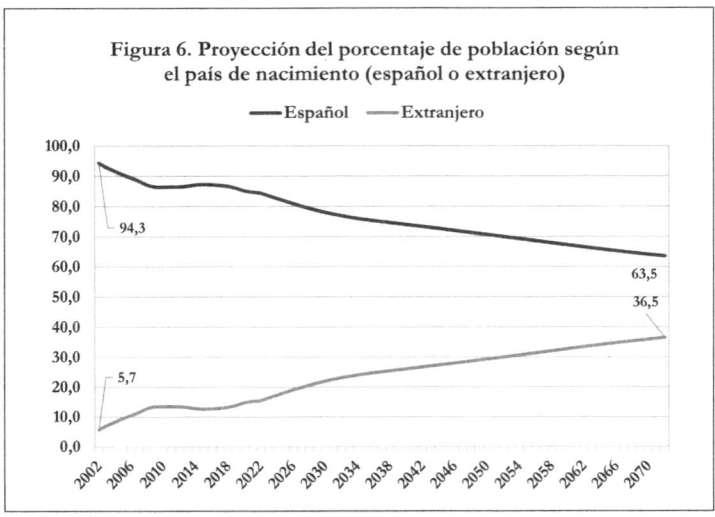

Figura 6. Proyección del porcentaje de población según el país de nacimiento (español o extranjero)

Fuente: Instituto Nacional de Estadística, «Proyecciones de población. 2022-2072», INEbase, 13 de octubre de 2022.

Los datos de la inmigración en Europa y en Australia

En Francia hay un 10,3 por ciento de inmigrantes,[39] y el país tiene un problema importante de desarraigo y de *lumpenización* social; en Alemania, por su parte, hay un 15,9 por ciento[40] de extranjeros, aunque el 26,8 por ciento de la población tiene antecedentes de origen inmigrante.[41] Esto daría igual si estuvieran asimilados, pero no es así. En Alemania cada vez se forman más guetos, se producen más delitos relacionados con violaciones y abusos sexuales y existen zonas bajo la sharía, la ley islámica. Ambos países, junto con Bélgica y Holanda, representan el futuro del modelo migratorio por el que está apostando España. Son ejemplos del fracaso de este tipo de políticas, y deberían servir a todo el mundo para alejarse de ellas e iniciar una búsqueda de medidas que lleven realmente a la resolución del problema que ya han creado, por lo menos en España.

Alemania ha tenido una política errónea con los refugiados, y ha actuado en pro de los intereses de los Estados Unidos, en

Tabla 5. Población total, nacional e inmigrante en Francia, Alemania e Italia (2021)

	Francia	Alemania	Italia
Población total (millones)	67,7	82,2	59,2
Población nacional (%)	89,7	85,9	91,3
Población extranjera (%)	10,3	14,1	8,7

Nota: El dato de Alemania es previo a la llegada de refugiados de la guerra de Ucrania en 2022. Actualmente es el 15,9 por ciento.
Fuente: INSEE, «Población de origen inmigrante y extranjera en Francia. Datos anuales de 1921 a 2021», 7 de julio de 2022; Bundesamt für Migration und Flüchtlinge, «Migrationsbericht 2021», 11 de enero de 2023; Destatis, «Nowcast foreign population»; I. Stat, «Stranieri residenti al 1° gennaio», 22 de marzo de 2022.

contra de los suyos propios. Han llegado allí millones de inmigrantes que han sido hacinados y que viven de forma paralela a la sociedad alemana. La última avalancha ha venido de la guerra de Ucrania, y vino otra de gran tamaño de Siria. El auge de un partido como Alternativa para Alemania no se puede entender sin analizar el efecto de las políticas migratorias en el país.

En Italia hay un 8,7 por ciento de inmigración.[42] A pesar de que el número es inferior que en España, tiene más problemas porque el grueso de su inmigración procede de contextos islámicos. Este problema es uno de los factores principales para entender la llegada de Giorgia Meloni al poder, pero su Gobierno se ha visto impotente para cumplir con sus promesas electorales. No se ha atrevido a confrontar de verdad contra los promotores del actual modelo migratorio, retrocediendo y dejando que la situación se agrave.[43] Si no cumple con sus promesas será castigada en los próximos procesos electorales.

Los países nórdicos, exceptuando Islandia, sufren la inmigración masiva, pero, a diferencia del resto de países más occidentales, han decidido tomar medidas para evitar que se les vaya de las manos. Son un ejemplo de intento de superación de las políticas migratorias fracasadas que aún se aplican en España.

Finlandia es un país con menos porcentaje de inmigración que España, un 7,9 por ciento.[44] Sin embargo, hasta su izquierda, homologable al PSOE, decidió tomar medidas y romper con lo que suelen defender sus homólogos de la Europa occidental.[45] Aun así, sus medidas fueron insuficientes, y los finlandeses dieron su apoyo en las urnas a los conservadores, que gobiernan hoy con la derecha radical.[46] Las medidas contra la *guetificación*, la islamización y la desaparición de la cultura autóctona eran impostergables.

Dinamarca está cerca del 11 por ciento, Noruega pasa del 15 por ciento y Suecia ronda el 20 por ciento. Todos estos países son pioneros en tomar medidas para solventar la inmigración masiva y los problemas que derivan de esta. Aún no han solucionado el problema, pero por lo menos están camino de ello: décadas de políticas erróneas no se pueden resolver sin esfuerzo, sacrificio y tiempo. El impacto real de las medidas que están tomando se verá con el tiempo, al igual que las consecuencias de seguir huyendo hacia delante en Francia, España o Alemania.

Tabla 6. Población total, nacional e inmigrante en los países nórdicos a 1 de enero de 2022

	Poblacion total (millones)	Población extranjera (%)
Dinamarca	5,8	10,9
Noruega	5,4	15,1
Suecia	10,4	20
Finlandia	5,5	7,9

Fuente: Statistic Denmark, «Population figures», 25 de marzo de 2023; Statistics Norway, «Innvandrere og norskfødte med innvandrerforeldre», 6 de marzo de 2023; Statistics Sweden, «Summary of Population Statistics 1960–2022», 22 de marzo de 2023; Tilastokeskus, «Population according to origin and background country».[47]

Australia representa un buen ejemplo de cómo hay que encarar el problema de la inmigración ilegal. Tiene un 29,1 por ciento de población extranjera, pero ha conseguido prácticamente eliminar la inmigración ilegal, elige qué tipo de inmigración quiere y ha logrado acabar con las muertes en el mar, con las mafias y con las ONG que promovían el efecto llamada. Su solución no tiene nada que ver con el lastimoso discurso de las ONG y sus propuestas idealistas: lo que hicieron fue controlar sus aguas territoriales y declarar la guerra a las mafias. Así acabaron con el problema y con las muertes en el mar. Consiguieron disminuir las llegadas de barcos casi hasta la desaparición.

Si un país como Australia, con un índice de inmigración tan alto, puede acabar con la inmigración ilegal, los muertos en el mar y puede comenzar a tomar medidas para solucionar también los

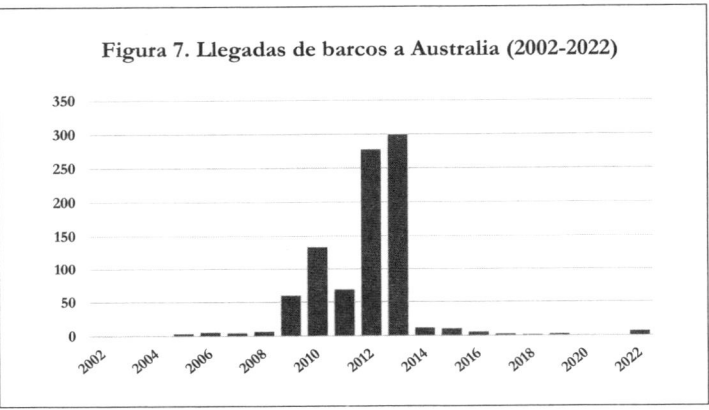

Figura 7. Llegadas de barcos a Australia (2002-2022)

Fuente: Adaptado de Refugee Council of Australia (2023, 1).

problemas derivados de la dependencia con respecto a la inmigración legal, entonces España también puede. Pero hay que tener la soberanía y la determinación para tomar las medidas necesarias, por mucho que vayan en contra de la corrección política.

Aculturación

La aculturación es el proceso de cambio cultural y psicológico que resulta del contacto entre grupos de culturas diferentes.[48] El individuo que llega al país receptor lo hace con su cultura, y el contacto de esta con la autóctona tiene un efecto sobre esa persona, que tendrá que afrontar, por las vías que veremos a continuación, la realidad en la que ahora se halla inmersa. Debido a la masividad, las personas que llegan con su propia cultura también tienen un influjo importante en el país receptor, que, en el caso de España, está conllevando efectos negativos. Según Berry,[49] hay cuatro estrategias o vías de aculturación:

La primera de ellas es la asimilación, la más deseable para la sociedad receptora. En ella, el individuo de origen inmigrante renuncia a su cultura y abraza la del país receptor. La segunda es la integración: el individuo no renuncia a su cultura, pero participa de forma normal y sin problema en la sociedad receptora y se convierte en una parte integrante de la sociedad. La tercera es la separación o segregación,[50] en la que el individuo no renuncia a su cultura y, además, no quiere formar parte de la sociedad receptora, constituyendo comunidades al margen de la misma. La cuarta y última sería la marginación, en la cual el individuo renuncia a su cultura originaria, pero sin asumir la del país receptor. Esta vía es la más problemática, quizá excluyendo la variante de los guetos islámicos de la separación, pues crea zonas pobladas por personas desarraigadas que viven al margen de la sociedad y con altos índices de violencia y criminalidad.

La estrategia ideal para un país receptor es la asimilación, seguida de la integración, pero cuando la inmigración es masiva, la integración no es suficiente y termina tendiendo hacia la separa-

Tabla 7. Estrategias o actitudes de aculturación

		¿Se considera valioso mantener la propia identidad y características culturales?	
		Sí	No
¿Se considera valioso mantener relaciones con otros grupos de la sociedad de acogida?	Sí	Integración	Asimilación
	No	Separación	Marginalización

Fuente: Adaptado de Berry (1989, 4).

ción cuando los individuos comienzan a aglutinarse por nacionalidades debido a la masividad. En España se están desarrollando las
opciones más negativas: la separación y la marginación. Debido a
la masividad del fenómeno en nuestro caso, España debe apostar
por la asimilación y por la deportación de aquellos que se nieguen
a integrarse o asimilarse, aportando al país.

Además, hay que tener en cuenta que las estrategias de aculturación no se producen de igual forma en el ámbito privado que
en el público. Así, hay colectivos de inmigrantes de determinados
países que pueden tender hacia una estrategia u otra dependiendo
de si es en el ámbito privado o en el público.[51] Los inmigrantes
con más cercanía cultural con el país receptor tendrán más fácil
lograr la integración y, a su vez, también recibirán una aceptación
mayor por parte de las personas del país receptor que otros inmigrantes de otros contextos culturales que choquen más con los
autóctonos.

En mi libro *Inmigración: ¿realidad, fenómeno o problema?*,[52] cité
un estudio que usó el MAAR,[53] diferenciando las estrategias de
aculturación en el ámbito privado y público de la comunidad
ecuatoriana y rumana. En él se puede apreciar que la visión de los
españoles en la mayoría de los supuestos no coincide con la opinión que tienen de sí mismos los propios inmigrantes de ambas
comunidades.

Podemos observar cómo lo que prima en el caso de los rumanos es la separación en el ámbito privado, mientras que los españoles piensan que es la integración. Es decir, los rumanos mantienen mayoritariamente la separación, sus costumbres y cultura
en el ámbito privado. En el ámbito público mantienen, aunque
la diferencia con la segunda opción es menor, una apuesta por la
integración, es decir, la mayoría de los rumanos de este estudio
piensan que a nivel de sociedad tienen un desarrollo normal e
integrado. Los españoles, sin embargo, creen que es la asimilación
la estrategia más seguida por los rumanos en el ámbito público.

En el caso de los ecuatorianos, ellos apuestan por que en el ámbito privado prima la separación, al igual que los rumanos, es decir, que mantienen su cultura y costumbres. En el ámbito público lo hacen por la asimilación, es decir, renuncian a su cultura para adquirir la autóctona. Los españoles coinciden con los ecuatorianos en su visión sobre el ámbito público, aunque con un porcentaje diferente, y perciben que su apuesta es la asimilación. Sin embargo, en el ámbito privado creen que los ecuatorianos apuestan por la integración.

Figura 8. Actitudes de aculturación en ámbitos públicos y privados del MAAR por muestras

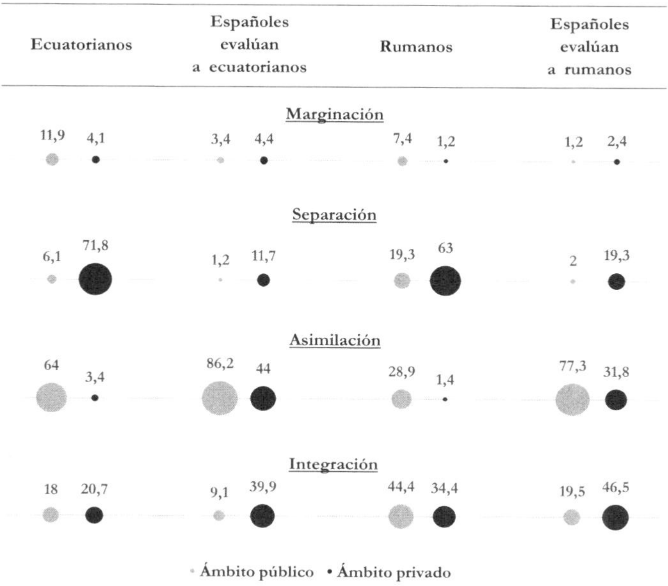

Ecuatorianos	Españoles evalúan a ecuatorianos	Rumanos	Españoles evalúan a rumanos
Marginación			
11,9 4,1	3,4 4,4	7,4 1,2	1,2 2,4
Separación			
6,1 71,8	1,2 11,7	19,3 63	2 19,3
Asimilación			
64 3,4	86,2 44	28,9 1,4	77,3 31,8
Integración			
18 20,7	9,1 39,9	44,4 34,4	19,5 46,5

Ámbito público • Ámbito privado

Fuente: Adaptado de Rojas Tejada *et al.* (2012, gráfico 1).

La apuesta por la separación en el ámbito privado de ambos no es un buen síntoma para la sociedad española. Y estos son solo dos ejemplos, pues hay otras comunidades de inmigrantes que tienden más a la marginación y a la separación, tanto en el ámbito privado como en el público. Cada vez estamos más cerca de la propagación de las zonas *no-go* y de la *guetificación* general. La masividad está consiguiendo que la separación y la marginación cada día sean más frecuentes.

La inmigración es un fenómeno que ya existía antes de la actual masividad y que seguirá existiendo cuando se logre superar el actual modelo migratorio, pero de ninguna manera España debe aceptar un modelo que va en contra de sus propios intereses. Como país tiene el derecho a decidir cómo se desarrolla la inmigración en su territorio, el volumen de la misma, la defensa de sus fronteras y la toma de las medidas y las acciones pertinentes para solucionar sus problemas. España ha rebasado la capacidad de recibir inmigrantes; se ha de producir una reestructuración general de las políticas migratorias y de asimilación de acuerdo con sus intereses como país.

Proceso de declive o de desaparición cultural autóctona

Después de explicar qué es la aculturación y sus diferentes estrategias o vías, podemos empezar a desarrollar la cuestión del declive o desaparición de la cultura española que, aunque aún se mantenga, está en un claro proceso de retroceso. El cual, si no se toman las medidas pertinentes, puede conllevar su desaparición.

Para entender cómo se está produciendo este proceso, mostraremos algunas encuestas y estudios sobre la identidad y la cultura españolas, interrelacionándolos con otras cuestiones con las que guardan relación.

En apenas trece años de diferencia entre ambas encuestas ha habido un cambio general en cuanto al sentimiento de pertenencia hacia lo español. Este proceso, por influjo del cosmopolitismo, está yendo a más y no tiene visos de que cambie a corto plazo. El porcentaje que se identifica con «bastante» o «mucho» ha disminuido en todas las categorías, aunque en algunos aspectos la bajada ha sido más pronunciada. Destacando en esta disminución algunas de las cuestiones más relevantes para el sentimiento de pertenencia a la nación española: «un sistema político y legal», «una economía nacional», «las mismas fronteras», «el orgullo de ser español», «la independencia nacional» y «nuestros símbolos, como la bandera o el himno nacional».

Lo que se promueve ahora es ser un ciudadano de un lugar llamado mundo, avergonzarse de la historia de España, de sus tra-

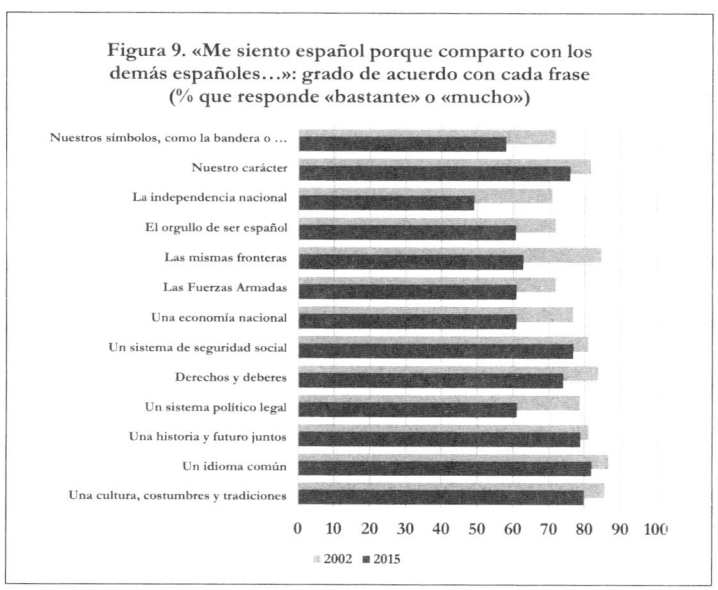

Figura 9. «Me siento español porque comparto con los demás españoles…»: grado de acuerdo con cada frase (% que responde «bastante» o «mucho»)

Fuente: Adaptado de Carmen González Enríquez (2016, gráfico 1).

diciones, de su cultura y abrazar el cosmopolitismo y la cultura hegemónica norteamericana. Las banderas, los símbolos, las fronteras y los estados son ya cosa de otra época, ahora lo revolucionario no está en la toma del poder y la transformación de la sociedad, sino en la transgresión individual contra lo normativo. Con esto, aunque se viste de supuesto acto revolucionario, lo único que se consigue es aislar aún más al individuo, haciéndolo débil, convirtiéndolo en un desarraigado, manipulable y sumiso. Solo quieren consumidores obedientes.

Además, España es uno de los países donde más influjo está teniendo el cosmopolitismo. De los países miembros de la Unión Europea en 2016, España era el segundo país, solo después de Francia, donde más se pensaba que se debería dar más poder a la Unión Europea en detrimento de la ya maltrecha o inexistente soberanía nacional española.[54] Alemania es el siguiente país en cuanto a porcentaje de personas que quieren dar más competencias a la Unión Europea, aunque tiene mucho más porcentaje que España de personas que quieren recuperar su soberanía como país. Grecia, Reino Unido y Suecia eran los países que más apostaban por recuperar su soberanía,[55] esto, sin duda, fue relevante a la hora de conseguir el Brexit en 2020.[56] Es lógico que Grecia, que sufrió ajustes y presiones por parte de la Unión Europea, sea el país que más rechazo tiene a que las competencias no estén en manos de su Gobierno nacional. Poco a poco, se está produciendo una reacción a las políticas de la Unión Europea. En países como Hungría, Polonia o los países nórdicos se han realizado grandes cambios que pueden repercutir en otros países de la Europa más occidental.

Este proceso de pérdida de identidad nacional, que también se da en otros ámbitos, se está produciendo de forma aguda en toda Europa. Si comparamos el sentimiento nacional en España con el de otros países tampoco salimos bien parados. Los españoles cada vez son más individualistas y se sienten menos parte de la colectividad, por lo menos de la nacional.[57]

Según esta encuesta, España sería el vigesimocuarto de veintiocho países en lo que a sentimiento «solo nacional» se refiere, solo por delante de países pequeños como Luxemburgo y Malta y de futuros Estados fallidos con difícil situación social como Países Bajos y Alemania. Hasta países como Francia y Bélgica, con graves problemas internos, se sitúan por delante de España. La lista de los países con un sentimiento nacional fuerte está encabezada por

Tabla 8. Identidades en Europa

País	Solo nacional	Nacional y europea	Europea y nacional	Solo Europea	Ninguna
Luxemburgo	17	61	14	7	0
Alemania	25	58	12	2	3
Malta	26	69	3	1	0
Países Bajos	26	65	6	2	1
España	28	56	5	6	5
Croacia	30	63	5	1	0
Bélgica	31	56	8	2	2
Suiza	31	61	5	1	2
Dinamarca	34	58	5	2	1
Italia	35	55	5	1	2
Estonia	36	55	5	2	1
Francia	36	55	6	2	0
Eslovaquia	36	54	7	2	0
Hungría	37	51	10	2	0
Eslovenia	38	57	3	1	0
Finlandia	40	54	4	1	0
Portugal	41	55	2	0	1
Rumanía	41	53	3	2	0
Polonia	42	50	4	1	0
Irlanda	43	52	3	2	0
Lituania	43	50	5	2	0
Austria	43	48	7	2	0
Rep. Checa	44	50	5	1	0
Bulgaria	47	42	8	1	1
Letonia	48	42	7	1	1
Grecia	51	47	1	0	1
Chipre	57	35	5	3	0
Reino Unido	64	31	2	1	1

Fuente: Comisión Europea, «Standard Eurobarometer 83», julio de 2015.

Reino Unido, Chipre y Grecia. La mayoría de los países del este están entre los quince primeros.

Existe un mito, sobre todo por parte de la izquierda, de que lo nacional o estatal está desapareciendo y está primando o prevaleciendo lo local y lo global. Esto no es cierto, la identidad local se está viendo perjudicada, es decir, está viviendo una disminución o sustitución exactamente igual que le pasa a lo nacional o estatal.[58] Lo que se está consolidando es el cosmopolitismo o «globalización». De hecho, desde el 2002 hemos podido observar cómo la percepción sobre la globalización ha ido cambiando, consiguiendo en pocos años que se vea por parte de la población de una forma más positiva.[59]

Esto es fruto de la hegemonía y control de los medios de comunicación, la educación, el cine, las redes sociales o la industria musical, entre otros, por parte del sistema. Pero, desde hace unos años se está produciendo una reacción a todas estas imposiciones, pues se están viendo las consecuencias de la aplicación de los preceptos del cosmopolitismo. La gente está harta y comienza a oponerse al resultado de estas políticas.

La identidad o cultura españolas no son lo único que está en un proceso de degradación y disminución. En la sociedad del consumo transgresor, como hemos visto anteriormente, se busca alienar a la gente, aislarla y fomentar el individualismo para obtener consumidores frenéticos y a la vez dóciles. Para conseguir esto, necesitan a la gente controlada, por lo que la difusión de la cultura en general no es un objetivo que cumplir. De hecho, en los últimos años, podemos apreciar un retroceso general en muchos aspectos de relevancia.

No se busca la realización personal, la formación integral ni el espíritu crítico. Lo que se busca es que la gente se mantenga en la ignorancia y, a pesar de que la información es más accesible que nunca, la maquinaria de la alienación también ha mejorado. El ejemplo de la evolución de la industria musical es perfecto para darse

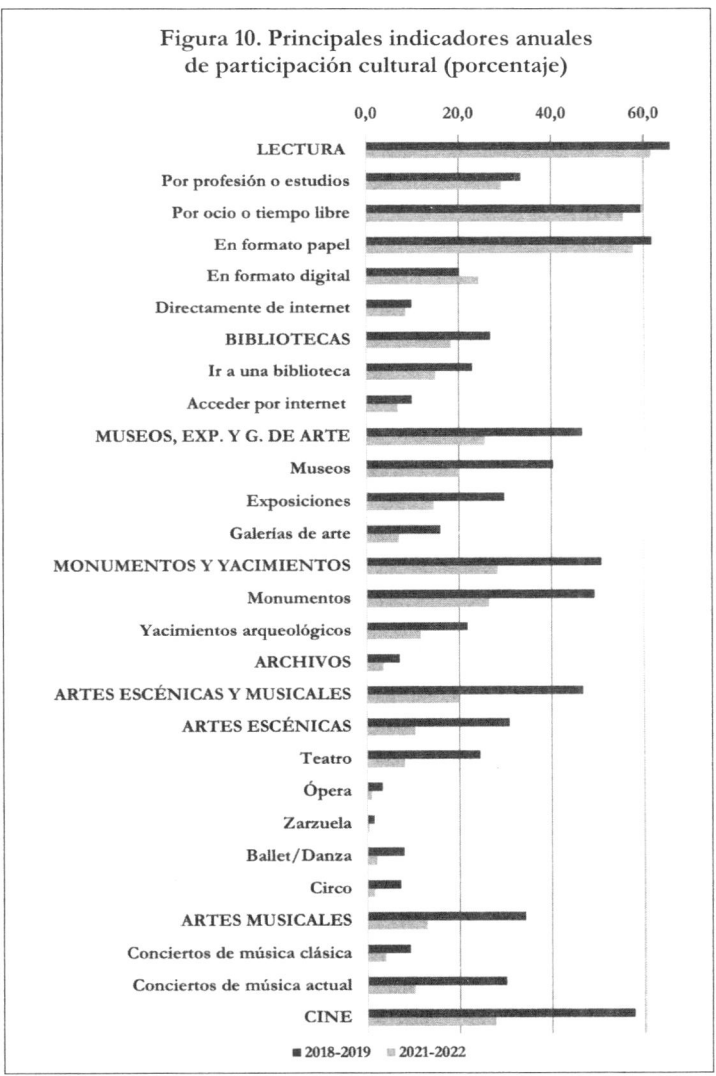

Figura 10. Principales indicadores anuales
de participación cultural (porcentaje)

Fuente: Adaptado de Encuesta de hábitos y prácticas culturales, CIS, 2022, gráfico 1.

cuenta de que lo que se busca no es la calidad, sino el consumo frenético. Aunque el producto sea una basura, lo importante es vender, lo importante es sacar beneficios. Todo lo demás es secundario.

El retroceso en el ámbito cultural es innegable. De 2018-2019 a 2021-2022, de veintiocho cuestiones sobre cultura y estudio, solo ha subido una: la lectura digital. Además, la subida ha sido bastante leve. El resto de las cuestiones ha sufrido una disminución, que en algunos casos es pronunciada, por ejemplo, en asistencia al cine, conciertos, danza, teatro, asistencia a bibliotecas, visitas de monumentos, visitas a museos, etcétera.

La lectura, excepto en formato digital (cuya subida es ínfima), ha tenido una bajada general. Han descendido los lectores en internet y los lectores en papel. Se está empezando a leer menos, y eso va a tener repercusiones graves en la sociedad.

Natalidad

La natalidad en España lleva años siendo un problema, cada vez se tienen menos hijos y las soluciones que pretende dar el Gobierno no son eficaces. De hecho, la apuesta para resolver el problema no es otra que la inmigración masiva. La edad media para tener un hijo es de 32,61 años[60] y el 49,25 por ciento de los hijos que nacen en nuestro país son de madres no casadas.[61] Dos cuestiones son las responsables de esto. En primer lugar, la económica: los jóvenes no cuentan con la suficiente estabilidad para poder tener un hijo en buenas condiciones, por lo que postergan la edad para tenerlos. En segundo lugar, está la cuestión cultural: se promueve desde el Gobierno, los medios de comunicación, las redes sociales, etcétera, toda una serie de argumentaciones y campañas para que la gente viva su vida y no perjudique su carrera profesional o sus aspiraciones por el sacrificio que representa tener un hijo, especialmente para la mujer.

El número de hijos también ha disminuido de forma pronunciada. Se ha pasado de tener 2,77 hijos por madre española en 1977 a tener a 1,16 en 2021. El ligero aumento de este porcentaje en años venideros no se deberá a que las mujeres autóctonas tengan más hijos, sino a la política de nacionalizaciones que está desarrollando el Gobierno.[62]

La media de hijos por pareja en los países desarrollados tiende a disminuir, ya que culturalmente se fomenta la reducción y, además, se intenta que los hijos tengan un nivel de calidad de vida mejor, teniendo menos niños para poder proporcionárselo. Si no se aplican medidas de carácter natalista, la tendencia puede ir agravándose con el tiempo. Si bien las medidas natalistas han sido criticadas hasta la saciedad, aduciendo que no han funcionado en ningún sitio, la realidad dista mucho de estas afirmaciones. En la antigua URSS las medidas de este tipo fueron un éxito a pesar de las grandes crisis que padecieron.[63] El aumento de población que tuvieron es innegable, a pesar de tener millones de muertos durante la guerra civil rusa o la Segunda Guerra Mundial. Que no hayan funcionado medidas tibias en algunos países europeos no significa que no puedan funcionar si se llevan a cabo con determinación.

Las mujeres de origen inmigrante tienen de media más hijos que las mujeres españolas, 1,39 por madre en 2021,[64] aunque hay que tener en cuenta que la media de hijos por mujer inmigrante en España no es la misma si el contexto de origen es africano o hispanoamericano. La de las primeras es bastante mayor.

Muchos defensores del modelo migratorio actual aducen con estudios como el citado más arriba que el porcentaje de hijos por mujer nacional y extranjera tienden a nivelarse y que, por tanto, no se puede dar una sustitución de ningún tipo.

Es necesario tomar dos consideraciones. En primer lugar, no dejan de venir inmigrantes de forma masiva, por lo que esa equiparación cuando llegan grandes remanentes de inmigrantes vuelve a

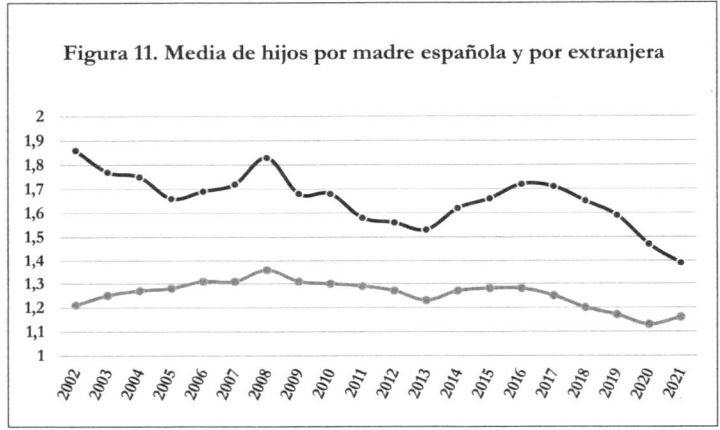

Figura 11. Media de hijos por madre española y por extranjera

Fuente: Instituto Nacional de Estadística, «Indicadores demográficos básicos. Indicador Coyuntural de Fecundidad», INEbase, 16 de noviembre de 2022.

ensancharse, pues las mujeres recién llegadas tienen más hijos de media que las que llevan aquí tiempo. Si los inmigrantes no dejan de venir de forma masiva, no se puede hablar de equiparación de porcentajes en ninguna circunstancia. En segundo lugar, no se tienen en cuenta las nacionalizaciones. Al producirse, estas mujeres que tendrán hijos y con una media superior a la autóctona pasarán a contabilizar en estos estudios como madres españolas, lo cual, teniendo en cuenta que muchas no están asimiladas ni integradas, ni lo pretenden, no refleja la realidad del país. La única forma de saber a ciencia cierta cuál es la realidad sobre los porcentajes de hijos por mujer en España es realizando estudios de carácter étnico.

Casi el 27 por ciento de los nacimientos son de parejas en las que al menos uno de sus miembros no es español, y casi el 15 por ciento son de ambos progenitores extranjeros. Todo esto teniendo en cuenta las nacionalizaciones que se han producido, más de dos millones desde 1995, y que en estos estudios cuentan como madres españolas. Además, se están mostrando datos estatales: si se va

Tabla 9. Nacimientos por nacionalidad de los padres

Nacionalidad	Nacimientos	Porcentaje
Ambos padres españoles	240.262	73,49 %
Ambos padres extranjeros	47.305	14,47 %
Madre extranjera, padre español	22.085	6,76 %
Padre extranjero, madre española	17.262	5,28 %
Total	326.914	100 %

Fuente: Instituto Nacional de Estadística, «Estadística de nacimientos. Movimiento natural de la población. Nacimientos de padre o madre extranjeros», INEbase, 16 de noviembre de 2022.

por provincias en algunas de ellas la situación es más drástica. Por ejemplo, en Almería. Sin tener en cuenta la cuestión de las nacionalidades y tomando como fuente el INE, en 2021, el 38,5 por ciento de los nacimientos no fueron de ambos padres españoles.[65]

En unos años, la situación será insostenible y los españoles serán minoría en nacimientos en regiones concretas de España. A todo esto hay que añadir que llegan más inmigrantes a España que nacimientos se producen, incluyendo los de los extranjeros. De todas las provincias de España, solo en trece hay más nacimientos que llegadas de inmigrantes.[66] Lo que va a pasar si no se toman medidas está claro: va a haber regiones de España donde los españoles serán minoría, como ya pasa en zonas de Francia.

En 2023, se superaron los cuarenta y ocho millones de personas que viven en España,[67] no desde luego de españoles, pues el dato total es fruto de la inmigración masiva que padecemos. La tendencia actual es a aumentar más la población, se ha dejado de apostar por la natalidad autóctona para que podamos mantener el crecimiento a pesar de tener más defunciones que nacimientos. Hay una necesidad impostada por crecer de forma obligatoria a nivel poblacional todos los años, y los mismos que defienden esta supuesta necesidad defienden el decrecimiento en otros ámbitos de la vida,[68] siendo unos incoherentes.

España seguirá existiendo, aunque bajemos a nivel poblacional. Los efectos de casi treinta años de políticas suicidas, tanto en política migratoria como en las de natalidad, van a hacer que cuando se tomen medidas para subsanar la situación suframos un retraimiento poblacional y de otros tipos, pero seguiremos existiendo, manteniendo nuestra esencia y habiendo superado graves problemas. Se evitará la formación de guetos, la islamización y la destrucción de nuestra cultura. Sin embargo, si no hacemos nada y seguimos huyendo hacia delante, el problema se multiplicará y con el paso de los años, aunque tuviéramos mucha población, España ya no existiría como la conocemos.

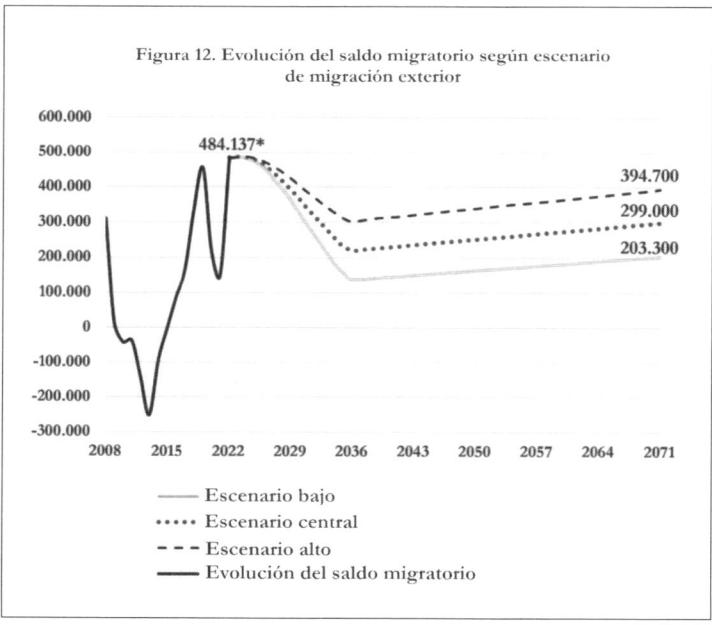

Figura 12. Evolución del saldo migratorio según escenario de migración exterior

Nota: El saldo migratorio de 2022 es una estimación del INE.
Fuente: Instituto Nacional de Estadística, «Proyecciones de población. 2022-2072».

El aumento constante de población no es positivo si solo sirve para que los barrios obreros se degraden, no haya seguridad en las calles, se propague el islamismo, se creen guetos y se depaupere a la clase obrera a todos los niveles.

El Gobierno se ha jugado todo a la carta de la inmigración, y se ha propuesto unos objetivos a nivel migratorio que dan vértigo con solo mirarlos. Pedro Sánchez y su equipo han hablado de la llegada de una media de 250.000 inmigrantes al año para poder mantener el nivel de vida en el país. A esto hay que añadirle la inmigración que viene de forma ilegal y que no cuenta para las estadísticas, pero sí lo hace para aquellos que sufren y pagan sus consecuencias.

Como muestra el gráfico, las estimaciones del INE para el futuro oscilan entre 203.300 y 394.700 al año.[69] Lo cual es una verdadera barbaridad teniendo en cuenta los números que ya existen en España. Si esto se mantiene durante treinta, cuarenta o cincuenta años, ¿qué España va a quedar al final? Una en la que la mayoría de la población va a ser de fuera o hija de personas inmigrantes, lo cual va a tener unas repercusiones terribles para la cultura española y el propio país, más teniendo en cuenta la separación que ya existe. ¿Qué pasaría si los españoles hiciéramos el mismo proceso hacia los países exportadores de inmigrantes? Todos sabemos la respuesta, aunque poca gente esté dispuesta a decirlo. La gente de a pie, los trabajadores, no quieren que este escenario suceda, no quieren que su país y su esencia desaparezcan y su lugar sea ocupado por una amalgama de gente desarraigada sin identidad que solo piensa en consumir y seguir modas impuestas por el sistema. Este es uno de los motivos por los que los obreros están cambiando las opciones electorales, de la izquierda a la derecha. El modelo migratorio no es sostenible, y aquellos que más lo sufren son los primeros interesados en que alguien haga algo para cambiarlo.

Mitos sobre la concesión de la nacionalidad española

Es difícil encontrar un tema sobre el que exista un desconocimiento mayor en España que la forma en que se otorga la nacionalidad en el país. Y no es que exista desinterés por parte de la población, es que hay intereses por parte de los sucesivos gobiernos y grupos políticos por ocultarlo para que no se cree una alarma social. Los datos al respecto no son fáciles de encontrar y en muchos casos se presentan de una forma cuya finalidad es precisamente ocultar, falsificar y construir relatos de ciencia ficción para la consecución de sus propios objetivos, es decir, de una forma oportunista.

Existen dos mantras repetidos de forma constante por los defensores del actual modelo migratorio y de la entrega de nacionalidades con bajos requisitos.

El más repetido es la argumentación de que España es uno de los países más restrictivos para conseguir la nacionalidad. En la base de sus fundamentos está el que, según ellos, es el principal índice en Europa para evaluar este asunto: el MIPEX.[70] Este índice coloca a España como uno de los países más restrictivos, pero lo que no cuentan los activistas defensores de la inmigración masiva es que este índice no tiene en cuenta la excepción de los dos años. Es decir, no tiene en cuenta que la mayoría de las nacionalidades que se dan en España son dadas en base a esta excepción.[71] Se pide a partir de los dos años, no de los diez. Por lo que lo que quieren defender estos activistas usando el MIPEX carece de sentido y no tiene nada que ver con la situación real en España.

Esta excepción de los dos años de residencia no se da solo para los países hispanoamericanos, también para países como Guinea Ecuatorial, Portugal, Andorra, Filipinas y otros.[72] En el año 2019 se dieron 73.000 nacionalidades tras pedirlas a los dos años, mientras que se dieron 24.661 tras pedirlas a los diez años. La afirmación de que España es un país restrictivo en la entrega de nacionalidades es falsa.

El MIPEX no sirve para conocer el estado real de la entrega de nacionalidades en España ni la dificultad para conseguirlas. La excepción de los dos años es la opción mayoritaria, y no una excepción a nivel estadístico, por lo que los defensores del modelo migratorio actual mienten, volviendo a intentar retorcer la realidad para adecuarla a su discurso, a su relato fantasioso. España es uno de los países de Europa donde más fácil es conseguir la nacionalidad[73] y, además, uno de los que tiene las políticas migratorias más laxas, y así nos va. Sobre la excepción de los dos años es llamativo que no exista reciprocidad con los inmigrantes españoles que emigran a países cuya población tiene ese trato preferente. Los países emisores de inmigración no quieren las mismas condiciones para ellos. Es entendible viendo el resultado que esto está teniendo en España, que debería actuar de igual manera o de forma más restrictiva.

En la siguiente tabla se puede observar todo lo expuesto con anterioridad, pero es necesario realizar un par de apuntes.

Aunque se puede apreciar la situación que tenemos en España, no se puede ver en su totalidad, pues al igual que con otros temas muchas personas no cuentan en estos estudios. En este caso, por dos cuestiones. La primera sería el grupo de personas que obtienen la nacionalidad en origen, es decir, que se presume su nacionalidad. Son, por ejemplo, aquellos hijos de inmigrantes a los que se les concede la nacionalidad de forma directa si uno de sus progenitores ha nacido en España, aunque no tenga la nacionalidad. La segunda, serían las personas que obtienen la nacionalidad por presunción debido a que son hijos de apátridas.[74] En ambos casos los hijos de estas personas no computan en este estudio, por lo que el número real es mayor de lo que se expone.

Alguno dirá que si nacen aquí son españoles, pero esto no es así. El ejemplo perfecto de estas políticas absurdas se da cuando se permite a mujeres marroquíes ir a Ceuta y Melilla a tener sus hijos para poder beneficiarse en el futuro de lo anteriormente descrito.[75] ¿Esta gente que nace en España para la búsqueda de beneficios y que luego vuelve a Marruecos son españoles? ¿Gente que ni tiene nuestra cultura y ni siquiera ha vivido aquí son españoles? Ser español es algo más que tener un documento. Aunque alguien nazca en España, si se cría al margen de nuestra sociedad, no com-

Tabla 10. Concesiones de nacionalidad española
por residencia según plazo exigido

	2021	2020	2019	2018	2017	2016	2015
Total	202.336	80.148	162.799	92.501	25.924	93.760	78.000
Dos años de residencia	69.993	29.668	73.350	42.022	12.136	48.855	41.675
Diez años de residencia	46.231	26.509	24.661	23.975	4.231	21.639	15.374
Un año - Nacido en España	58.650	11.719	42.016	16.559	3.488	15.239	14.572
Un año - Matrimonio con español/a	22.315	8.402	17.050	7.740	1.900	7.359	5.779
Un año - Hijo/a o nieto/a de español/a	1.691	402	894	126	36	109	74
Recurso de reposición	2.077	3.008	4.213	1.595	3.823	0	0
Otro motivo	1.379	440	611	450	144	325	206
No consta	0	0	4	34	166	234	320
	2014	2013	2012	2011	2010	2009	
Total	93.714	261.295	115.557	114.599	123.721	79.597	
Dos años de residencia	53.452	167.005	83.087	82.554	96.207	60.352	
Diez años de residencia	17.841	36.290	11.960	10.615	7.969	5.365	
Un año - Nacido en España	13.455	34.666	10.630	8.720	6.357	3.696	
Un año - Matrimonio con español/a	7.879	22.500	9.304	11.851	12.062	9.038	
Un año - Hijo/a o nieto/a de español/a	124	7	183	276	597	727	
Recurso de reposición	0	0	0	0	0	0	
Otro motivo	535	409	236	255	284	220	
No consta	428	418	157	328	245	199	

Fuente: Observatorio Permanente de la Inmigración, «Concesiones de nacionalidad española por residencia».

parte nuestra cultura y no tiene ninguna intención de asimilarse o integrarse, no es español, por mucho que lo ponga en un papel. Estamos dejando que dirijan a nuestro país hacia un precipicio.

Que las nacionalidades en España se concedan con más facilidad que en países que están al borde de un precipicio a nivel social como Francia, Holanda o Bélgica debería hacer pensar a la ciudadanía sobre la conveniencia de seguir por este camino. No puede ser que la nacionalidad pueda conseguirse solo por permanencia sin cometer delitos y por una prueba de cultura general y de idioma A2[76] que casi cualquiera podría aprobar y aun así, existen dispensas en la ley que aprovechan las ONG para poder saltarse ambas pruebas.

La entrega de nacionalidades tiene, además, otro tipo de repercusiones que van más allá de lo que nos afecta dentro de España. Las personas que adquieren la nacionalidad española pueden migrar a otros países de la Unión Europea sin ningún problema, lo cual puede ser un grave problema para los países receptores.[77] Otra repercusión es la reagrupación familiar, esto hace que vengan más inmigrantes y que estos puedan acceder a la nacionalidad española de forma más fácil. La entrega de nacionalidades con requisitos tan bajos está engendrando problemas que van a ser de difícil resolución.

El segundo mantra que se repite con insistencia es el de que la mayoría de las peticiones para obtener la nacionalidad se rechazan en España. Esto es una mentira que la estadística se ha encargado de desmontar. Es puro relato falso y sentimentalista, desplegado para engañar a la gente. De 2010 a 2022 se han dado 1.566.763 nacionalizaciones, es decir, el 90,95 por ciento del total de solicitudes. Las denegaciones han ascendido al 8,69 por ciento, 149.745, y se ha archivado el 1,05 por ciento, 18.066.[78] Esto demuestra que aquellos que afirman que la mayoría de las peticiones se rechaza están mintiendo. Cuando alguien solicita la nacionalidad es porque entiende que cumple los requisitos y tiene claras las posibilidades, nadie quiere perder el tiempo gratuitamente.

En la siguiente tabla se puede apreciar la evolución en la entrega de nacionalidades por años. Podemos ver que desde 2010 no hay ningún año, absolutamente ninguno, en el que no se hayan aprobado la mayoría abrumadora de las solicitudes de petición de nacionalidad.

Tabla 11. Solicitudes por año de entrada y resoluciones por año de resolución

	2010	2011	2012	2013	2014	2015	2016
Solicitudes	156.004	154.494	159.172	144.689	150.683	154.958	121.386
Concesiones	123.512	114.431	115.256	260.639	101.356	88.548	106.564
Denegaciones	1.596	2.004	13.253	35.572	24.308	13.735	19.261
Archivados	9	2	36	641	996	1.629	731
Total resoluciones	125.117	116.437	128.545	296.852	126.660	103.912	126.556
Concesiones por estimación recurso de reposición	195	168	109	398	8.499	10.737	13.109
Concesiones por estimación de sentencia	——	——	——	——	——	——	——

	2017	2018	2019	2020	2021	2022	Total
Solicitudes	98.281	82.041	98.827	87.911	147.304	166.981	1.722.731
Concesiones	22.583	90.871	156.204	77.082	187.481	122.236	1.566.763
Denegaciones	4.346	8.205	4.109	7.832	8.467	7.057	149.745
Archivados	1.149	886	596	591	9.668	1.132	18.066
Total resoluciones	28.078	99.962	160.909	85.505	205.616	130.425	1.734.574
Concesiones por estimación recurso de reposición	3.624	1.676	4.201	3.027	2.014	2.858	50.615
Concesiones por estimación de sentencia	——	——	——	——	56	60	116

Fuente: Ministerio de Justicia, «Datos Estadísticos básicos de nacionalidad a 31/12/2022», 25 de enero de 2023.

Algunos defensores del modelo migratorio y portavoces racializados (que viven de ello) tratan de rebatir las evidencias con el argumento de que hay un colapso administrativo. Para ello, utilizan datos del INE sobre las concesiones de nacionalidades por el año de llegada al país.[79] Parece que se les olvida que los inmigrantes no pueden pedir la nacionalidad nada más llegar a España, por lo que el año de llegada no sirve para calcular el tiempo que tardan las solicitudes en resolverse. Incluso asociaciones defensoras de la inmigración masiva fijan la tardanza en resolver expedientes en dos o tres años.[80] Hasta ellos se contradicen.

Obviamente, hay solicitudes que quedan pendientes de resolución.[81] ¿Cómo no iba a ser así con la cantidad ingente de solicitudes que hay? Lo que desde luego queda claro es que, a pesar de que se puedan producir retrasos, estos no son de relevancia ni afectan a todo lo descrito con anterioridad.

La legislación española es tan laxa en lo que se refiere a la concesión de nacionalidad que ni siquiera tiene la capacidad de resolver con rapidez el número masivo de solicitudes que recibe. La nacionalidad española se está devaluando, y todos pagaremos el precio por ello.

¿Cómo se accede a la nacionalidad española?

En este apartado se expondrán las cinco formas que existen en España para adquirir la nacionalidad del país. Por supuesto, la mayoría de las nacionalidades se consiguen por las dos primeras vías: por origen y por residencia.

Nacionalidad de origen

Es cuando la persona obtiene la nacionalidad desde el nacimiento. Esto es posible cuando al menos uno de sus progenitores sea de nacionalidad española o haya nacido en España, aunque no tenga la nacionalidad.[82] Como ya se ha dicho con anterioridad, también se da la nacionalidad a aquellos nacidos que sean hijos de padres apátridas, los nacidos en España que no se sepa de qué país son los padres y los menores de edad adoptados por un español.[83]

Nacionalidad por residencia

El inmigrante puede solicitar la nacionalidad española si ha pasado más de diez años residiendo de forma legal y continuada con anterioridad a la petición. Hay varias formas de reducir este tiempo. La primera de ellas sería mediante el estatus de refugiado, mediante el cual se puede solicitar la nacionalidad a los cinco años. La segunda sería gracias a la excepción de los dos años, mediante la cual inmigrantes procedentes de los países iberoamericanos, Andorra, Portugal, Guinea Ecuatorial y otros[84] solo necesitan ese tiempo para poder solicitarla.

Existen algunos casos más, aunque mucho más reducidos en número, por los que se puede solicitar al año. Los supuestos son los siguientes: nacidos en España con padres extranjeros, aquellas personas que lleven un año casadas con un español y no se separen legalmente o de hecho y aquellos nacidos de padres españoles en el extranjero. Esto último es extensible a los abuelos. También pueden acceder a ello aquellas personas que no realizaron de forma correcta su derecho para conseguir la nacionalidad por opción, las personas que han estado bajo la tutela de un español o de una institución por dos años y el viudo de un español si estaban juntos en el momento de la muerte.[85]

Nacionalidad por opción

Se puede acceder a ella como receptor de un beneficio que otorga la legislación a determinados inmigrantes en unas condiciones concretas. Para obtenerla, la persona debe cumplir alguno de estos requisitos: estar o haber estado bajo la patria potestad de un español, haber tenido padre o madre española y que nacieron en España, haber descubierto o probado su filiación después de convertirse en mayores de edad o haber sido adoptados por un español de forma posterior a ser mayor de edad.[86]

Nacionalidad por carta de naturaleza

Esta forma de obtener la nacionalidad se da por decreto del Gobierno, tiene carácter graciable y solo se concede en circunstancias extraordinarias. Lo puede solicitar el propio interesado si es menor emancipado o mayor de edad, el mayor de catorce años si lo hace con representante legal, el propio representante legal del menor o una persona incapacitada según lo que exponga la sentencia de incapacitación.[87]

Nacionalidad por posesión de Estado

Esta vía de conseguir la nacionalidad se debe a un error administrativo por el cual el sujeto fruto de este error cree que es español, aunque en realidad no lo es. Actuando como si lo fuera con sus derechos y deberes como ciudadano español. Al descubrirse el error, si han pasado diez años comportándose así sin saber del error se le dará la nacionalidad española.[88]

Cuestiones aclaratorias

En España existe un modelo mixto entre el *ius sanguinis*[89] y el *ius solis*[90]. Se supone que prima el *ius sanguinis*, aunque con la gran cantidad de solicitudes de la nacionalidad por opción y, sobre todo, por residencia no es así en la realidad.

Se entregan decenas de miles o incluso centenares de miles[91] de nacionalidades al año, lo que ha hecho que el ser español sea algo devaluado. La adquisición de la nacionalidad debería centrarse en los hijos de los españoles y entregarla a aquellos que de verdad sean merecedores de ella. Se puede vivir en España sin ningún problema con un visado, no hay necesidad de estar dando nacionalidades de forma masiva. Una persona que no tiene la cultura española, que no está asimilada ni integrada en nuestra sociedad, no debería poder acceder a la nacionalidad, aunque haya nacido aquí. Los requisitos para ser español deben endurecerse y restringirse.

España no debe convertirse en un país de desarraigados, de guetos, de separación y de islamismo. No debe renunciar a su cultura, historia, tradiciones y esencia, no debe plegarse a los intereses extranjeros y aceptar el cosmopolitismo. La entrega de nacionalidades recrudece el problema y las posibles soluciones al mismo. El cambio en estas políticas es uno de los buques insignia de la derecha radical para ganarse el apoyo popular, el cual en los barrios de trabajadores de muchos países europeos se está disparando.

Fronteras e inmigración ilegal: las deportaciones y los CIE

Las deportaciones

La Ley de Extranjería española es una de las más laxas de Europa y, además, su aplicación es dudosa y leve. Muchos portavoces «racializados» y de ONG defienden de forma regular lo contrario, pero sus argumentos están basados principalmente en evidencias anecdóticas, sentimientos y retórica variada. Es necesario analizar la naturaleza de las deportaciones en sus dos variantes, las devoluciones y las expulsiones, para poder entender el control efectivo a nivel migratorio y la eficacia de nuestras fronteras. Definamos ambas:

Expulsión: sanción que puede recibir un individuo por encontrarse de forma irregular en el país. De llevarse a cabo, significa la repatriación de dicho inmigrante.

Devolución: es la medida que emplea el Estado ante un individuo al que se le descubre intentando entrar en España de forma irregular. También si se descubre a una persona dentro del país teniendo una prohibición vigente de entrada al país.[92]

No obstante, la expulsión en España se lleva a cabo como una medida excepcional. Cuando una persona es descubierta en situación irregular la norma general es la imposición de una multa.[93] Para expulsar a alguien se deben dar agravantes adicionales, es decir, «para aquellas personas que hayan realizado alguna de las infracciones graves o muy graves previstas en la Ley, o por la comisión de un delito por el que la persona sea condenada a una pena privativa de libertad de más de un año».[94] Que en España no se expulse a aquellos individuos que son descubiertos de forma irregular en su territorio demuestra que España tiene una ley de extranjería todavía más débil que la de la Unión Europea.[95]

Además de lo expuesto con anterioridad, hay que añadir algunas circunstancias especiales. La ejecución de la devolución se paraliza si la persona en situación irregular es menor de edad, una mujer embarazada, una persona enferma o un individuo que haya realizado una petición internacional de protección.[96]

Las peticiones de protección internacional pueden ser solicitadas por cualquiera, de hecho es un *modus operandi* bastante frecuente. Y con el Gobierno que hay en España, ya sabemos lo que ocurre en la mayoría de estos casos: solo se expulsa del país si se delinque o cometen infracciones, y a veces los expedientes de expulsión ni se aplican, como pasó con el asesino del sacristán de Algeciras, sobre el cual pesaba una orden de expulsión que no se aplicó.[97] Este tipo de políticas perjudican a los verdaderos refugiados, ya que sus casos se pierden entre las múltiples solicitudes falsas. Además, ese estatus se concede por cuestiones oportunistas del gobierno de turno, y si no que se lo pregunten a los kurdos.

Una política laxa respecto la inmigración ilegal crea efectos llamada que son peligrosos para España, algo que sufrimos cada año debido a que no se plantean soluciones a nuestra situación. Estamos en una huida permanente hacia delante, pero los guetos, la islamización, la violencia, la criminalidad y la desaparición de nuestra cultura siguen aumentando sin freno. Los problemas van a seguir agravándose, acercándose a una situación extrema como la que se vive en Francia y en otros países europeos. Ya es hora de romper con discursos melodramáticos sobre la cuestión e ir a la raíz de los problemas.

Es necesario exponer los datos y estudios pertinentes para desmontar los relatos falsos sobre la materia. En la cuestión de las devoluciones y expulsiones, la realidad no puede estar más clara: simplemente el relato de las deportaciones masivas en España es falso.

En la siguiente figura lo podemos apreciar fácilmente.

¿Cómo es posible, teniendo en cuenta estos datos oficiales, mantener el relato de que en España se realizan deportaciones masivas? En 2009, la suma de las devoluciones y las expulsiones juntas sumaban un total de 20.804. Tras un descenso importante, en 2021, ambas modalidades sumaban 3.594. Teniendo en cuenta que cada año vienen decenas de miles de inmigrantes de forma ilegal y que la población irregular en España ronda el medio millón de individuos,[98] ¿cómo es posible que el número de deportaciones sea tan bajo? La respuesta es simple: porque no existen esas deportaciones masivas, apenas se deporta a gente en relación a la gran cantidad de inmigrantes que han entrado de forma ilegal en

Figura 13. Evolución de las cifras de devoluciones y de expulsiones

Fuente: Adaptado de Servicio Jesuita a Migrantes (2021, gráfico 3).

el país. Lo cual representa una política verdaderamente suicida para el bienestar del mismo.

A todo esto, hay que añadir que en España no se llevan a cabo la mayoría de las órdenes de expulsión, de modo que la mayor parte de los inmigrantes irregulares no vuelve nunca a su país de procedencia. En 2022, en España solo se ejecutaron un 5 por ciento de las órdenes de expulsión.[99]

Las devoluciones en caliente solo se pueden realizar en Ceuta y Melilla y en circunstancias muy concretas. Veamos lo que dice la Ley de Extranjería al respecto:

> Disposición adicional décima. Régimen especial de Ceuta y Melilla.
>
> 1. Los extranjeros que sean detectados en la línea fronteriza de la demarcación territorial de Ceuta o Melilla mientras intentan superar los elementos de contención

fronterizos para cruzar irregularmente la frontera podrán ser rechazados a fin de impedir su entrada ilegal
en España.

2. En todo caso, el rechazo se realizará respetando la normativa internacional de derechos humanos y de protección internacional de la que España es parte.

3. Las solicitudes de protección internacional se forma-
lizarán en los lugares habilitados al efecto en los pasos
fronterizos y se tramitarán conforme a lo establecido en
la normativa en materia de protección internacional.[100]

Este tipo de devoluciones están muy mal vistas, sobre todo
por las fuerzas de izquierda. Cuanto más *woke* sean, peor lo ven.
Unidas Podemos quiso presentar un proyecto de ley contra el racismo que buscaba una regulación masiva, lo cual no significa otra
cosa que legalizar públicamente lo que ya pasa con las medidas
llevadas a cabo actualmente en política migratoria: fronteras abiertas. Las ONG también presionan en este sentido, defendiendo el
negocio que les ha dado sentido y ejerciendo de *lobby* en los partidos de izquierdas.

Hay que detenerse también en las devoluciones en avión, las
cuales son pocas y, además, las paga España, sujetas a los propios
cupos que nos fija Marruecos.[101] Es de chiste que Marruecos nos
chantajee con la inmigración descontrolada después de estar pa-
gándole para que proteja sus propias fronteras y que, encima, España deba pagar también la repatriación de aquellos que se han
saltado nuestra legalidad, entre otras cosas, debido a la propia inac-
tividad del reino alauí y de sus fuerzas policiales y militares.

En último lugar, es necesario señalar que se está estafando a
España con las peticiones de asilo en Ceuta y Melilla. Para evitar
quedarse encerrados en estas ciudades, miles de inmigrantes ilegales piden asilo político, solicitud que se les admite a trámite. No les
hace falta que se lo concedan, pues con la admisión a trámite

pueden moverse y residir por toda España.[102] La mayor parte de las solicitudes se aceptan a trámite, la administración está colapsada y el silencio administrativo es positivo. Si no cometen infracciones, estos individuos no serán expulsados nunca y podrán quedarse en el país y terminar regulando su situación.

Los CIE

Si hay algo que supere a las cuestiones anteriores sobre relatos falsos construidos por intereses oportunistas es todo lo relacionado con los centros de internamiento de extranjeros (CIE). Se ha dibujado a estos centros como una especie de campos de concentración en los que hay una gran cantidad de inmigrantes, y no es cierto. En primer lugar, los CIE son centros que no tienen carácter penitenciario; además, solo se puede estar ingresado un máximo de 60 días, al término de los cuales si no se ha producido la deportación se deja en libertad al sujeto.[103] Es necesario saber también que los menores no pueden ingresar en este tipo de centros, a estos los dirigen a instituciones de protección al menor.

Las organizaciones que desarrollan campañas contra los CIE los presentan como si hubiera una gran cantidad de centros y decenas de miles de inmigrantes recluidos,[104] pero la realidad dista mucho de sus relatos. Solo hay siete CIE, y uno de ellos, el de Madrid, está en este momento cerrado por obras.[105] El resto se encuentran en Barcelona, Murcia, Valencia, Algeciras, Tenerife y Las Palmas de Gran Canaria.

Los CIE surgen como tal en España a partir de la Ley Orgánica 7/1985. Las personas que pasan por un CIE «son los inmigrantes que están esperando a que se ejecute su orden de expulsión al país del que provienen, aunque también puede servir para otros tipos de repatriaciones».[106] Tampoco es verdad que todos los inmigrantes que son sorprendidos en situación irregular sean ingresados en un CIE; son solo unos pocos, que, por lo general, han cometido alguna falta de carácter administrativo.[107]

Los CIE son necesarios, de hecho, tendrían que ser más operativos. Los críticos de estos centros rechazan un fuerte control fronterizo, se oponen a las devoluciones en caliente y tampoco les gustan los CIE y el proceso normal de deportación. No les gusta nada, pero sus propuestas de fronteras abiertas y regularizaciones masivas solo empeorarían la situación que ya se vive en España.

Respecto a la cantidad de individuos que pasan por los CIE en España, es necesario mostrar esta figura.

Fuente: Adaptado de Servicio Jesuita a Migrantes (2021, gráfico 1).

Los datos que se pueden ver en la figura 14 hablan por sí mismos. De una población de inmigrantes irregulares de en torno al medio millón, y con decenas de miles de nuevas llegadas cada año, no se llega a 2.000 internados en 2021. La bajada radical desde 2009 es pronunciada, a pesar de que hay más personas irregulares que entonces. ¿Dónde está, entonces, el terrible retrato que hacen las ONG y la izquierda sobre la realidad de los CIE? Como ya se ha expuesto, viven de repetir relatos que poco tienen que ver con la realidad o con solucionar el problema de la masividad migratoria. Sus apuestas y sus relatos le hacen el trabajo publicitario y político a la derecha radical que sí trata estos asuntos.

La no ejecución de las órdenes de expulsión es uno de los asuntos ocultos y desconocidos por la mayor parte de la gente, porque es la única manera que tienen de que sus relatos, fundamentados en deseos y sentimientos, todavía sean aceptados de forma amplia en nuestra sociedad.

Marruecos y la frontera española

Desde hace décadas las relaciones entre Marruecos y España han empeorado. Ha pasado mucho tiempo desde la Marcha Verde, pero se ha deteriorado el trato entre ambos, o por lo menos ha tenido repercusiones peores para nuestro país, aunque las élites que nos gobiernan se lleven estupendamente. Las zonas grises, el conflicto indirecto y de baja escala, es el territorio preferido de Marruecos. España no ha sabido responder y ha ido cediendo paso a paso, hasta permitir que la chantajeen para conseguir sus objetivos de forma constante: la presión migratoria, los acuerdos pesqueros, la posición respecto al Sáhara, las votaciones del PSOE en el Parlamento Europeo favorables a la dictadura marroquí,[108] etcétera.

Marruecos tiene una política exterior expansionista que no se ciñe al Sáhara y a territorios de otros países africanos: tiene la vista puesta en Ceuta y Melilla, e incluso en Canarias, a la cual ya le ha quitado el dominio sobre buena parte de lo que serían sus aguas territoriales.[109] A pesar de las políticas dirigidas contra España y su integridad territorial, y a pesar de que ha establecido *lobbies* de presión en defensa de sus intereses extranjeros en el interior de nuestro país,[110] los gobiernos españoles siguen haciendo la genuflexión ante la monarquía alauí. El último caso en el momento de escribir estas líneas fue la presión ejercida por los medios marroquíes contra el Frente Obrero por colgar una pancarta en la que se denunciaba el carácter de las relaciones políticas de Pedro Sánchez y Mohamed VI.[111] En ella salían besándose. Esta pancarta provocó la movilización de individuos violentos para intentar atacar a los líderes del Frente Obrero, que recibieron miles de amenazas, muchas de ellas de muerte.

El momento más álgido de las presiones de Marruecos fue por la llegada del líder del Frente Polisario, Brahim Gali, para recuperarse en un hospital español de su afección de coronavirus. Como castigo, Marruecos desató una oleada migratoria para forzar a España a que el líder del Polisario saliera del país.[112] En vez de contestar con mano dura ante los chantajes, Pedro Sánchez se arrodilló ante Marruecos e hicieron salir a Gali del país en poco tiempo. También reconoció la vía marroquí de la autonomía del Sáhara, traicionando décadas de posicionamiento español y dándole mucho a Marruecos a cambio de nada: solo el cesar en sus chantajes por un breve tiempo. Con este acto se traicionó de nuevo a los saharauis, se empeoraron las relaciones con Argelia y se actuó contra los propios intereses geoestratégicos de España.

Las presiones en la frontera han sido intermitentes, a pesar de que España paga para que Marruecos proteja sus propias fronteras.[113] El tráfico de personas está controlado por mafias que se lucran con este negocio con la colaboración de las propias fuerzas fronterizas del régimen de Marruecos. Cualquier país tomaría este tipo de chantajes como una acción próxima a un acto de guerra; sin embargo, España sigue cediendo sin parar. El Gobierno de Sánchez prefiere mantener a la gente en la más completa ignorancia para evitar cualquier tipo de protesta.

España debería cambiar de estrategia ante Marruecos, debería tener soberanía nacional y una línea propia de relaciones internacionales que busque su beneficio, y no el de países extranjeros. Debería recuperar su anterior posición con respecto al Sáhara o apoyar directamente a los saharauis en su lucha por la autodeterminación. Debería plantarse ante Marruecos, cerrando fronteras de forma firme y rompiendo relaciones hasta que dejen de jugar a las presiones y nos respeten como país. Debería actuar contra los *lobbies* marroquíes que hay en España. Y debería retomar con más fuerza que nunca las relaciones con Argelia y, desde luego, tomar las medidas económicas y políticas pertinentes para presionar a Marruecos y demostrarle que puede salir mal parado si busca el conflicto con España.

Violencia y criminalidad

Algunos defensores del actual modelo migratorio tienden desde hace un tiempo a enseñar gráficas cortadas para intentar defender que el aumento de la criminalidad y de la violencia en nuestra sociedad no tienen nada que ver con el modelo migratorio. También se aduce la bajada en la criminalidad que sucedió durante la pandemia. Sin embargo, la realidad, los datos estadísticos, no refleja esta tendencia, y los porcentajes sobre quién comete más delitos en España son claros al respecto. Los datos objetivos no son discriminatorios: solo muestran una realidad comprobable.

La tasa de criminalidad descendió con fuerza debido a la pandemia, pero tras la vuelta a la normalidad se ha producido un ascenso tanto en 2021 como en 2022.[114] El nuevo Balance de Criminalidad del Ministerio del Interior ha confirmado el aumento de la criminalidad, superando las cifras anteriores a la pandemia desde 2010.[115]

La bajada pronunciada de 2020 no tuvo que ver con ninguna medida del Gobierno, salvo las que tomó por la pandemia. Si bien es cierto que hubo una bajada desde 2010, también lo es que a partir de 2016 la tendencia era a aumentar de nuevo, a recuperar los máximos históricos, y tras la pandemia se ha retomado esta tendencia.

Además, es necesario tener en cuenta que en estos estudios sobre esta cuestión no se computan los nacionalizados no asimilados y a sus hijos como inmigrantes, sino que los contabilizan como nacionales, por lo que solo sirven para ver la tendencia. La realización de estudios étnicos es urgente para poder aproximarnos a la realidad que vive el español de a pie. En caso contrario, cada vez se construirán más relatos fantásticos y tergiversados sobre el modelo migratorio y todas las cuestiones relacionadas.

También hay que tener en cuenta que donde mejor se ve el impacto de la inmigración masiva y su relación con el aumento de la criminalidad es donde más concentración de inmigrantes se da y donde más separados o *guetificados* se encuentran: en las grandes ciudades. Por ello es necesario analizar la tendencia en provincias como Barcelona o Madrid.

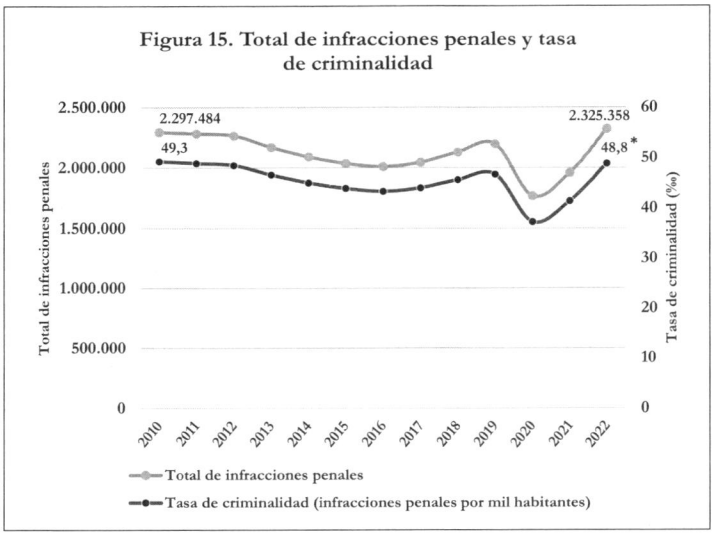

Figura 15. Total de infracciones penales y tasa de criminalidad

Nota: La tasa de criminalidad se ha calculado en base a los datos definitivos de población a 1 de julio de 2022 publicados por el INE.
Fuente: Ministerio del Interior, «Portal Estadístico de Criminalidad. Hechos conocidos»; Instituto Nacional de Estadística, «Indicadores de Calidad de Vida. Seguridad física y personal. Homicidios y Criminalidad», 20 de octubre de 2022.

En ambas provincias, la criminalidad estaba en su máximo histórico en 2019. Tras la caída de la pandemia, ha vuelto a subir a niveles similares y la tendencia es a seguir haciéndolo. La evolución del fenómeno es clara: cuanta más marginación y concentración de inmigrantes se da en un lugar, más delincuencia y criminalidad hay.

La media nacional de detenidos e investigados se sitúa en el 31,59 por ciento en 2020 y el 32,5 por ciento en 2021.[116] En Madrid fue del 50,03 por ciento en 2020 y del 48,85 por ciento en 2021;[117] en Barcelona, el 40,47 por ciento en 2020 y el 39,52 por ciento en 2021.[118] Desde 2013, los delitos cometidos por inmigrantes se han situado en torno al 25 por ciento, a pesar de que su número porcentual en la sociedad es menor.[119] Y teniendo en cuenta también que debido a las nacionalizaciones antes mencionadas el porcentaje es mucho mayor.

También se puede apreciar esta tendencia en la población carcelaria, la cual está sobrerrepresentada por inmigrantes. Desde

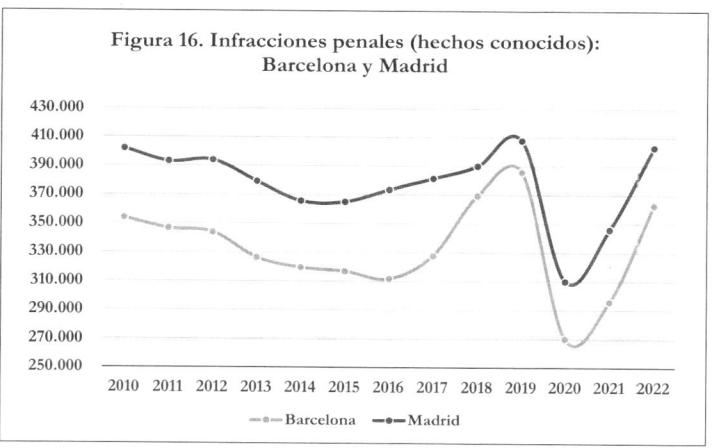

Figura 16. Infracciones penales (hechos conocidos): Barcelona y Madrid

Fuente: Ministerio del Interior, «Portal Estadístico de Criminalidad. Hechos conocidos».

2004, la población reclusa inmigrante se ha situado en torno al 30 por ciento,[120] lo cual es un dato muy superior al que representan numéricamente en la sociedad.

Por último, es necesario desarrollar la cuestión del tipo de delitos que están aumentando, cuando la tasa de criminalidad está ante máximos históricos. De poco le serviría a una sociedad que bajen los hurtos si suben los delitos más graves, como, por ejemplo, las violaciones grupales o los asesinatos.

Podemos ver cómo en relación con 2021 han aumentado delitos como las agresiones sexuales con penetración, que registraron una subida del 33,9 por ciento; los delitos graves y menos graves de lesiones y riña tumultuaria, con un aumento del 30,5 por ciento; los hurtos, con un aumento del 30,2 por ciento; los robos con violencia e intimidación, con una subida del 20 por ciento y los homicidios dolosos y asesinatos en grado de tentativa, con un incremento del 17,4 por ciento.[121]

La tendencia al alza de la criminalidad es clara, además, con delitos graves que tienen un gran costo para nuestra sociedad y están multiplicándose con redoblada fuerza. La relación del aumento de la criminalidad con la concentración de inmigrantes de forma masiva y separada de nuestra sociedad es evidente, a la luz de los datos proporcionados.

Guetos en España: el problema del futuro que ya comenzamos a vivir en el presente

La situación de España a este respecto aún no es comparable a la que tienen otros países de nuestro entorno como Francia o Alemania, pero esto no significa que no se esté dando un proceso acelerado para vivir situaciones similares y de la misma gravedad en nuestro país. De entre todas las nacionalidades, la que más ha tendido a este proceso, en parte debido a su masividad, ha sido la marroquí. Es

Tabla 12. Evolución de la criminalidad en España según tipología penal (2019-2022)

NACIONAL	Enero a diciembre				
TIPOLOGÍA PENAL	2019	2021	2022	Var. % 22/19	Var. % 22/21
I. CRIMINALIDAD CONVENCIONAL	1.981.173	1.652.242	1.949.852	-1,6	18,0
1. Homicidios dolosos y asesinatos consumados	331	293	325	-1,8	10,9
2. Homicidios dolosos y asesinatos en grado de tentativa	836	1.029	1.208	44,5	17,4
3. Delitos graves y menos graves de lesiones y riña tumultuaria	20.051	20.252	26.422	31,8	30,5
4. Secuestro	89	97	85	-4,5	-12,4
5. Delitos contra la libertad sexual	13.545	15.388	17.389	28,4	13,0
5.1 Agresion sexual con penetración	1.873	2.143	2.870	53,2	33,9
5.2 Resto de delitos contra la libertad sexual	11.672	13.245	14.519	24,4	9,6
6. Robos con violencia e intimidacion	65.874	53.073	63.711	-3,3	20,0
7. Robos con fuerza en domicilios, establecimientos y otros	142.528	105.274	120.676	-15,3	14,6
7.1 Robos con fuerza en domicilios	98.326	75.501	86.308	-12,2	14,3
8. Hurtos	700.453	493.479	642.579	-8,3	30,2
9. Sustracciones de vehículos	35.105	26.417	30.982	-11,7	17,3
10. Tráfico de drogas	16.624	18.313	19.014	14,4	3,8
11. Otros	985.737	918.627	1.027.461	4,2	11,8
II. CIBERCRIMINALIDAD	218.302	305.477	375.506	72,0	22,9
12. Estafas informáticas	192.375	267.011	336.778	75,1	26,1
13. Otros ciberdelitos	25.927	38.466	38.728	49,4	0,7
III. TOTAL	2.199.475	1.957.719	2.325.358	5,7	18,8

Fuente: Ministerio del Interior, «Balance Trimestral de Criminalidad. Cuarto Trimestre 2022».

necesaria la toma de medidas para evitar la separación y *guetificación*, o de lo contrario ya sabemos dónde va a acabar este camino.

Obviamente, en los lugares con más masividad de inmigrantes es donde más peligro hay de que se produzca el fenómeno de la *guetificación*. Por eso, las comunidades de Cataluña, Madrid y Andalucía son las más afectadas. De hecho, ya hay zonas concretas que están sufriendo una *guetificación* importante, que se están acercando a ser *no-go zones*. En barrios como El Príncipe, El Raval, Usera, San Cristóbal de los Ángeles o La Mina se puede apreciar el proceso intenso no solo de la separación, sino también de la marginación.

En barrios como El Puche (Almería), hay un 55 por ciento de marroquíes; en zonas de Terrassa (Barcelona), son el 30 por ciento; y en algunas zonas del Manlleu (Barcelona), también alcanzan el 30 por ciento. Esta es la realidad de cada vez más barrios: dentro de un tiempo serán ciudades enteras.[122] Sin embargo, estos datos sobre concentración de la inmigración que se da en los barrios nombrados son limitados, por la misma razón antes descrita: los nacionalizados en estas zonas en las cuales muchos no se han asimilado cuentan como nacionales, aunque no tengan la cultura española, por lo que los porcentajes son aún mayores.

En los próximos años la llegada de inmigración masiva no va a detenerse. De hecho, va a aumentar. Al haberse superado la capacidad de asimilar y de integrar del país, el proceso de separación y de marginación va a crecer. Los choques con la cultura autóctona y sus hábitos y costumbres van a ser cada vez mayores. Tendremos, como otros países del entorno, zonas enteras de mayoría extranjera viviendo al margen de la sociedad del país, en los que se multiplicarán los desarraigados y también el islamismo.

Nos dirigimos hacia un precipicio como sociedad: la *guetificación* solo traerá más problemas, que cada vez serán más difíciles de resolver, teniendo que recurrir a medidas más drásticas. Aún estamos a tiempo de arreglar la situación y de no acabar como Francia: camino de un conflicto civil.

9

ISLAMIZACIÓN

La cuestión religiosa, demográfica y política

En primer lugar, es necesario aclarar que la cultura islámica no es la misma en todos los países musulmanes. Cada uno tiene sus propias características, incluso religiosas, que lo diferencian en mayor o menor medida de los demás; sobre todo dependiendo de la distancia geográfica entre esos países las diferencias son más o menos drásticas. Hay países donde es parte de su cultura la ablación femenina y en otros, no. Lo mismo pasa por ejemplo con las vestimentas de las mujeres: son distintas dependiendo del sitio.

A la cultura islámica que surge de la propia religión y sus textos se le añaden peculiaridades autóctonas. Además, hay que tener en cuenta que el islam tiene múltiples ramificaciones, que en algunos puntos divergen. De todas formas, hay una serie de cuestiones culturales y religiosas que afectan de forma especial a las sociedades occidentales cuando llegan personas de estos contextos de forma masiva y se establecen de forma separada en nuestra sociedad. Además, en España predomina la llegada de inmigrantes de Marruecos, los cuales de forma mayoritaria están bajo la influencia del propio Gobierno de su país a través de redes clientelares y religiosas.

Si bien la cultura dominante o hegemónica que está sustituyendo a la cultura autóctona es la norteamericana, hay otras culturas que entran en nuestro país que no solo se resisten a adoptar la cultura hegemónica, sino que mantienen la suya frente a la autóctona. La cultura hegemónica nos llega, ante la falta de promoción y defensa de lo nuestro, a través de la televisión, el cine, las modas, las plataformas, las redes sociales o la industria musical, entre otros medios. La identidad colectiva está bajo mínimos, se prima el individualismo y el aislamiento del individuo, que es presa de las campañas de cosmopolitismo avanzado que nos invaden por todas partes. Sin embargo, hay comunidades de inmigrantes que mantienen sus lazos y viven cerradas en sí mismas. De esta forma, su cultura y sus costumbres se mantienen ocupando cada vez más espacio en nuestro país, pero al margen de nuestra sociedad. Los inmigrantes de contextos islámicos son los que más están tendiendo a separarse y a crear zonas bajo su influencia, destacando por su número las personas de origen marroquí, argelino, senegalés y pakistaní.[1]

Debido a la masividad de la inmigración, estas personas han tendido a agruparse en determinados barrios, en los de los trabajadores, que han sufrido un proceso acelerado de degradación, de aumento de la delincuencia,[2] de imposición de costumbres externas y de propagación del islam. En algunas zonas, como El Raval o La Florida en Barcelona, los españoles comienzan a marcharse debido a la situación insostenible. Caminamos a marchas forzadas hacia una situación similar a la de Francia y sus suburbios.

El trabajador español se encuentra con esta situación y ve que, si levanta la voz por ello, lo van a tachar de racista y fascista, que la izquierda progre le hará la vida imposible y lo caricaturizará como un cromañón. En ese contexto, llega otra gente con un discurso muy diferente que sí reconoce los problemas que afectan a esos trabajadores que han visto cómo sus barrios se convertían, primero, en barrios de inmigrantes y después, en muchos casos, en zonas islámicas. Este es, sin duda, uno de los motivos del aumento del voto de la derecha radical en muchas zonas de Europa. Además, se da la tesitura de que los principales señaladores y defensores de este modelo migratorio y de no integración viven en zonas donde no sufren sus consecuencias. Los que deciden las políticas migratorias viven, por lo general, en zonas con seguridad privada, blindados ante cualquier tipo de incidente.[3]

Ellos no sufren la imposición de la sharía, no tienen miedo de que a su hija o a su mujer les pase algo por salir a la calle a partir de cierta hora, no tienen miedo de que les roben ni de que sus hijos caigan en bandas o acaben muertos. El desarraigo, la islamización, la criminalidad, las violaciones y muchas más cuestiones nada placenteras no las viven en sus barrios de ricos, alejados de los frutos de sus políticas suicidas.

En muchas zonas de inmigrantes el proceso está siendo el del desarraigo, pero en otras está habiendo un reforzamiento, un avance del islamismo que no se va a quedar limitado a determinados barrios. Van a intentar exportarlo a todo el Estado.[4] Dependerá de nosotros como país permitirlo o no.

La izquierda en España ha apostado de forma firme por la convivencia, que no es tal, con el islam. De hecho, lo que realmente hace es favorecer a esta religión, llegando incluso a defender que entre en las escuelas públicas.[5] Toda la vida ha defendido sacar la religión de las aulas, y ahora en su cruzada absurda contra todo lo que pueda sonar a español o cristiano se dedica a favorecer una religión que va en contra de la mayoría de sus postulados. Vende como respeto que se permita a los partidarios de la islamización de España, del islam político, actuar de forma impune mientras criminaliza todo lo que pueda sonar a cristiano. No se entiende esa obsesión contra el cristianismo, pues esta religión no está a la ofensiva en la actualidad ni pretende, por lo menos de forma mayoritaria, imponer nada a nadie ni realizar cambios drásticos en nuestra sociedad. Nosotros siempre hemos defendido el laicismo; la vuelta de tuerca de la nueva izquierda es incomprensible hasta para sus propios intereses futuros. No es entendible que se ensalce una religión y se defenestre a otra. Desde su punto de vista, debería tratar a todas las religiones por igual.

Intenta disfrazar todos sus planteamientos bajo un falso paraguas de humanismo y de supuesta lucha por el progreso, cuando en realidad está fomentando el desarrollo de un movimiento profundamente retrógrado y que va a traer consecuencias en años venideros más graves de las que ya sufrimos como sociedad. La implantación y desarrollo del islam político va a tener repercusiones en los derechos de las mujeres, la libertad de culto o la propia confesionalidad del Estado. La promoción o la inacción son dos vías destinadas al fracaso. Debemos afrontar como sociedad el problema que ya supone la islamización de nuestro país.

Es necesario reseñar, teniendo en cuenta la argumentación de algunos defensores de la inacción frente al alcance del islam político, que los cristianos que viven en la mayoría de los países musulmanes (no en todos) son una especie de ciudadanos de segunda. Esto no tiene nada que ver con la situación que viven ellos aquí de libertad de culto, que garantiza tener en pie de igualdad cualquier fe, o incluso ninguna. El Estado tampoco tiene ninguna religión oficial y es el garante de que se mantenga dicha libertad de culto.[6]

España no es un país musulmán ni debe serlo, y tampoco debe aceptar presiones ni imposiciones, aunque sean en base a un golpe migratorio. Aquellos que quieren vivir bajo el islamismo tienen una gran cantidad de países cercanos donde pueden hacerlo bajo su religión y sus imposiciones sin tener que venir a España a imponer nada en absoluto. La implantación del islamismo significa el fin de nuestra cultura, de nuestras tradiciones e historia, y no se tiene que permitir. Aquellos que vienen con esta intención deben ser expulsados del país sin contemplaciones, en especial los clérigos radicales que defienden que es solo una cuestión de tiempo que sean mayoría en el país y ya han empezado a trabajar entre las sombras.[7] Los derechos individuales no deben primar sobre los intereses colectivos.

Es cuando menos curioso que los datos más precisos y fiables sobre cuántos musulmanes hay en España los proporcione la propia comunidad islámica. Se ve que es la más interesada en hacerse notar y en realizar reclamaciones en base a esa visibilización. Para poder analizar de forma correcta la cuestión del volumen de musulmanes en España, es necesario tener en cuenta que no solo están en España inmigrantes de estos contextos sin la nacionalidad, también hay más de un millón que han sido nacionalizados o son hijos de inmigrantes.[8] Además, hay un pequeño número de convertidos.

Según la propia Unión de Comunidades Islámicas de España, en nuestro país en 2022 había 2.349.288 musulmanes. De 2019 a 2022, su número ha subido en más de 250.000.[9] Esos individuos, en muchos casos, no son españoles culturalmente, ni tienen intención de serlo. Esto, junto al proceso de separación, es un grave problema. Hay que tener en cuenta que tienen más hijos de media y no están parando de llegar más inmigrantes de esos contextos. Si no se toman medidas adecuadas el problema no va a hacer nada más que empeorar.

La concentración de musulmanes, aunque está aumentando en general, lo está haciendo de una forma intensa en determinadas regiones y ciudades. En la siguiente tabla podemos apreciar que en Cataluña se encuentran 641.101 musulmanes; en Andalucía, 386.928; y en Madrid, 314.451. En las zonas de alta concentración es donde se está dando de forma intensa la formación de zonas separadas con sus correspondientes problemas derivados, destacando Barcelona.

La política de entregar nacionalidades a bajo coste es la responsable de que los «hispanomusulmanes» sean los más numerosos, pero, como ya sabe todo el mundo, tener un papel en el que pone tu nacionalidad no tiene por qué expresar la realidad cultural y social.

Tabla 13. Musulmanes en España según nacionalidad
de origen y autonomía de residencia

Autonomía	España	Marruecos	Argelia	Nigeria	Otros	Totales
Andalucía	169.176	162.847	5.042	4.188	45.675	386.928
Aragón	25.694	22.373	5.230	955	15.182	69.434
Asturias	3.205	3.053	486	300	2.509	9.553
Baleares	24.145	28.931	1.305	2.095	10.354	66.830
Canarias	49.618	18.345	425	1.284	10.499	80.171
Cantabria	1.829	2.207	278	209	1.878	6.401
C. y León	18.277	24.011	1.354	316	5.377	49.335
C.-La Mancha	32.993	40.316	1.669	1.215	7.807	84.000
Cataluña	254.531	234.344	9.322	6.408	136.496	641.101
Ceuta	31.086	4.322	5	2	24	35.439
Valenciana	96.331	91.005	23.930	3.772	34.415	249.453
Extremadura	12.450	7.299	191	53	1.124	21.117
Galicia	7.455	8.777	953	555	6.430	24.170
Madrid	196.169	77.052	2.088	7.608	31.534	314.451
Melilla	33.069	10.501	15	4	56	43.645
Murcia	29.313	92.299	3.073	1.237	9.351	135.273
Navarra	12.306	16.542	2.180	1.414	3.202	35.644
P. Vasco	20.332	26.776	5.326	4.520	16.558	73.512
La Rioja	9.353	8.943	813	110	3.612	22.831
Totales	1.027.332	879.943	63.685	36.245	338.471	2.349.288

Fuente: Adaptado de Unión de Comunidades Islámicas de España (2023, 9).

Atentados islamistas

Uno de los problemas más graves relacionados con la islamización y el desarrollo del radicalismo son los atentados terroristas. De hecho, en España se han sufrido varios, algunos de gran impacto. La implantación de la sharía tiene varias vías para aquellos que quieren su imposición en Europa. Los más radicales recurren o apuestan por la fuerza, por el despliegue de actividades terroristas para conseguir sus objetivos. Los grupos terroristas islámicos han encontrado en la cada vez mayor comunidad islámica europea un lugar idóneo para fomentar la radicalidad y granjearse simpatías y apoyo, incluso para realizar reclutamiento.

Sin embargo, el terrorismo islamista no solo se sufre en Europa. De hecho, la mayoría de las acciones de este tipo se llevan a cabo en países musulmanes que no siguen el mismo islam que estos grupos. También lo sufren minorías cristianas residentes allí. Aun así, este tipo de actividades terroristas tienen un gran impacto y repercusión en Europa, incluida España.

La información sobre los grupos terroristas y sus actividades suele estar anticuada o no es veraz. Lo que se intenta es ocultar este tipo de cuestiones para no crear una alarma social. Mantener a la gente en la ignorancia jamás debería ser una opción ante un peligro como el del terrorismo islámico; lo que hace falta es que la gente esté concienciada y los gobiernos prestos a actuar con dureza, no solo contra ellos, sino también contra las causas que hacen que proliferen.

Desde los medios se suele tratar la cuestión solo cuando no pueden taparla, por ejemplo, con los atentados de Las Ramblas de Barcelona, aunque lo hacen con un relato que la presenta como algo aislado o excepcional, cuando en realidad no lo es.[10]

Según la Europol, en 2019 hubo 723 detenciones relacionadas con el terrorismo y 55 atentados en Europa; en 2020, hubo 449 detenciones y 57 atentados; y, en 2021, hubo 388 detenciones y 15 atentados.[11] Hay que tener en cuenta que hablamos de atentados terroristas en general. De hecho, las detenciones por yihadismo subieron de 2020 a 2021. Si en este periodo los atentados disminuyeron de forma leve fue gracias a la prevención y la actuación policial, no porque haya menos radicales islámicos.[12] Son los otros tipos de terrorismo, no islamistas, los que están disminuyendo de forma drástica. Aunque se haya producido un descenso en general, los números no son para tomarlos a broma, siguen siendo un problema grave.

En el siguiente gráfico podemos ver la relación de atentados terroristas y detenciones con cada tipo de terrorismo.

El tipo de terrorismo más numeroso, de forma sustancial, es el islamista, seguido del de extrema derecha. Todos los demás han

disminuido tanto en atentados como en detenciones (sin contar
«otros», de número reducido). Vemos, además, que en España de
2020 a 2021 ha habido un aumento de detenciones: se pasó de 39
a 42.[13] El islamismo radical representa el mayor peligro para todo
Occidente, por lo que es necesario actuar contra él no solo com-
batiendo a los grupos terroristas, sino también las causas que hacen
que este tipo de movimientos surjan en Europa.

Otra prueba palpable del crecimiento del islamismo radical en
España es el reclutamiento que llevó a cabo el Estado Islámico (EI)
en nuestro territorio. Los reclutados marcharon a combatir a Siria e
Irak en favor del mismo. Tras el declive del EI, muchos volvieron

Figura 17. Ataques terroristas (completados, frustrados y fallidos) y arrestos por sospecha de terrorismo en la UE

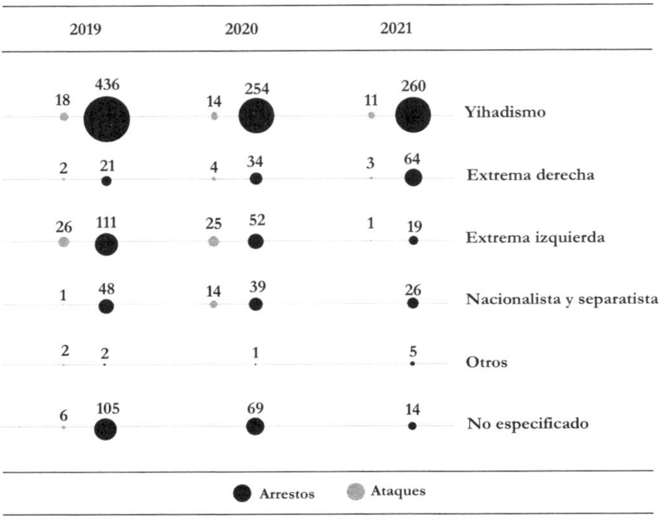

Fuente: Adaptado de Europol (2022, 8).

repatriados, junto a sus familias, a España, creando un grave problema ya que son verdaderos fanáticos y propagadores del islamismo radical en suelo español. No se les debería haber permitido volver. El interés colectivo debe primar sobre intereses individuales.

En España llegó a haber más de 200 presos del Estado Islámico.[14] La mayor parte de las detenciones por yihadismo se dieron, como no podía ser de otra forma, en aquellos lugares donde más separación y concentración de inmigrantes de contextos islámicos había. Es decir, el 29,8 por ciento de las detenciones se produjeron en Barcelona; el 22,1 por ciento, en Ceuta; el 15,3 por ciento, en Madrid; y el 8,4 por ciento, en Melilla.[15]

La radicalización islámica de parte de la comunidad musulmana en España es innegable: vemos líderes religiosos expulsados

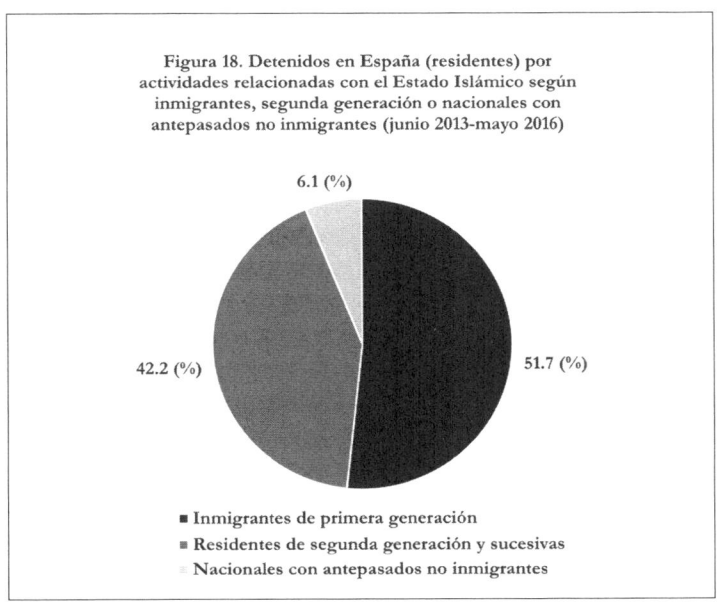

Figura 18. Detenidos en España (residentes) por actividades relacionadas con el Estado Islámico según inmigrantes, segunda generación o nacionales con antepasados no inmigrantes (junio 2013-mayo 2016)

6.1 (%)

42.2 (%)

51.7 (%)

■ Inmigrantes de primera generación
■ Residentes de segunda generación y sucesivas
■ Nacionales con antepasados no inmigrantes

Fuente: Adaptado de Real Instituto Elcano (2016, gráfico C.5).

por su fanatismo (aunque muchos menos de los que deberían), el surgimiento de movimientos extremistas, atentados terroristas, captación de personas para combatir en el extranjero, aumento en el número de detenidos por islamismo, asesinatos como el del sacristán de Algeciras y un largo etcétera. Y esto solo en España, en países como Francia la lista sería interminable.

Se ha hablado con anterioridad de forma detallada del problema de la entrega de nacionalidades a gente que no debería obtenerla de ninguna forma. En este sentido, los detenidos del EI en España dan una oportunidad magnífica para demostrar que las políticas de España a este respecto son erróneas.

El 42,2 por ciento de los detenidos por yihadismo tiene nacionalidad española. La izquierda *woke* y los acomplejados en general pueden decir lo que quieran, pero aquí se ve con claridad que no se debería regalar la nacionalidad a quien no tiene nuestra cultura. Nacer en un sitio si no te asimilas a él, si te crías y desarrollas al margen de la sociedad, no te convierte en nacional de ese lugar. Aquí un ejemplo más de ello.

Cuestiones complementarias

Considero necesario hacer un pequeño resumen de tres cuestiones que son importantes para entender lo nocivo que sería para nuestra sociedad si se produjera una islamización general. Estas cuestiones son la relación del islam con la educación y todo lo que tiene que ver con el papel de la mujer en la sociedad, incluidos sus derechos. A estas dos hay que añadir también una breve mención a la implantación de la sharía o la búsqueda de tal en la sociedad española y en la europea.

El islam en la educación

Como ya se ha expuesto al principio del capítulo, el islam ha encontrado un extraño aliado para meterse incluso dentro de la educación pública: la izquierda actual. Con un discurso basado en la multiculturalidad, el respeto y los derechos humanos (desde la falsedad, por supuesto), ha conseguido lo impensable: que aquellos que combatían con empeño la religión en la enseñanza pública sean ahora sus máximos adalides. Han pasado de conseguir prohibir los colegios no mixtos a defender la segregación por sexos para hacer deporte.[16] Todo en base a un respeto incomprensible a tradiciones atrasadas y anacrónicas de los contextos islámicos, cuando antes han luchado con encono contra aspectos menos retrógrados que los que ahora defienden.

En vez de seguir luchando para expulsar definitivamente a la religión de los colegios públicos, han apostado y conseguido introducir la asignatura de religión islámica.[17] Un verdadero despropósito que va a dificultar aún más que los jóvenes de determinados contextos puedan romper con ellos y adaptarse a nuestra sociedad. La asignatura islámica se imparte en todas las provincias de España, la última en hacerlo, con una gran resistencia, fue la de Murcia.[18]

Es necesario dar algunos ejemplos de lo que ha sucedido en otros países europeos que han implementado este tipo de medidas mucho antes que España y las consecuencias que están teniendo.

Marsella es buen ejemplo de lo que no hay que hacer. En esta ciudad francesa existe una escuela privada islámica que separa por sexos a sus alumnos y, por supuesto, obliga a las niñas a ir con velo.[19] Países Bajos es otro país con una situación complicada; en su territorio hay más de cincuenta escuelas salafistas con financiación estatal. Son escuelas pagadas por el Estado, pero este no puede ejercer control sobre ellas.[20] Pocos síntomas de decadencia y degradación se pueden encontrar más agudos que este. Están cavando su propia tumba. Si no hacemos algo pronto, España también acabará así, o peor.

Sharía en Europa

La concentración de la cada vez más numerosa comunidad de origen islámico en barrios y ciudades de Europa es cada vez mayor. Se separan de las sociedades europeas y se conforman en guetos, al margen de la sociedad. En algunos de estos guetos, lejos de desarraigarse, se retroalimentan en su identidad y cultura, hasta el punto de que han conseguido implantar la sharía, la ley islámica, en regiones de Europa. En España, Marruecos utiliza la religión para manejar a la comunidad de inmigrantes de ese origen. Lleva a cabo chantajes, presiones políticas y demográficas.[21]

En las zonas de Europa bajo la sharía, las leyes del país receptor pasan a un segundo plano o no tienen aplicación ninguna. Además, los islamistas no se conforman con controlar esas zonas: se preparan para que en un futuro cuando sean mayoría poder realizar un auténtico asalto al poder e implantar la sharía a nivel estatal.[22] Antes de que lleguemos a esa situación, se van a producir estallidos sociales y violentos, que se irán desarrollando en el tiempo hasta acabar en un conflicto civil de mayores dimensiones. La islamización de Europa significaría el fin de Europa como la conocemos. Ya se están produciendo las primeras reacciones ante esta situación que tenemos, de personas y grupos que no están por la labor de permitir que Europa se islamice.

Mujer e islam

Otra cuestión de importancia relacionada con la islamización son los derechos de las mujeres, que en la cultura y las sociedades islámicas son diferentes o incluso, en algunos casos, prácticamente inexistentes. La mentalidad de muchos musulmanes que vienen a España sobre la familia o los roles de la mujer en la misma son bastante diferentes a lo que tenemos en las sociedades europeas.

Esto hace que haya un gran choque cultural que rebasa el ámbito privado de cada uno y afecta al conjunto de la sociedad y a las libertades de las mujeres.

Además, los inmigrantes procedentes de ámbitos islámicos tienen tradiciones que, desde la visión de Occidente y de cualquiera que no tenga una mentalidad de hace decenas de siglos, son verdaderas atrocidades. En Europa, hay unas 600.000 mujeres que han sufrido la mutilación femenina, es decir, la ablación. En 2022, la cifra de niñas en peligro de padecerla era de 180.000.[23]

Otra costumbre terrible que viene de algunos de estos contextos son los matrimonios forzados, que también se dan entre familiares. En ellos se obliga a niñas a contraer matrimonio con hombres mayores, los cuales pueden acabar en tragedia si las víctimas intentan huir o se niegan a aceptarlos. Un ejemplo trágico de esto fue cuando dos chicas pakistaníes que vivían en España (Terrassa) se negaron a casarse con sus primos. Cuando regresaron a su país para ver a su familia, fueron asesinadas por sus propios parientes.[24]

La mayoría de los matrimonios forzados no se denuncian debido al miedo y a las presiones familiares. Según la Policía de los Países Bajos, el 75 por ciento de los matrimonios forzados no se denuncia.[25] Aun así, en Barcelona desde el 2009 al 2022 se produjeron 209 casos denunciados.[26] De ningún modo se puede aceptar esto, como muchos defensores del modelo migratorio actual hacen, porque nos encontramos supuestamente ante casos aislados. Este tipo de cuestiones están extendiéndose por nuestras sociedades como consecuencia de la masividad y no asimilación de millones de inmigrantes de contextos que chocan frontalmente con la forma de vivir de Occidente.

Otra cuestión que hay que tener en cuenta son los crímenes de honor, los cuales son una auténtica plaga en nuestras sociedades. En 2010, en Reino Unido, hubo 3.000 ataques relacionados con cuestiones de honor, y doce de ellos acabaron en asesinato.[27]

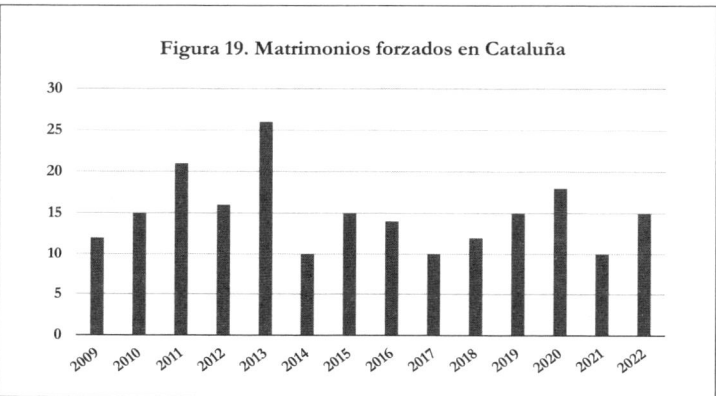

Fuente: Dades Obertes Catalunya, «Matrimonios forzados».

En España no debemos respetar costumbres si son retrógradas y van en contra de cómo son nuestras sociedades. Si se han ido de su país y han venido a Europa deben respetar la cultura y las costumbres de aquí, deben asimilarse e integrarse y renunciar a aquellos aspectos de su cultura que son incompatibles con nuestras sociedades. En caso contrario, lo que deberían hacer es no venir o nosotros no permitírselo. Los derechos y libertades de las mujeres no son negociables. La gente que quiere volver al califato no tiene cabida en Europa.

10

LA EVOLUCIÓN DE LA DERECHA RADICAL[1] ANTE LA EVOLUCIÓN DE LA IZQUIERDA

Derecha y derecha radical

Antes de poder hablar de qué diferencia a la derecha de la derecha radical, se ha de definir cuáles son los rasgos de lo que comúnmente se conoce como derecha. Es necesario señalar que el concepto no se ha mantenido fijo en el tiempo, sino que ha evolucionado desde que se comenzó a utilizar en torno a la Revolución francesa de 1789. No significaba lo mismo ser de izquierdas o de derechas en 1789 que en 1930 o en la actualidad. De hecho, existe una gran distorsión en los tiempos recientes, que ha hecho que la dicotomía izquierda y derecha en parte deje de tener sentido como algo principal para analizar las ideologías de los grupos políticos. De todas formas, a nivel historiográfico sí es de gran utilidad.

El término derecha, al igual que el de izquierda, se ha visto devaluado o emborronado debido a su uso incorrecto para designar realidades muy amplias y diferentes, por lo que para amplias capas de la sociedad no hay una visión clara sobre qué es realmente la derecha.

A nivel popular, se le suele atribuir una serie de características que en realidad son atribuibles a otras ideologías, por lo que no pueden ser consideradas como rasgos característicos o definitorios de la derecha.[2] Por ejemplo, el carácter conspirativo, el autoritarismo, el uso de la violencia, el racismo o el idealismo no son exclusivos de la derecha ni tampoco son rasgos característicos de todas las corrientes dentro de la derecha. Por sí solos, estos rasgos no sirven para definir qué es la derecha. Por este motivo, es más apropiado hablar de las derechas, en plural, que de la derecha, pues hay grupos encuadrados en esta acepción con diferencias notables, aunque sí que hay algunas características que pueden compartir.

Por lo general, los grupos de derechas representan los intereses de las fuerzas dominantes de la sociedad:[3] la aristocracia terrateniente o la alta burguesía.[4] Aunque hay una derecha laica, la cuestión religiosa siempre ha tenido un gran peso dentro de las derechas. Incluso la derecha no religiosa ha respetado y defendido las tradiciones de sus países, la mayoría de ellas de base u origen religiosos.

Si algo caracteriza a las derechas es el apego por lo tradicional, la necesidad de conservar, aunque sea la esencia, pues es imposible que todo se mantenga estanco, sin cambio, detenido en el tiempo. El respeto y la defensa de los hábitos, costumbres y forma de entender la vida están en el centro del actuar político de estos grupos, a pesar de diferencias puntuales que pueden tener unos con otros.

En términos generales, apuestan por detener los grandes cambios, en especial las revoluciones. La derecha suele apoyar la evolución gradual y controlada de la sociedad: prefiere una reforma mitigada y dominar la situación que permitir un cambio drástico. La derecha es contrarrevolucionaria, e incluso algunos grupos más radicales que apuestan por la revolución nacional lo hacen en el sentido de contrarrevolución o reacción. No tiene nada que ver con la visión marxista de la revolución, pues no buscan un cambio en el modelo productivo y el paso al socialismo,[5] sino que más bien apuestan por una especie de conciliación de clases. Llevan a cabo una retórica contra el gran capital, defendiendo el capital nacional de la dominación extranjera, pero manteniendo las relaciones de dominación nacionales.

La derecha, por supuesto, no tiene una visión igualitarista de la sociedad. Su misión es conservar, no implementar medidas que tiendan a la justicia social y la igualdad. Por tanto, es elitista, creyendo que hay minorías que merecen tener más debido a su posición, su esfuerzo o por sus capacidades.

Pedro Carlos González Cuevas señala que las llamadas «revoluciones desde arriba» o el denominado «reformismo social-católico y fascista» podrían escapar a algunas de estas cuestiones, pero también que se han criticado estas apuestas debido a que no quieren conseguir un cambio real del modelo productivo o social y que solo buscan su propia conservación como regímenes políticos.[6]

Una vez señaladas las principales características de la derecha, ya se puede analizar qué diferencia a la derecha de la derecha radical, comúnmente llamada extrema derecha o incluso fascista.

Es necesario tener en cuenta que los términos *extrema derecha* y *fascismo* han sufrido una especial desvirtuación en las últimas décadas. Desde perspectivas bastante extendidas, todo lo que vaya en contra de lo que la perspectiva *woke* entiende por progreso es tachado de fascista o de extrema derecha, utilizando estos términos como sinónimos, cuando no lo son. Los fascistas son parte de la derecha radical, pero hay otros grupos que no son fascistas y que sí son parte de la derecha radical.

Existen diferencias reseñables entre los distintos tipos de derecha radical, pero, aun así, tienen ciertos rasgos que comparten la mayoría de ellos y que los diferencia de la derecha conservadora, democrática o liberal. Sin embargo, la derecha radical también mantiene los rasgos antes mencionados y que son generales dentro de toda la derecha, en especial, a qué clase social sirven.

La derecha radical suele ser antiliberal; no le da importancia a la democracia, aunque se sirva de ella para conseguir sus objetivos si es necesario. Es violenta, no le importa el uso de la fuerza para alcanzar sus fines. En el caso de algunos grupos es su única vía para conseguir sus objetivos; cree que tiene la verdad absoluta y que el resto de fuerzas solo mienten, cayendo algunos de estos grupos en auténticas teorías de la conspiración y articulando buena parte de su pensamiento en torno a estas. Suele llevar, sobre todo en los últimos tiempos, discursos contestatarios, disfrazados de rebeldes e incluso de antisistema, y tiene un claro carácter populista con perspectivas de constituirse como movimiento de masas.

Los grupos principales de la derecha radical son los tradicionalistas radicales, los populistas de derechas herederos de la Nouvelle Droite, que son una amalgama de organizaciones y partidos que mantienen diferencias notables entre algunos de ellos y los fascistas. Entre las organizaciones que componen este último grupo también existen diferencias remarcables que las ha llevado incluso a mantener enfrentamientos.[7]

El Mayo del 68 de la derecha: la Nouvelle Droite

Aunque la nueva derecha ya comenzó su andadura antes del Mayo del 68 francés, la Federación de Estudiantes Nacionalistas (FEN) ya había iniciado movimientos antes, y en marzo de ese año salió a la luz la publicación de la revista *Nouvelle École*. Su desarrollo fue posterior y como respuesta a lo sucedido en aquellos acontecimientos franceses que tendrían tanta repercusión en la izquierda y que darían paso a la nueva izquierda, convirtiéndose en hegemónica desde aquel momento.

Los estatutos del Grupo de Investigación y Estudios para la Civilización Europea (GRECE) se presentaron el 1 de enero de 1969 y Alain de Benoist terminó consagrándose como uno de los principales inspiradores del cambio que se produciría en la derecha radical tras la transformación de la izquierda. Desarrollarían una nueva forma de enfocar las cosas, un nuevo estilo para dar la batalla a la izquierda y avanzar posiciones en las sociedades occidentales.

La nueva derecha francesa apostó por una estrategia cultural o metapolítica que partía de que la conquista del poder político requería la toma del poder cultural con anterioridad,[8] por lo que decidieron centrarse en ganar la hegemonía cultural en los países de Occidente en vez de concentrar sus esfuerzos en tener puestos de poder. Una cosa llevaría a la otra y de forma firme, con capacidad de influir y cambiar las cosas, cuestión que con simplemente llegar al poder la derecha moderada en algunos países no conseguía, pues la hegemonía cultural seguía siendo de la izquierda.

Benoist y sus partidarios rescataron a Antonio Gramsci, reformulando su teoría, pasando a ser una especie de gramscianos de derechas, utilizando las mismas tácticas de la nueva izquierda, pero con un enfoque ideológico radicalmente diferente.[9] Iniciaron una guerra contracultural y adoptaron una retórica rebelde y contestataria contra el liberalismo, lo norteamericano y, por supuesto, el marxismo.

La nueva derecha rescató a Gramsci cuando su importancia teórica estaba en proceso de desaparición, lo cual hizo que su pensamiento se diera de nuevo a conocer. Esta se encargaría de seguir manteniendo el pensamiento del autor vivo, aunque dando la vuelta a muchos de sus planteamientos.[10]

La ideología de esta nueva derecha es más intelectual que la de los movimientos más populistas tradicionales de la derecha radical, que habían mantenido incluso posiciones antiintelectuales. De hecho, centraron buena parte de sus esfuerzos en la universidad y la lucha ideológica.

La nueva derecha parasitó las organizaciones de la derecha radical y se convirtió en lo hegemónico dentro de este ámbito político. Se adaptaron al juego democrático, prescindiendo de la violencia, aunque algunos de los movimientos dominados o influidos por esta, llegado el momento, no tuvieron ningún problema en usarla, e incluso tomaron un carácter de combatividad ajeno a cualquier partido liberal/democrático.

La inmigración y la sustitución cultural serían uno de los problemas de la sociedad que les proporcionaría la capacidad de poder llegar a amplias capas de descontentos con los graves efectos negativos del modelo migratorio en Occidente.[11] La lucha por la preservación de la cultura autóctona y la defensa de que cada cultura tiene su espacio reflotaron a las fuerzas de la derecha radical, estando en este momento a la ofensiva cultural y política.

Hay múltiples historiadores y politólogos que suelen señalar las posiciones liberales/libertarias como de extrema derecha. Sin embargo, la derecha radical, debido a la influencia e importancia de la Nouvelle Droite, tiene un marcado carácter antiliberal. Está en contra del individualismo, del libre mercado y defiende en contraposición lo tradicional,[12] incluido en muchos casos lo religioso, pues la moral es importante para la nueva derecha. Es cierto que existe pulsión en algunos grupos entre los sectores que vienen del liberalismo conservador radicalizado y los sectores más alineados con las tesis de Benoist. Esto sucede, por ejemplo, en el partido español Vox, pero los últimos acontecimientos demuestran que lo liberal,[13] si quiere estar en el camino internacional de la nueva derecha, acaba siendo desplazado de los puestos de poder.[14]

Los partidos que han tomado la vía de la nueva derecha defienden una guerra contracultural permanente, sin miedo a polarizar a la sociedad y fomentando liderazgos fuertes, situados incluso por encima de las propias estructuras de los partidos y trascendiendo la sociedad.[15] Este último rasgo es el que hace que sean identificados por muchas personas como organizaciones o líderes fascistas. El populismo, la falta de miedo a confrontar, la incorrección política, el manejo de redes sociales y el uso de la demagogia política son otros de los rasgos que han adoptado muchos de los partidos que siguen la estela de la nueva derecha.

La nueva derecha ha conseguido la hegemonía dentro de la derecha radical, desplazando a los tradicionalistas y a los fascistas. Todo el proceso de expansión de estas ideas ha representado un

Mayo del 68 de la derecha que ha sido capaz de articular de nuevo una derecha radical con capacidad de confrontar a la nueva izquierda, de tomar el poder y de realizar grandes cambios en algunas sociedades. Además, como ya se ha señalado, actualmente se encuentra a la ofensiva, habiéndose constituido como un fenómeno de carácter internacional.

Ha sido capaz de usar las novedosas técnicas de la nueva izquierda con respecto a las nuevas tecnologías en su propio provecho, especialmente las redes sociales. Ha sabido apropiarse de términos, estéticas e incluso del uso de la transgresión para el cumplimiento de sus propios objetivos.[16]

El nuevo populismo de la derecha radical

Desde que los presupuestos ideológicos de la nueva derecha fueron convirtiéndose en los dominantes dentro de la derecha radical, ciertos partidos bajo su influencia han ido avanzando posiciones hasta llegar a hacerse con el poder en varios países, y no solo en Europa.

Aunque la situación del Partido Republicano con Donald Trump es especial, no se puede negar la influencia de la nueva derecha dentro de sus filas, y no solo en el Tea Party. El sector más radical, dirigido por Steve Bannon, llegó a tener una influencia grande en el Partido Republicano, hasta el punto de que un partido prototípico conservador llegara a abrazar posiciones que poco tenían que ver con su trayectoria anterior.

Trump llegó a ser presidente en 2016 y, si no pueden evitarlo, volverá a postularse en las elecciones de 2024. Cuando ganó las elecciones, lo hizo con una campaña atípica, basada en la confrontación, la incorrección política y una marcada pose de rebelde enfocada hacia una lucha contracultural. Apelaba directamente a las masas, su liderazgo no se centraba en su partido, sino que se proyectaba más allá, interpelaba a la sociedad de forma directa. Promovió una llamada al patriotismo y con su lema *Make América Great Again* llamaba a la movilización contra los que gobernaban. Por supuesto, la cuestión migratoria también estuvo en el centro del debate político. Sus maneras populistas y su buen uso de la demagogia lograron un fuerte impacto en la sociedad estadounidense, y logró hacer un espectáculo de la política nacional, del que salió muy favorecido.[17]

Aunque no se puede denominar al Partido Republicano como de derecha radical, sí es cierto que colaboradores de peso de Trump, sectores completos e incluso él mismo, en muchas ocasiones, sí lo han sido, y de seguir o extender su hegemonía en el partido, este lo terminará siendo, lo cual hoy en día es bastante factible.

La *alt-right* se construyó como una reacción a la imposición de la cultura de la nueva izquierda en Estados Unidos. Aprendieron de las tácticas de la izquierda y las usaron en su contra, lo que se ha visto de forma especial en las redes sociales. Lugar en donde han sabido articular no solo una respuesta efectiva y contundente, sino una cultura trol que ha permitido atacar de forma sistemática a la izquierda allí donde hasta entonces había tenido la hegemonía de forma indiscutible, logrando hacer la contra al ciberactivismo y a la corrección política.[18]

Bannon fue capaz de articular un movimiento que aglutinaba desde conservadores clásicos hasta neonazis. La hegemonía era suya y, a pesar del rechazo de las tesis, de la estética y de las actuaciones de grupos tradicionalistas y fascistas racistas, fue capaz de concitar el apoyo de muchos de ellos.[19]

La influencia de Alain de Benoist y de la Nouvelle Droite es incontestable en la Agrupación Nacional de Le Pen y, anteriormente, en el Frente Nacional; también lo es en el expresidente de Brasil, Jair Bolsonaro; en el presidente húngaro Viktor Orbán; en Vox y Santiago Abascal en España; o en movimientos como Casa-

Pound, entre otros muchos más. Incluso hay rasgos de la influencia de la Nouvelle Droite en partidos que aún mantienen influencias o sectores liberales[20] o de derecha clásica fuertes, como Giorgia Meloni y su partido Hermanos de Italia.

Como ya se ha señalado, Vox aún tiene un sector liberal o conservador clásico considerable en su interior, pero está en un proceso de cambio y de primacía del sector que busca homologar el partido con el resto de las organizaciones que a nivel internacional se agrupan dentro de los nuevos partidos populistas de derechas. El fomento de la figura de Abascal es un buen ejemplo de ello: buscan que supere los marcos partidarios, encumbrarlo y que conecte directamente con la sociedad española, como líder que no es de un partido, sino de un movimiento que debe ser mucho más amplio. El sector más liberal está siendo desplazado y sus principales figuras se están quedando como afiliados de base o dejando directamente la estructura del partido y embarcándose incluso en nuevas aventuras políticas.[21]

En 2016, los líderes de Vox copiaron el lema de Trump y promovieron el «Hacer a España grande otra vez».[22] Han impulsado la realización de acciones de cara a la galería como cuando Abascal se encaró con unos manifestantes en Cataluña,[23] han fundado un sindicato inspirándose supuestamente en el sindicato polaco Solidaridad y han declarado la guerra contracultural a lo que ellos señalan como *woke*, al más puro estilo de la derecha radical y populista del resto de Occidente.[24]

Vox ya es un partido de derecha radical, aunque queden restos aún de derecha más clásica en su interior. Sus líneas de trabajo, sus posicionamientos ideológicos e incluso la estética y la pose política que tienen son los de la nueva derecha.

Por último, es necesario destacar, aunque hay muchos más ejemplos que se podrían poner, a Viktor Orbán y a su Gobierno en Hungría. Orbán ha apostado por recuperar los viejos valores cristianos en la sociedad; se ha apartado de las imposiciones de

Bruselas, usando a la UE para lo que le conviene, pero contraviniéndola en todo lo que considera contrario a sus intereses;[25] ha defendido cierto intervencionismo social contrario al liberalismo; ha construido una imagen de líder fuerte y populista que sobrepasa con creces la esfera de su partido; defiende soflamas patrióticas y ha declarado la guerra cultural a la izquierda occidental,[26] centrándose en la lucha contra el modelo migratorio actual y sus consecuencias, lo cual le ha granjeado un gran apoyo social.[27]

La derecha radical en España

Tradicionalistas

La derecha radical en España en un principio fue tradicionalista, de carácter intransigente frente a toda apertura, contraria al liberalismo y partidaria de volver al absolutismo. Tenía un fuerte componente religioso y de defensa de las tradiciones; además, no dudaba en usar la violencia para intentar imponer sus posiciones y objetivos políticos, sin renunciar a cierto carácter de masas basado en preceptos religiosos. De los partidarios de Fernando VII se pasaría al movimiento carlista,[28] el cual tendría una gran fuerza, llegando a producirse tres guerras, si no contamos los alzamientos y la Guerra Civil española, en la que también participaron.

Para los tradicionalistas la cuestión religiosa debía legitimar la acción política, y se veía a la modernidad como un peligro para la tradición, la religión y la esencia de España. El tradicionalismo no se ciñó solo a los carlistas; también existió un conservadurismo autoritario no carlista, identificado con los reyes de la rama principal, pero que incluso llegaron a mantener posiciones posibilistas o accidentalistas, siendo el ejemplo más claro de esto la Confederación Nacional de Derechas Autónomas (CEDA) durante el periodo republicano.[29] El ruralismo, el carácter de masas y la importancia del líder son rasgos relevantes de los tradicionalistas. José María Gil-Robles es un buen ejemplo de líder tradicionalista radical, que durante el auge del fascismo decidió tomar prestado algunos rasgos de estilo del que para ellos era el fenómeno de época.[30]

Acción Española o el Partido Nacionalista Español son otros dos buenos ejemplos de partidos tradicionalistas. Durante el periodo republicano todas las organizaciones tradicionalistas estuvieron bajo la influencia del auge del fascismo, es decir, sufrieron cierto proceso de fascistización, aunque no llegaron a ser fascistas. El PNE se parecía más al típico grupo de reacción del Gobierno durante la monarquía de Alfonso XIII que a una milicia de tipo fascista. No buscaban el nuevo Estado fascista o corporativo, sino que querían volver a la situación previa a la llegada de la República.[31]

José Calvo Sotelo, líder del Bloque Nacional, llegó a definirse fascista en su última intervención en el Parlamento antes de su muerte,[32] a pesar de que era monárquico y tradicionalista, ya que pensaba, al igual que Gil-Robles, que el fascismo era un fenómeno de época, y que España, al tener una base católica, no podía ir por otro camino que no fuera la defensa de la religión y de la tradición española, reconociendo su carácter de masas anticomunista y la oportunidad de usarlo en su favor.[33] Hasta los carlistas tomaron prestados rasgos del fascismo, a pesar de su clara esencia tradicionalista. Sus juventudes llegaron a hablar de revolución carlista.[34]

En España, los tecnócratas o burócratas no tuvieron fuerza hasta avanzada la dictadura de Franco, ni tampoco la tendrían las derechas conservadoras radicales no religiosas.[35] En el periodo final del régimen de Franco sí surgieron pequeños grupos cuyo centro no eran el catolicismo y la tradición española.[36]

Ya antes de la dictadura del general Franco, en plena guerra, las fuerzas tradicionalistas fueron absorbidas como todas las demás organizaciones del Movimiento Nacional, con el Decreto de Unificación de 1937, constituyéndose Falange Española Tradicionalista y de las Juntas de Ofensiva Nacional Sindicalista (FET y de las

JONS), bajo el dominio del que posteriormente sería el dictador.[37] Aunque desaparecieron como tal las organizaciones, los tradicionalistas, encuadrados en el partido del régimen, tuvieron una situación privilegiada dentro del mismo.

Durante la dictadura se exacerbaron el nacionalismo español, el culto al líder, la defensa de la tradición y de la religión católica, se mantuvo una intransigencia contra todo aquello que atentara contra los principios del Movimiento, se llevó a cabo la represión violenta de la oposición y se defendió lo que ellos llamaban los valores de España. En el periodo final de la dictadura tuvieron una gran importancia los católicos del Opus Dei, que desplazaron a otros sectores del régimen.[38]

Tras la dictadura, el partido Fuerza Nueva, dirigido por Blas Piñar, llegó a sacar representación parlamentaria a la par que mantuvo una fuerte y violenta actividad en las calles.[39] Aunque han sido señalados como fascistas por sus actitudes violentas, siempre fueron un grupo católico tradicionalista radical.[40] Eran un partido, antes ya eran revista, que continuaba con los elementos y posicionamientos tradicionalistas y autoritarios de la dictadura.

Tras el asentamiento de la democracia, las organizaciones tradicionalistas no asociadas a las nuevas derechas populistas entraron en una situación de debilidad extrema que dura hasta la actualidad. No existe ninguna organización relevante. Los carlistas están prácticamente disueltos después de problemas dinásticos y luchas intestinas; las Falanges de inspiración franquista son marginales y están enfrentadas entre sí; y el resto de las organizaciones o han desaparecido o no merece la pena ni nombrarlas. Vox ha sido capaz de aglutinar a los conservadores radicales en torno a un proyecto de nueva derecha populista que poco o nada tiene que ver con las organizaciones antes descritas, más allá de algún símbolo, alguna característica y alguna referencia retórica vacía.

Fascistas

Antes de realizar una introducción a los orígenes de este movimiento es necesario aclarar qué es el fascismo, ya que hay una gran disparidad de opiniones al respecto. Hoy en día se suelen confundir los tres tipos de derecha radical con los fascistas, incluso se señala como tales a grupos con actitudes conservadoras no radicales. Por otra parte, algunos grupos identitarios[41] señalan que el fascismo fue un fenómeno de época y que no puede repetirse tal y como fue. Las definiciones que se suelen dar desde la historiografía suelen ser un conjunto de características, tendencias y rasgos que conformarían la realidad del fascismo como fenómeno ideológico y político. Algunas de estas definiciones son más acertadas que otras, que tienden de nuevo a confundir todo lo represivo, sobre todo en un sentido de masas, con el fascismo.

Desde el marxismo dogmático[42] también se tiende a malinterpretar la definición clásica marxista de qué es el fascismo, cayendo en el error de bulto de confundir represión, partido único y autoritarismo como fascismo. También hay que tener en cuenta que la propia Komintern tuvo que rectificar su posición frente al fascismo,[43] cambiando su definición o caracterización varias veces[44] a lo largo del periodo comprendido entre poco antes del V Congreso de la Internacional, el VI y el VII. En este último se apostó por el Frente Popular, definiendo Dimitrov de nuevo qué era el fascismo y las tácticas que usar frente a él.[45] Antes de este cambio, la Komintern cayó en posiciones izquierdistas con la política del clase contra clase, analizando mal el fenómeno, las condiciones materiales que lo rodeaban e incluso señalando a los socialistas como socialfascistas, reduciendo a fascismo todo lo que fuera reaccionario.[46]

La definición que se suele tomar por clásica desde el marxismo es la realizada por Dimitrov. Aunque esta es una definición por lo general válida, es cierto que algunos aspectos definitorios y relevantes del fascismo no son tratados y, por tanto, no es suficiente para caracterizar este fenómeno. Siguiendo su hilo argumental, los tres tipos de derechas radicales serían fascistas. No obstante, ya existía el tradicionalismo y el autoritarismo antes del fascismo. La evolución dentro de la sociedad moderna, o en contacto con ella, de estos movimientos no debe ser catalogada de fascismo, pues sería caer en un error que solo distorsionaría la comprensión del fenómeno.

La definición tiene validez, pero es incompleta, sin duda fruto de la necesidad de establecer una guía de acción contra el avance del fascismo en Europa en aquellos años por parte del movimiento comunista. Además, lo señalado en el VII Congreso es más aplicable a los casos concretos que sucedieron en Europa que al fenómeno desde una perspectiva global y, por tanto, de desarrollo en países fuera del marco occidental. Los grupos fascistas, aunque no obtuvieron la relevancia del movimiento europeo, existieron en todos los continentes.

Dimitrov define el fascismo como la dominación autoritaria de la burguesía, señalando a este como «el poder del propio capital financiero» y apunta «que es la dictadura terrorista abierta de los elementos más reaccionarios, más chovinistas e imperialistas del capital financiero». También lo señala como la fuerza de choque de la contrarrevolución, especialmente caracterizada por su furibundo anticomunismo. Añade que usa una «demagogia anticapitalista, muy hábil y que llega al poder como el partido del asalto contra el movimiento revolucionario».[47]

Si bien el fascismo representa los intereses del capital financiero y está a su servicio, utiliza el terror como método principal de dominación, es reaccionario, apuesta por la contrarrevolución, va al asalto a la toma del poder, es nacionalista y chovinista, y tiene, por lo general, un carácter imperialista y anticomunista. Hay una serie de cuestiones a tener en cuenta que solo con esta definición puede llevar a desdibujar el fenómeno a analizar. Es necesario completar las características definitorias del fascismo.

Estar al servicio del capital financiero, o ser directamente la fuerza del capital financiero, no es algo exclusivo del fascismo. La ideología *woke* o posmodernismo ideológico también es una ideología del capital financiero, además, bastante intransigente. Tampoco el uso del terror para imponerse a las masas es algo exclusivo de los fascistas: la definición, o la acotación de esta, es fruto del momento histórico que vivieron.

Por supuesto, el fascismo fue un fenómeno de época, como afirman los identitarios. De hecho, tras la llegada de Hitler al poder, se internacionalizó,[48] pero la ideología, e incluso el movimiento político, sobrevivió a ese momento de esplendor o edad de oro del fascismo. Por lo tanto, su definición como fenómeno de época no es válida, pues es muy incompleta, aparte de que no desarrolla un análisis de clase acertado. Mussolini llegó a afirmar que «el fascismo no tenía dogma y que era una doctrina en movimiento»,[49] y con el tiempo se constituiría lo que el propio dictador denominó «estilo fascista».

El fascismo es un movimiento de masas que surge como reacción al avance del movimiento revolucionario tras la Revolución rusa de 1917. Es fruto de la modernidad y, por tanto, tiene diferencias significativas con los tradicionalistas, aunque mantiene el apego por las tradiciones e incluso por la religión. Defiende desde la contrarrevolución y la reacción más agresiva los intereses del gran capital.[50] Tiene un carácter violento y militarista[51] y una predisposición firme de tomar al asalto el poder si es necesario,[52] incluso frente a otros grupos reaccionarios.

Construye un relato de heroísmo, épica y sentimiento colectivo nacionalista, dando una especial relevancia a la fuerza de la voluntad. Defiende el culto al líder y las virtudes de la obediencia y la disciplina. Para la organización estatal, apuesta por la dictadura férrea del gran capital, con un carácter autoritario[53] y represivo. El terror es su principal arma,[54] aunque el fascismo tiene peculiaridades nacionales y, además, está la cuestión de la correlación de fuerzas que pueda tener en un país determinado, dándose el caso de que necesite establecerse temporalmente de otra forma que no sea la de la dictadura férrea. Pero es la dominación autoritaria del gran capital, que supuestamente se impone para frenar el desorden y el peligro de la revolución y del comunismo. Apuesta por la conciliación de clases, reconociendo el derecho de propiedad privada. En sus regímenes existen las empresas no nacionalizadas y la explotación del hombre por el hombre, y defiende al empresario nacional frente al de otros países.

Se autodenominan posmarxistas y no preliberales,[55] y aducen que son revolucionarios, pero nacionales. Hay autores que hablan de que son la derecha revolucionaria, pero es pura soflama, o por lo menos usan el término en un sentido distinto al de la transformación social o de la socialización de los medios de producción de la visión marxista. A pesar de sus soflamas anticapitalistas o de su marcado obrerismo, en algunos casos, sus ataques son contra el capitalismo liberal, no contra el capitalismo en sí, del cual, sin duda, son uno de sus garantes si el sistema está en juego por la pugna de las fuerzas revolucionarias. Se ven a sí mismos como el *orden*, como los responsables de la supervivencia de la esencia de la nación, y, por tanto, tienen un claro factor conservador o tradicionalista, generalmente muy vinculado con lo religioso.[56] Además, apelan a la juventud como fuerza de choque para los grandes cambios requeridos en la nación.

En España, el fascismo se vio influido por la religión y el catolicismo. Ernesto Giménez Caballero fue, a través de las páginas de *La Gaceta Literaria,* uno de los precursores del fascismo en el país, además de influir en otros fascistas que fundaron organizaciones políticas, como José Antonio Primo de Rivera o Ramiro Ledesma. La visión de Giménez Caballero del fascismo era indisoluble de la tradición y del catolicismo.[57] Sobre la llamada peculiaridad española sobre el fascismo también hablaría Ledesma. Según él, España tenía una serie de características históricas que obligaban a encontrar una fórmula española, en vez de copiar la italiana, independientemente de que le gustara.[58] Debido a esta cuestión, personajes históricos representativos del fascismo español buscaron otras fórmulas para definirse, aunque en la práctica sí eran fascistas, por mucho que apostaran, como Ledesma o Primo de Rivera, por el nacional-sindicalismo. De hecho, algunos grupos fascistas que no se definían como tales no tenían ningún problema en señalar como fascistas a otros grupos de esta tendencia.[59]

En España, además, es necesario tener en cuenta que la gran mayoría de las organizaciones no fascistas de la derecha radical tomaron rasgos o características del fascismo. Lo veían como un movimiento de masas triunfal, como un fenómeno de época en ebullición y con el cual era imposible no interrelacionar. Así, organizaciones que no eran fascistas como la CEDA y sus juventudes, las JAP; el PNE de Albiñana; los monárquicos autoritarios, con Calvo Sotelo a la cabeza, e incluso los carlistas tomaron cuestiones relacionadas con el fascismo como propias, destacando las relacionadas con el plano estético. En otras palabras, tuvieron cierto proceso de fascistización, aunque no llegaron a ser fascistas en ningún momento, manteniendo su esencia tradicionalista.

Para comprender el desarrollo en España de estos grupos, es necesario exponer los presupuestos ideológicos y políticos de forma resumida de las organizaciones principales que fueron pioneras del fascismo en España y cuyas figuras y posicionamientos siguen influyendo en los grupos más actuales, sin haber conseguido nunca superarlos en lo político, en lo organizativo y en el desarrollo teórico.

La Conquista del Estado, Ramiro Ledesma, las JCAH y las JONS

El primer grupo fascista como tal fue el dirigido por Ramiro Ledesma, *La Conquista del Estado*, que era una organización y un semanario. En sus páginas llamaba a las masas a la acción, destacando la importancia de la juventud y de la clase obrera. Usaron una fraseología pseudorrevolucionaria y, debido a su alta composición universitaria, desplegaron una intensa batalla cultural.[60] Hablaban de revolución, conquista, lucha y violencia, pero recibían financiación de los grupos monárquicos conservadores, destacando las aportaciones de la oligarquía financiera vasca.[61] Estos querían que dejaran las consignas revolucionarias y usar a Ledesma y su grupo como tropa de choque contra los grupos y partidos revolucionarios, especialmente frente a socialistas, anarquistas y, posteriormente, con los comunistas.

Lo nacional tiene para él una gran importancia, en unión con la tradición, la cultura, y la historia, relacionándolo todo con la idea imperial y el necesario resurgir de la patria. Tuvo una gran influencia del ruralismo castellano, sobre el que pretendía fomentar la exaltación española. Para él, el centro de la realidad española eran las provincias, no la capital, y en especial los municipios, villas y ciudades bien estructuradas en comarcas, aunque bajo el claro dominio del Estado.

La lucha contra el comunismo fue de importancia capital para el grupo, que lo consideraba el enemigo principal de la patria, seguido por su aversión a lo liberal y a los grupos separatistas. El comunismo debía ser aniquilado y superado también teóricamente, pues, para Ledesma, era un movimiento o una ideología que defendía intereses extranjeros. Defendían la sindicación de todas las fuerzas económicas bajo el control del Estado y la expropiación de los grandes terratenientes, repartiendo sus tierras, no socializándolas, fomentando así una especie de explotación cooperativa.[62]

Se organizaron en células, y la violencia era para ellos el método principal para la consecución de sus objetivos. Cuando se constituyeron como Juntas de Ofensiva Nacional Sindicalista tenían más proximidad con un partido-milicia que con ningún otro tipo de organización política, y fueron el inicio del escuadrismo fascista en España.[63] Su propuesta para la toma del poder era la insurrección, y apostaban por la revolución nacional y la constitución de una república autoritaria. También apelaron a la épica, a la consecución de gestas, al culto a la violencia y, por supuesto, al ímpetu revolucionario. Ledesma fue el principal teórico en la construcción de este nacionalsindicalismo, pensamiento que fue adoptado también por la Falange de Primo de Rivera.

Por presión de los oligarcas vascos que los financiaban, fueron fundadas las JONS, como fruto de la unión de dos grupos: el de Ledesma, *La Conquista del Estado*, y la Juntas Castellanas de Actuación Hispánica (JCAH), de Onésimo Redondo.[64] Este último grupo tenía una influencia católica y rural más marcada, es decir, un carácter más tradicionalista, cayendo incluso en planteamientos racistas. Eran anticomunistas y apostaban por la dictadura nacional y popular, por un Estado corporativo.[65] Su feudo se encontraba en Valladolid.

Aunque las JONS tuvieron reticencias frente a Falange, de nuevo, por presiones de quienes los financiaban, acabaron aceptando una unión con ellos, conformándose Falange Española de las JONS (FE de las JONS). Tras una serie de complicaciones y contradicciones, Ramiro Ledesma rompió con Falange llevándose a un pequeño grupo hacia un intento de refundación de las JONS. Onésimo Redondo, junto a otros antiguos jonsistas, decidió quedarse en Falange con Primo de Rivera.[66]

Falange Española, Primo de Rivera y Falange de las JONS

José Antonio Primo de Rivera fue una de las personalidades más destacadas e influyentes de la primera mitad del siglo XX en España. Con grandes dotes de orador, carisma, un discurso vehemente, místico, era muy capaz de hacer sentir la llamada a la acción, a la heroicidad y a conseguir grandes gestas por la patria. Su discurso fue de un carácter más existencialista y poético que el de Ledesma y tenía una esencia más conservadora, sobre todo durante los primeros años de Falange.

Apostó por la violencia, aunque se vio condicionado a hacerlo de una forma más intensa de lo que él quería. También estuvo supeditado a la financiación de grupos monárquicos y de la Italia de Mussolini, aunque la ayuda de esta última estuvo acotada en el tiempo y dejó de llegar cuando fue encarcelado. Apoyó el Golpe de Sanjurjo, la Contrarrevolución de 1934 y tanto los miembros de Falange como los de las JONS antes de la fusión realizaron acciones de esquirolaje y defensa de los patronos en los conflictos sindicales.

Primo de Rivera defendió que el fascismo no era una táctica (la violencia), sino una idea (la unidad). Para él, había que anteponer la unidad histórica de la patria a las clases o partidos. Al igual que Ledesma, señaló la especificidad de nuestro país en cuanto a cultura y tradiciones, por lo que en España el fascismo no tendría desarrollo, de nuevo la fórmula española.[67] Este es el motivo por el que tampoco se definía como fascista, aunque sí lo fuera.

Compartía el anticomunismo de Ledesma, pero tenía una apuesta más firme por la tradición, la familia y la religión. Por supuesto, también era un férreo enemigo de todo lo que fuera liberal.

Falange Española se fundó en 1934 en el Teatro de la Comedia de Madrid. Desde el principio fue capaz de ir imponiéndose al resto de las opciones de la derecha radical, recibiendo militantes del resto de organizaciones, sobre todo de sus juventudes. Las JONS terminarían uniéndose a Falange, y Primo de Rivera pasó de un triunvirato al poder absoluto: fue elegido primer jefe de Falange de las JONS. Fue capaz de imponerse a aquellos que le disputaban el liderazgo, incluido Ramiro Ledesma, que terminó abandonando la organización acusándolo de conservador.

No fue la representación electoral lo que encumbró a Falange, sino el despliegue de olas de violencia y del escuadrismo fascista en España, el cual les valió el respeto y admiración de las juventudes y sectores de todos los partidos contrarrevolucionarios. A pesar de ello, sufrieron muchas presiones por parte de los grupos que los financiaban, incluido, por supuesto, los monárquicos, que llegaron incluso a crearles problemas internos. El artículo de Primo de Rivera publicado en el tercer número de *No Importa*,[68] «Vista a la derecha. Aviso a los "madrugadores" la Falange no es una fuerza cipaya», muestra a las claras las dificultades que tuvieron a este respecto.

Primo de Rivera fue detenido, encarcelado y fusilado al inicio de la Guerra Civil, pero su sombra política e ideológica seguiría vigente en las organizaciones de la derecha radical hasta la actualidad, suceso que también ocurrió con Ramiro Ledesma.

El Decreto de Unificación. La debacle de las organizaciones fascistas

La llegada a lo más alto dentro del Movimiento Nacional del general Francisco Franco tuvo graves repercusiones para toda la escena de la derecha radical en España. Los principales líderes de los grupos más relevantes, Albiñana, Primo de Rivera, Onésimo Redondo y Ramiro Ledesma, entre otros, habían fallecido, por lo que las organizaciones, destacando Falange, se encontraban sin un liderazgo fuerte.

Esta última, debido al prestigio ganado en su esfera de influencia en el periodo anterior al fallido intento de golpe de Estado y al inicio de la Guerra Civil, tuvo un crecimiento exponencial.[69] La falta de liderazgo y de cuadros llevó a una agria disputa interna que acabó con la victoria del sector de Manuel Hedilla elegido nuevo jefe de la Falange. Durante el conflicto se desató la llamada crisis de Salamanca, en la cual llegó a haber muertos.

Franco decidió aprovechar la situación, y, con el concurso de Ramón Serrano Suñer, llevó adelante el Decreto de Unificación en 1937, mediante el cual unificaba Falange con los carlistas, disolviendo el resto de las organizaciones y erigiéndose en líder de todos. El nuevo partido se llamó Falange Española Tradicionalista y de las Juntas de Ofensiva Nacional Sindicalista (FET y de las JONS).

La unificación fue forzosa y, debido al poder militar que tenía Franco, apenas hubo resistencias. Solo las de Hedilla y de algunos miembros de su círculo y una leve resistencia de sectores de Comunión Tradicionalista. Hedilla y algunos de sus seguidores fueron condenados a muerte, aunque las condenas serían conmutadas por penas de cárcel. Todos terminarían saliendo en pocos años. Algunos acabaron acatando a Franco y ocupando puestos de cierta relevancia durante su régimen, por ejemplo, José Luis de Arrase. Fal Conde, líder del carlismo, tuvo que exiliarse.[70]

Tras la victoria en la Guerra Civil, comenzó el régimen dictatorial de Franco, las organizaciones de la derecha radical dejaron de existir y no volvieron a formarse hasta la última etapa del franquismo. Las actividades de los «opositores» al régimen fueron nimias y sin mayor incidencia.

¿Y después de la dictadura?

Ya en los últimos años de la dictadura y en los primeros de la Transición, surgieron grupos como Fuerza Nueva, sus juventudes y escisiones más radicales de esta; el Círculo Español de Amigos de Europa, CEDADE, en 1966; y nuevos grupos falangistas, enfrentados entre ellos. Ninguno consiguió alcanzar la relevancia que habían tenido este tipo de organizaciones en el periodo de la República y los inicios de la guerra.

El grupo que más destacó fue Fuerza Nueva, pero no consiguió ni de lejos la relevancia de antaño, a pesar de que consiguió un diputado y desplegó una campaña violenta en las calles. Posteriormente, y como fruto de la tendencia decadente de estas organizaciones, la mayoría terminó disolviéndose, quedando de esa época poco más que grupúsculos falangistas sin importancia de ningún tipo.

Con el paso de los años, surgieron otros grupos, pero con aún menos apoyo e influencia que los de la Transición. El único que realmente dio de lado las tendencias ultras en que cayeron este tipo de organizaciones e intentó salir, sin éxito, de la marginalidad fue el Movimiento Social Republicano (MSR).[71] El resto de las organizaciones están en una situación cercana a la disolución y no merece la pena ni nombrarlas.

En algunos países de Europa este tipo de organizaciones están resurgiendo, como por ejemplo el partido Espartanos en Grecia, heredero de Amanecer Dorado. Sin embargo, parece que en España van a tardar más en poder volver a articularse, a pesar de la situación favorable a su crecimiento por las condiciones actuales de Europa, sobre todo con respecto a la inmigración masiva y el islamismo. El partido de la nueva derecha populista, Vox, les ha quitado el espacio, y habrá que observar con atención qué sucede cuando ese partido empiece a decepcionar a muchos de sus votantes.

Nueva derecha populista

En España, la nueva derecha populista, influida por la Nouvelle Droite, está representada por el partido Vox. Aunque sus inicios están ligados a disidencias o a determinados sectores provenientes del PP, una vez convertido en un nuevo partido han tenido una evolución que, hoy en día, continúa aproximándolo más a otros partidos europeos con rasgos identitarios, a la nueva derecha populista, que a un partido liberal-conservador al uso.

Cuando Santiago Abascal renunció a su militancia en el PP,[72] expresó su reconocimiento hacia José María Aznar, Jaime Mayor Oreja, Carlos Iturgaiz y María San Gil, entre otras personalidades, dejando claro que, en un principio, seguía reconociéndose en ese PP aznarista, y que se iba debido a las concesiones frente a ETA y a su movimiento político, en especial por la excarcelación de presos.[73]

Vox inició su andadura desde el prisma liberal-conservador, y no tardaría mucho en darse cuenta de que, sin evolucionar hacia algo nuevo, no conseguiría nada. El inicio del proceso de cambio se dio cuando comenzó a tener contacto con organizaciones de la nueva derecha populista europea, ya que era el PP con quien las organizaciones liberal-conservadoras de otros países tenían relación. Así, comenzó a tener relación con el Frente Nacional de Francia, con el que compartía la apuesta por la soberanía nacional, la lucha contra lo *woke* y la identidad cristiana.[74] El proceso de radicalización había comenzado.

Dentro de Vox se desarrolló una pugna entre el sector liberal-conservador y los que apostaban por convertir el partido en una organización de la nueva derecha populista europea, con una fuerte defensa de la tradición, pero modernizando algunos aspectos y enfocando las cosas de una forma más radical. En esta pugna están primando los segundos sobre los primeros, desplazando cada vez más al partido hacia sus posiciones. La creación del sindicato Solidaridad es un buen ejemplo de ello. Se hace difícil pensar en un partido liberal fomentando la creación de un sindicato, aunque sea un sindicato al servicio de la patronal, como en este caso.

Ideológicamente, las principales características de Vox son la defensa de la identidad española, desde posiciones nacionalistas; la defensa de las tradiciones, la monarquía y la religión católica, siendo de naturaleza conservadora; son antiislamistas y reivindican la lucha contra la inmigración ilegal, aunque tienen una visión laxa y parcial del problema migratorio en su conjunto. Apuestan por una defensa vehemente de la unidad nacional española, confrontando con los nacionalismos periféricos; defienden postulados hispanistas y pretenden recuperar la soberanía nacional. Son anticomunistas, no tienen miedo a polarizar y defienden la incorrección política; apuestan por un liderazgo fuerte, con Abascal a la cabeza, y han declarado una guerra cultural contra lo que ellos denominan la ideología de género y, en general, todo lo *woke*. Todo lo liberal, sobre todo en lo económico, está en proceso de retroceso dentro del partido.

Han adoptado los métodos discursivos modernos y de acción de la nueva derecha populista, avanzando a pasos forzados para terminar siendo una organización homologable a otros partidos y movimientos de Europa. Están enfocados en la batalla cultural y expulsan o controlan a los ultras más radicales que se han ido introduciendo en el partido. Vox les ha quitado el espacio político a organizaciones más radicales de la derecha o fascistas, llevando un discurso que cada vez se parece más, por ejemplo, al que defiende Marine Le Pen en Francia. De momento, no realiza una llamada a la violencia ni un desempeño de la misma: es un partido electoral, más preocupado en atraer votos y conseguir representantes que en otra cosa.

Actualmente está en un proceso de cambio, con la voluntad de erigirse como el partido de la derecha radical más fuerte e influyente desde la época republicana,[75] aunque su estructura de partido nada tiene que ver con las de entonces.

11
A MODO DE REFLEXIÓN

La derechización de los trabajadores y su viraje tanto en voto como en simpatía y militancia hacia opciones de la nueva derecha radical y populista, o a otras opciones diferentes en algunos países,[1] no se puede disociar de sus condiciones materiales y de los problemas y necesidades que surgen de estas y de la negación por parte de las organizaciones y partidos de izquierda de sus problemáticas. En muchas ocasiones, no solo las niegan, sino que además señalan a quienes padecen esos problemas como los culpables de los mismos. Por ejemplo, culpando a un supuesto racismo por parte de los trabajadores que viven en los barrios con gran afluencia de inmigración de las consecuencias nefastas del modelo migratorio: masividad, separación, marginación, islamismo, criminalidad, choque cultural, etcétera.

Desde la izquierda se suele aducir que el auge de la derecha radical se debe a relatos falsos, a políticas de odio y al populismo, como si ellos no fueran populistas, no construyeran relatos falsos a conveniencia y no hicieran uso de la cultura de la cancelación a la política como arma para imponer su pensamiento. El auge de la derecha radical se debe a condiciones materiales, a la realidad política, social y económica en que vivimos, entre otras cuestiones, y al mal hacer de la nueva izquierda, no a simples relatos construidos en el aire, pues si fuese así no tendrían el apoyo y la relevancia que han logrado.

Han conseguido llegar al poder en Hungría con Orbán, en Italia con Meloni, en Estados Unidos lo consiguieron con Trump, en Brasil gobernaron con Bolsonaro, tienen situaciones ventajosas[2] en Francia, Alemania y los países nórdicos y continúan avanzando en la casi totalidad de los países europeos donde este tipo de fuerzas hace ya mucho tiempo que dejaron de ser algo marginal. En Grecia, hay tres partidos considerados de la derecha radical con más de diez diputados y, en España, Vox es la tercera fuerza parlamentaria. El avance de la derecha radical es innegable, especialmente en Europa.

Los cambios acaecidos por la recién consolidada nueva izquierda tras los procesos de Mayo del 68 hicieron que las organizaciones revolucionarias y obreras dieran de lado las necesidades de los trabajadores, dejando de ser como eran y comenzando a defender luchas parciales, a las minorías y a dictados de lo que antes habían combatido: el sistema capitalista. Pasaron de defender la revolución, la lucha de clases y el socialismo a compartir agenda con las grandes empresas.

Permitieron que los barrios obreros se degradaran, que creciera la criminalidad y que vinieran a vivir millones de personas del extranjero con las que no se compartía muchas cuestiones importantes, produciéndose un gran choque cultural. La clase obrera sufrió un proceso continuo de depauperación: en el caso español, acabaron con las huelgas, incluso con las parsimonias, no se hable ya de huelgas combativas. Señalaron a los individuos de la falta de sostenibilidad del planeta, en vez de señalar a los verdaderos culpables: los que producen e inducen al individuo a consumir. Acabaron, o están en ello, con las identidades que nos unían a otros, atacando la colectividad para aislarnos más y conseguir consumidores obedientes; con el feminismo criminalizaron al hombre y promovieron la discriminación, terminando por actuar en contra de la propia mujer con sus teorías sobre que ser mujer es un sentimiento; promovieron el adoctrinamiento entre grupos cada vez más jóvenes, incluida la cuestión del «cambio de sexo»; apostaron por el odio contra todo lo nacional y por avergonzarse de la historia, la cultura y las tradiciones del país para impulsar el cosmopolitismo, la cultura del consumo transgresor norteamericana.

Ante este panorama, ¿qué esperaba la nueva izquierda? Se fue gestando un claro rechazo de los obreros que no se sentían ni se sienten identificados con las premisas *woke* que afectan y atentan contra todo lo que son.

Con el paso de los años, las organizaciones obreras y revolucionarias dejaron de serlo y se convirtieron a lo *woke*, comenzaron a defender posicionamientos e intereses que no eran de clase, como los que mantuvieron en el pasado. La ideología del posmodernismo ideológico, la ideología de la nueva izquierda, es contraria a la lucha de clases, y pasó a ponerse al servicio del sistema, que, disfrazado bajo pretextos y estética supuestamente de progreso, realiza una labor reaccionaria.

En este contexto, es cuando la derecha radical comenzó a ganar apoyos y dejó de ser algo marginal en varios países de Europa. Pero no se quedó ahí, diseñó una estrategia de reestructuración, tomó instrumentos de la nueva izquierda y de sus métodos, adaptando lo que podía usar en contra de la izquierda, llevando la lucha a lo contracultural e ideológico y a las nuevas estrategias de medios de comunicación, redes sociales y políticas de masas. La nueva derecha tuvo su propio Mayo del 68 partiendo de la Nouvelle Droite francesa, perfeccionando su forma de actuar hasta la actualidad. La nueva derecha se modernizó y abandonó los posicionamientos y las tácticas que solo la condenaban a la marginalidad y a la desaparición.

En unas pocas décadas consiguieron articular nuevos métodos de hacer política que se han demostrado muy eficaces, llegando al poder en múltiples países y comenzando a conformar un movimiento internacional. La reacción de la izquierda ha sido perpetuar lo que ya hacían antes del despegue de la derecha y tachar a todo aquel que no comulgue con el pensamiento único del sistema de fascista o reaccionario. Esta estrategia de polarización máxima ha fracasado, pues la derecha radical ha sabido adaptarse y contrarrestar las medidas tomadas por la izquierda llegando incluso, como ya se ha dicho, a fortalecerse y tomar el poder en múltiples países, y no solo en Europa, aunque es el lugar en el que se está produciendo con más fuerza este fenómeno de derechización de los trabajadores.

Los métodos de la nueva izquierda se han demostrado inútiles: si mantienen sus posiciones, especialmente con respecto al multiculturalismo, el feminismo, el abandono de la lucha de clases y la inmigración masiva, el proceso de derechización no dejará de aumentar entre los trabajadores aupando más aún a las organizaciones de la derecha radical.

La nueva izquierda implantó los dogmas de fe del sistema y el pensamiento único, valiéndose de la corrección y la cultura de la cancelación política. La dictadura de lo políticamente correcto es una poderosa arma en sus manos, pero la contramedida a través del populismo, la incorrección política y la agresividad, en especial dialéctica, contra el enemigo de la derecha radical ha conseguido que esta, lejos de resentirse, siga avanzando con fuerza redoblada: ha sido capaz hasta de hacer la contra al ciberactivismo de la izquierda a través de una cultura trol organizada.

La derecha radical, o por lo menos aquellos que tienen la hegemonía en la actualidad, supo reaccionar al avance de la nueva izquierda, siendo capaz de superar los viejos estilos organizativos de la derecha y construir un nuevo estilo político, sabiendo dirigir la reacción ante lo que se convirtió en hegemónico en la izquierda a partir de 1968, en un movimiento a la ofensiva a nivel global, y estructurar una alternativa real que pudiera competir en igualdad de condiciones.

La nueva derecha radical ha sabido aprovecharse de las contradicciones de la nueva izquierda y del sentimiento de abandono que ha provocado en los obreros, quienes han buscado la solución a sus problemas en movimientos que nada habían tenido que ver con ellos hasta épocas recientes. Así, antiguos votantes del Partido Comunista han acabado apoyando a Le Pen en Francia, y este es solo uno de los ejemplos que se están repitiendo en múltiples países. En España también se está produciendo, aunque el fenómeno haya empezado de forma más tardía.

La única forma de evitar la derechización que se está produciendo en la mayor parte de Europa es construir una alternativa real a ojos de los trabajadores, que defienda sus intereses y se preocupe de sus problemáticas, proponiendo y llevando a la práctica medidas que den respuesta a sus necesidades. A la vez, debe ser un movimiento que sea capaz de afrontar a la nueva izquierda y sus políticas sistémicas y antiobreras. Es necesario construir una alternativa con un estilo propio, unos métodos políticos actualizados y modernos capaces de llevar a cabo la lucha en el terreno contracultural y en el ideológico, así como en los propios espacios obreros: en los centros de trabajo, de estudio y, por supuesto, en la calle.

Notas

1. ¿Por qué el obrero vota a la derecha?

[1] Dejean, 2022.

[2] Ministerio del Interior y Ultramar de Francia, 2022.

[3] Barrena, 2023.

[4] Sevillano, 2023.

[5] Ministerio del Interior de Grecia, 2023.

[6] Secretaría de Estado de Empleo y Economía Social, 2023, p. 25.

[7] El Frente Polisario está en guerra contra Marruecos desde 2022. La izquierda que se moviliza contra guerras lejanas ha dejado a un lado el conflicto en el Sáhara. La situación de los saharauis también es culpa de España, pues fue la potencia colonizadora y tenía la obligación de descolonizar el territorio de forma organizada para evitar sucesos como la Marcha Verde.

[8] Rodríguez de Paz, 2019.

[9] Término desarrollado por Michel Clouscard y que será abordado en el siguiente capítulo.

[10] Errasti y Pérez Álvarez, 2022, p. 15.

[11] Mariño, 2019.

2. ¿En qué mundo vivimos?

[1] Clouscard, 2021, pp. 246-247.

[2] Clouscard, 2019, pp. 44-45.

[3] Vaquero, 2019, p. 40.

[4] Clouscard, 2019, pp. 128.

[5] Monville, 2021.

[6] Esto puede constatarse si consultamos el aumento constante del gasto medio de los españoles en el sector de la moda *online*, que, en la actualidad, sigue siendo el sector líder de adquisición de productos a través de internet en España. Se recomienda consultar Orús, 2023a; y Orús, 2023b.

[7] Clouscard, 2019, pp. 84-85.

[8] Vaquero, 2019, pp. 158-160.

[9] El 68,2 por ciento de adolescentes consume pornografía de manera habitual. El 29,7 por ciento siente que consume más pornografía de la que le gustaría. Sanjuán, 2020, pp. 27-29.

[10] Vaquero, 2022, pp. 92-93.

[11] Clouscard, 2019, pp. 111-112.

[12] *Ibid.*, p. 64.

[13] Altamirano, 2020, pp. 160-161.

[14] Hubeñak, 2012, p. 12.

[15] González Ferrer y Queirolo Velasco, 2013, p. 84.

[16] Montagut, 2015.

[17] Marx y Engels, 1974, p. 94.

[18] Clouscard, 2021, p. 181.

[19] Clouscard, 2019, p. 98.

[20] Vaquero, 2022, pp. 92-93.

[21] Clouscard, 2021, p. 254.

[22] Clouscard, 2019, p. 103.

[23] Monzón, Agustín, «Ana Botín se suma al 8-M: 'La maternidad penaliza, no es un mito'», *El Independiente*, 8 de marzo de 2018.

[24] Saldremos Mejores, Talante y pa'alante con Zapatero, YouTube, 5 de julio de 2023.

[25] Marino Pérez Álvarez, *El individuo flotante: La muchedumbre solitaria en los tiempos de las redes sociales* (Deusto: 2023), p. 11.

[26] *Ibid.*, p. 81.

[27] Statista, 2023.

[28] Kemp, 2023.

[29] Araujo Robles, 2016.

[30] Echeburúa y De Corral, 2010, p. 93.

[31] Pérez Álvarez, 2023, p. 81.

[32] Vaquero, 2023c.

3. ¿Qué le ha pasado a la izquierda en las últimas décadas?

[1] Francisco Largo Caballero.

[2] Bajo ningún concepto se señala en este trabajo a los comunistas como parte de la izquierda, pues, aunque se han unido y participado a lo largo de la historia en muchas ocasiones con ella, no forman parte de esta. Lo hicieron para acometer tareas de frente de masas. El enfoque de este capítulo solo pretende adaptarse a lo que la gente suele creer sobre la izquierda y la derecha precisamente para oponerse a ello.

[3] Se refiere al proceso revolucionario de Octubre de 1934.

[4] Líster, 2007, p. 60.

[5] El nombre completo del líder del PNE es José María Albiñana Sanz.

[6] González Cuevas, 2023, pp. 318-319.

[7] Desde el punto de vista del autor, fue tras el XX Congreso del PCUS.

[8] Maestre, 2020.

[9] Comité Regional de Madrid del PCE (m-l), 2021.

[10] Nilsson y Warlenius, 2018.

[11] «El presidente del Círculo de Empresarios ve bien que el 8M…», 2018.

[12] Rocha, 2023.

[13] En el sentido que le da al término Clouscard, no el que se está poniendo de moda en la actualidad, sobre todo entre los personajes televisivos.

[14] Vaquero, 2019.

[15] Marcuse, 1971, p. 235.

[16] Dirigente anarquista en mayo de 1968. Posteriormente se movió hacia posiciones ecologistas y reformistas. Hasta junio de 2014 fue eurodiputado por el partido Europe Écologie y copresidente del Grupo de los Verdes.

[17] Juan María Sánchez-Prieto, «La historia imposible del Mayo francés», *Revista de Estudios Políticos*, n.º 112 (2001), p. 111.

[18] Vaquero, «Mayo del 68…», 87.

[19] Raymond Aron, «Reflexiones de un universitario», en *La revolución estudiantil* (San José: Editorial Universitaria Centroamericana, 1971), p. 230.

[20] Sánchez-Prieto, 2001, p. 111.

[21] Aron, 1971, p. 230.

[22] Manzanares, 1968, p. 68.

[23] Fue la noche del 10 de mayo, el punto álgido de los disturbios y barricadas en el Barrio Latino de París.

[24] Eric Hobsbawm, *Revolucionarios* (Barcelona: Crítica, 2003), 335.

[25] Gómez Albarello, «Mayo del 68…».

[26] Hobsbawm, 2005, p. 443.

[27] *Ibid*.

[28] Hobsbawm, 2003, p. 333.

[29] Clouscard, 2019, pp. 157-158.

[30] Vaquero, 2022, p. 92.

[31] Clouscard, 2019, p. 156.

[32] *Ibid*., 158.

[33] Pasolini, 2005.

[34] Pasolini, 2009, pp. 13-14.

[35] *Ibid*., p. 35.

[36] Aron, 1971, p. 230.

[37] Lipovetsky, 1986, p. 45.

[38] Sartre, 1971, p. 51.

[39] Algunos se han resistido a este tipo de influencias. En España es un buen exponente de ello el Partido Marxista Leninista (Reconstrucción Comunista).

[40] El activismo ecologista no tiene nada que ver con la ecología.

[41] «Sindical», en la web oficial de la Confederación General del Trabajo.

[42] «Inicio», en la web oficial de la Unión General de Trabajadoras y Trabajadores.

[43] Ser feminista y defender los derechos de las mujeres no es lo mismo. En el capítulo sobre feminismo se explicará de forma extensa.

[44] Partido Comunista de España, 2023.

[45] Coll, 2021.

[46] Granda, 2023.

[47] Rallo, Juan Ramón Rallo (@juanrallo): «Sinceramente, creo que es buena noticia que esta reforma laboral haya salido adelante. Como ya dije en su momento, consolida todos los elementos centrales de la reforma laboral de 2012 y los convierte, desde ahora, en un consenso compartido desde Podemos a Vox», Twitter, 3 de febrero de 2022, *https://twitter.com/juanrallo/status/1489256840315637760*.

[48] Gil, 2018.

[49] «Iglesias amenaza por primera vez con romper la coalición», 2021.

[50] Victoriosa en los ajustes de cuentas entre la izquierda, no en el proceso desarrollado en Francia.

4. ¿Marxismo cultural?

[1] Fundado en 2009 por Mark Meckler y Jenny Beth Martin, es un *lobby* conservador: «Tea Party Patriots representa a todos los estadounidenses, y es el hogar de millones de personas que se han unido para perseguir el sueño americano y mantener ese sueño vivo para sus hijos y nietos», *https://www.teapartypatriots.org/*.

[2] «Monasterio, a Ayuso…», 2021.

[3] Clouscard, 2019, pp. 111-112.

[4] El artículo está escrito en 1991, pero las cuestiones desarrolladas siguen sucediendo hoy en día.

[5] Minnicino, 1991-1992.

[6] Clouscard desarrolló todas estas cuestiones desde una perspectiva de clase y de forma más coherente y precisa mucho antes de que Minnicino escribiera este artículo.

[7] Minnicino, 1991-1992.

[8] *Ibid.*

[9] *Ibid.*

[10] Las tesis de la revolución permanente trotskista eran irreconciliables con las defendidas por la URSS y la Komintern.

[11] Historiador marxista estadounidense especialista en literatura medieval inglesa. Es un referente en historia del comunismo, especialmente sobre la figura de Stalin y el periodo en el que estuvo a la cabeza del Gobierno soviético.

[12] Horowitz, 2007.

[13] Minnicino, 1991-1992.
[14] *Ibid.*
[15] *Ibid.*
[16] Cruz, 2023.

5. El pensamiento único del sistema y los dogmas de fe: la dictadura de lo políticamente correcto

[1] Vaquero, 2019, 19-27.

[2] Su particular visión de los derechos humanos, que solo coincide con los mundialmente aceptados cuando les conviene.

[3] Por lo menos desde la perspectiva del interés general o colectivo. Para defender los intereses sistémicos sí están bien enfocadas.

[4] «Agenda 2030» en la web oficial del Ministerio de Derechos Sociales y Agenda 2030.

[5] Se utiliza «avances sociales» porque así los denominan ellos; en muchas ocasiones las políticas desarrolladas por los mismos difícilmente pueden ser designadas como avances de ningún tipo. De hecho, muchas de sus apuestas podrían ser señaladas, y lo son por grupos ideológicamente distantes, como decadentes e incluso degeneradas.

[6] «J. K. Rowling: el tuit que puso…», 2019.

[7] Navarro, 2021.

[8] «Amenazan con quemar una librería…», 2022.

[9] El que ellos defienden.

[10] Se recomienda la lectura de Luxemburgo, 1983, pp. 281-287; y Zetkin, 2016, pp. 32-34.

[11] Si alguien quiere profundizar más sobre este conflicto y sobre la crítica a los orígenes del feminismo, se recomienda la lectura de Vaquero, 2019, pues en este libro se trata el feminismo en su vertiente más contemporánea.

[12] Boneta-Sádaba *et al.*, 2023.

[13] Acrónimo de *Trans Exclusionary Radical Feminist*.

[14] Esto fue así en el momento de escribir estas líneas, en abril de 2023. Es posible que, si se produce un cambio de Gobierno, puedan convocarse huelgas generales.

[15] Comisión 8M del Movimiento Feminista de Madrid, 2023.

[16] Periódico soviético dirigido por Lenin y que sirvió como órgano de expresión a los bolcheviques. Era un órgano oficial del Comité Central del Partido y referente para todo el movimiento revolucionario.

[17] Revista teórica y política del Comité Central del PC(B).

[18] Vaquero, 2020, pp. 187-223.

[19] *Ibid.*, 166.

[20] Islas Vargas, 2015.

[21] En opinión del autor, este nuevo modo de producción no puede ser otro que el socialismo y la economía planificada.

[22] Charles y Kimman, 2023.

[23] Coca-Cola, 2021.

[24] BreakFreeFromPlastic, 2022, p. 19.

[25] BreakFreeFromPlastic, 2019, p. 13.

[26] Energy Institute, 2022.

[27] «Definition of veganism» en la web oficial de la Vegan Society.

[28] Se recomienda encarecidamente para aquellos que quieran profundizar en el papel del trabajo en el desarrollo del hombre la lectura de Engels, 2000.

[29] Tovar, 2011.

[30] Watson, 2021.

[31] Flores, 2022.

[32] WORLDCA$T, «Worldcast #41. Fani Les Gallines. Igualdad, Lenguaje Inclusivo, Veganismo, Capitalismo, Anarquismo», YouTube, 22 de junio de 2023.

[33] Vaquero, 2019, p. 168.

[34] Fernández Aguilera, 2019.

[35] «Ataque vegano en una granja…», 2019.

[36] «Liberan 17.500 visones…», 2006.

[37] «Los animalistas se oponen a que se controle…», 2019.

[38] Organización de Trabajadoras Sexuales.

[39] Ranea-Triviño, 2021.

[40] Vaquero, 2019, p. 149.

[41] Centro de Inteligencia contra el Terrorismo y el Crimen Organizado, 2023, pp. 9-16.

[42] Charpenel, 2012, p. 321.

[43] Un ejemplo de ello es Amarna Miller, exactriz porno y feminista *mainstream*.

[44] «Ocho de cada diez mujeres que ejercen la prostitución…», 2015.

[45] Melissa Farley es una psicóloga clínica estadounidense, autora de diversos trabajos de investigación sobre los efectos de la prostitución, la trata de personas y la violencia sexual. Debe destacarse su trabajo «Prostitution and Trafficking in Nine Countries: An Update on Violence and Posttraumatic Stress Disorder», *Journal of Trauma Practice*, vol. 2, n.º 3-4, 2003, pp. 33-74.

[46] Ministerio de Trabajo y Economía Social, 2007, pp. 82-83.

[47] Vaquero, 2019, pp. 149-150.

[48] Caballero, 2015.

[49] Rodríguez, 2022.

[50] Vaquero, 2019, pp. 144.

[51] *Office of Drugs and Crime*, 2023, p. 8.

[52] *Ibid.*, p. 23.

[53] *Ibid.*, p. 15.

[54] Observatorio Europeo de las Drogas y las Toxicomanías, 2022, p. 9.

[55] Office of Drugs and Crime, 2023, p. 11.

[56] Dupont, 2023, p. 24.

[57] «Chemsex» en la web oficial del Ministerio de Sanidad.

[58] Belver, 2022.

[59] Podemos, 2023, p. 62.

[60] Sanjuán, 2020, p. 27.

[61] *Ibid.*, 65.

[62] Kühn y Gallinat, 2014.

[63] Cervigón Carrasco *et al.*, 2019.

[64] Barr, 2019.

[65] *Ibid.*

[66] Página que sube contenido pornográfico y que tiene gran difusión.

[67] Pérez, 2022.

[68] «Pornhub elimina la mitad de su contenido…», 2020.

6. Feminismo

[1] «Las empresas celebran el 8 de Marzo con distintas iniciativas y la difusión de sus avances en igualdad», 2020.

[2] El feminismo hegemónico ha pasado a defender y promover las cuestiones citadas.

[3] Alda Facio *et al.*, 2012, p. 24.

[4] En gran parte de él, ya que en Polonia y otros países del este la situación no es la misma que en los países de la Europa más occidental o Estados Unidos.

[5] Ministerio del Interior, 2018.

[6] Ministerio de Universidades, 2023, p. 37.

[7] Instituto Nacional de Estadística, 19 de octubre de 2022.

[8] Statista, 2023.

[9] Instituto Nacional de Estadística, 27 de junio de 2023.

[10] Instituto Nacional de Estadística, «Mujeres y hombres en España», Ministerio de Sanidad, Consumo y Bienestar Social, 2023, p. 143.

[11] El caso de la guerra de Ucrania es un buen ejemplo de ello.

[12] Kreimer, 2020, p. 512.

[13] *Ibid.*, pp. 520-521.

[14] Pluckrose, 2017.

[15] Instituto Nacional de Estadística, «Mujeres y hombres…», pp. 31-37.

[16] Kreimer, 2020, p. 259.

[17] Poder Judicial, 2019.

[18] Kreimer, 2020, p. 172.

[19] *Ibid.*, p. 225.

[20] Vaquero, 2019, pp. 109-110.

[21] Vaquero, 2021, p. 205.

[22] Oswald, 2021, p. 11.

[23] Kreimer, 2020, pp. 295-296.

[24] *Ibid.*, pp. 303-304.

[25] *Ibid.*, p. 313.

[26] «Asarta (VOX): "VOX defiende a las mujeres…"», 2023.

[27] Ondarra, 2022.

[28] Kreimer, 2020, pp. 310-311.

[29] «La Fiscalía señala que solo el 0,01 % de las denuncias…», *El Mundo*, 2017.

[30] Poder Judicial, 2023.

[31] Aunque se puede hablar en general, la consecución de beneficios que se desarrollan en este párrafo son los referidos a las leyes de España.

[32] Kreimer, 2020, pp. 386-387.

[33] *Ibid.*, p. 387.

[34] Conquero, 2019.

[35] «El indulto de la secuestradora María Sevilla…», 2022.

[36] Megías, 2022.

[37] «El presupuesto de Igualdad para 2023…», 2022.

[38] Marcos, 2023.

[39] Ramiro, 2018.

[40] «Interior apuesta por medidas de acción positiva…», 2022.

[41] Arenós, 2022.

[42] «Aprendemos en Clan. El debate, "Diversidad sexual"». Clan RTVE, 11 de diciembre de 2021, *https://www.rtve.es/infantil/serie/aprendemos-clan-debate/video/diversidad-sexual/6241683/*.

[43] Argudo, 2022.

[44] «Agreden a feministas radicales en Murcia…», 2021.

[45] «Amenazan con quemar una librería por acoger la presentación del libro *Nadie nace en un cuerpo equivocado*», 2022.

[46] «Reino Unido cierra la clínica Tavistock…», 2022.

[47] Alseda, 2023.

[48] «Por una pedagogía *queer* en la escuela», CGT Ensenyament, 14 de mayo de 2018.

[49] Canales, 2023.

[50] Ayuntamiento de L'Alfàs del Pi, 2022.

[51] Calvo, 2023.

7. Patriotismo y globalismo

[1] En todo momento se está hablando de cosmopolitismo, pero en ocasiones, por ejemplo en este título, se usa el término globalismo porque a nivel general es más usado y la gente suele entenderlo como un sinónimo, aunque en realidad no es así.

[2] Principalmente los defensores de lo *woke*.

[3] Actual presidente de El Salvador, famoso por sus medidas radicales para acabar con las diversas pandillas que operan en su país.

[4] Aunque el congreso fundacional fue en 2022, la conferencia para iniciar el proceso de creación fue en 2018.

[5] Vaquero, Roberto, «Mitin de inicio de campaña…», 2023.

[6] Actualmente las élites económicas y políticas defienden el cosmopolitismo.

[7] Titarenko, 1950.

[8] Han eliminado todo lo revolucionario del marxismo constituyendo un cuerpo doctrinal aceptable por el sistema. Han hecho una labor de revisionismo del marxismo.

8. Inmigración

[1] Tanto en este capítulo como en el de la islamización.

[2] Antonio Salvador, «Interior oculta la nacionalidad de los migrantes para evitar "problemas diplomáticos"», *El Independiente*, 7 de mayo de 2021.

[3] El detenido del que hablan en este artículo es de origen marroquí. Es necesario ponerse a investigar para poder saberlo. «Un detenido por robar en 26 ocasiones en Formentera es uno de los acusados de violar y torturar a una joven», 2021.

[4] Clouscard, 2021, p. 85.

[5] «Hisba in Europe?», 2018. «Germany: Chechen Sharia Police Terrorize Berlin», 8 de julio de 2017.

[6] R. Dangeville, 1976.

[7] «La patronal pide "abrir fronteras" para paliar la falta de mano de obra en la Región de Murcia», 2022.

[8] Instituto Nacional de Estadística, 27 de julio de 2023.

[9] La nueva izquierda que surge para frenar los movimientos revolucionarios es una ideología sistémica, está al servicio del poder. Bajo pretextos progresistas y revolucionarios camufla que es una ideología del capital financiero, contribuyendo a la dominación y la alienación de los trabajadores. Ha abandonado las luchas obreras y centra su atención en supuestas luchas parciales que solo sirven para criminalizar a quienes quieren cambiar las cosas y para engañar a la gente haciéndola pensar que está cambiando algo cuando no es cierto. Se convirtió en la izquierda hegemónica tras el proceso del Mayo del 68 francés.

[10] Tilastokeskus, s. f.

[11] Vaquero, 2023b.

[12] Instituto Nacional de Estadística, 8 de agosto de 2023.

[13] Instituto Nacional de Estadística, 18 de noviembre de 2022.

[14] Instituto Nacional de Estadística, 13 de octubre de 2022.

[15] Instituto Nacional de Estadística, 22 de junio de 2023.

[16] Parainmigrantes, 2023.

[17] Ministerio de Justicia, 25 de enero de 2023.

[18] «El Gobierno ofrece la nacionalidad española…», 2023.

[19] Fernández, 2022.

[20] Debido a conversiones y a hijos de musulmanes que adquieren la nacionalidad por nacer en España, principalmente.

[21] Unión de Comunidades Islámicas de España, 2023, p. 7.

[22] Instituto Nacional de Estadística, «Cifras de Población».

[23] *Ibid.*

[24] Ministerio del Interior, 2023.

[25] Lamet, 2021.

[26] Zermeno Jimenez, 2023.

[27] «Imputado en Francia el refugiado sirio…», 2023.

[28] Institut National de la Statistique et des Études Économiques, 7 de julio de 2022.

[29] Entre 475.000 y 514.000 migrantes residían sin papeles en España a finales de 2020. Por Causa, 2022, p. 17.

[30] Relevante en comparación, pues la inmigración ilegal debería ser próxima al cero y es de decenas de miles de casos.

[31] «El 62% de los 37 yihadistas detenidos en 2020…», 2021.

[32] Pulido, 2023.

[33] Pulido, 2022.

[34] En 2022, había 2.349.288 musulmanes en España, 258.000 más que en 2019. Esto puede comprobarse a través del estudio demográfico de la Unión de Comunidades Islámicas de España, «Estudio demográfico de la población musulmana», 2020.

[35] La ciudad de Madrid cuenta con una tasa de criminalidad de 7,4 (delitos por cada mil personas), y Barcelona, con una tasa de 10,4, ambas muy por encima de la media nacional, que se sitúa en 4,9 delitos por cada mil habitantes. Ministerio del Interior, «Balance Trimestral de Criminalidad. Cuarto Trimestre 2022».

[36] La tasa de paro juvenil, entre los 16 y 24 años, se sitúa en el 30 por ciento en el primer trimestre de 2023.

[37] La tasa de paro de la población extranjera se sitúa en un 19,9 por ciento, según el INE.

[38] Olcese, 2023.

[39] Institut National de la Statistique et des Études Économiques (INSEE), 2022.

[40] Destatis, «Nowcast foreign population…», 2023.

[41] Destatis, «Population by migrant status and sex», 2023.

[42] I. Stat, 2022.

[43] Pacho, 2023.

[44] Tilastokeskus, s. f.

[45] European Migration Network, 2021, pp. 74-75.

[46] Tanner, 2023.

[47] Estos datos pertenecen a las series anuales oficiales de finales del 2021 y principios del 2022. Según los datos más recientes (en relación con el cuarto trimestre de 2022 y el primero de 2023), Dinamarca cuenta en la actualidad con el 11,76 por ciento de inmigración, Noruega con el 16 por ciento y Suecia con el 20,4 por ciento.

[48] Martín Julián, 2017, p. 125.

[49] Berry, 1989, pp. 216-217.

[50] Navas *et al.*, 2004, p. 44.

[51] Rojas Tejada, Sayans-Jiménez y Navas Luque, 2012, p. 71.

[52] Vaquero, 2023b, pp. 61-62.

[53] Modelo Ampliado de Aculturación Relativa: «Es un reciente modelo de aculturación psicológica que facilita un marco teórico contextualizado y sensible a las actitudes de aculturación de inmigrantes y autóctonos en España». Rojas Tejada, Sayans-Jiménez y Navas Luque, 2012, p. 71.

[54] Strokes, 2016, p. 7.

[55] *Ibid.*

[56] Rincón, 2020.

[57] González Enríquez, 2016.

[58] *Ibid.*, figura 4.

[59] Díez Nicolás, 2006, cuadro 4.4.1.

[60] Instituto Nacional de Estadística, 16 de noviembre de 2022.

[61] Instituto Nacional de Estadística, «Indicadores demográficos básicos. Proporción de nacidos de madre no casada».

[62] Cuando se habla del Gobierno, es aplicable tanto a los del PSOE como a los del PP.

[63] Kumo, Morinaga y Shida, 2008.

[64] Instituto Nacional de Estadística, «Indicadores demográficos básicos. Indicador Coyuntural de Fecundidad».

[65] Instituto Nacional de Estadística, 16 de noviembre de 2022.

[66] Villarino, 2023.

[67] Instituto Nacional de Estadística, 8 de agosto de 2023.

[68] Gómez, 2022.

[69] Instituto Nacional de Estadística, 13 de octubre de 2022.

[70] «Access to nationality», en la web oficial de Migrant Integration Policy Index.

[71] Observatorio Permanente de la Inmigración, «Concesiones de nacionalidad española por residencia».

[72] Boletín Oficial del Estado, consultado en marzo de 2023.

[73] González Enríquez, 2016.

[74] *https://www.mjusticia.gob.es/es/ciudadania/nacionalidad/que-es-nacio-nalidad/como-adquiere-nacionalidad/espanoles-origen.*

[75] González Enríquez, 2016.

[76] España, Orden JUS/1625/2016.

[77] González Enríquez, 2016.

[78] Ministerio de Justicia, 25 de enero de 2023, p. 1.

[79] Instituto Nacional de Estadística, 3 de junio de 2022.

[80] Parainmigrantes, 2022.

[81] Ministerio de Justicia, «Datos Estadísticos básicos de nacionalidad a 31/12/2022».

[82] «Modos de adquisición», en la web oficial del Ministerio de Justicia.

[83] «Españoles de origen», en la web oficial del Ministerio de Justicia.

[84] Código Civil, art. 22.1.

[85] «Nacionalidad Española por Residencia», en la web oficial del Ministerio de Justicia.

[86] «Opción», en la web oficial del Ministerio de Justicia.

[87] «Carta de Naturaleza», en la web oficial del Ministerio de Justicia.

[88] «Posesión de Estado», en la web oficial del Ministerio de Justicia.

[89] De acuerdo a la RAE: *Derecho a la nacionalidad de un Estado y otros derechos que corresponden a una persona, que se vinculan a la nacionalidad de sus ascendientes como consecuencia de su filiación biológica o incluso adoptiva, aunque se haya nacido en el territorio de otro Estado.*

[90] De acuerdo a la RAE: *Derecho a la nacionalidad de un Estado y otros derechos que corresponden a una persona, que se vinculan al hecho de haber naci-do en el territorio de ese Estado.*

[91] Depende del año. En 2022 se concedieron 122.236 nacionalidades.

[92] Ley Orgánica 4/2000.

[93] La expulsión por el mero hecho de residir de manera irregular fue descartada definitivamente en España por la Sentencia de 8 de octubre de 2020 del Tribunal de Justicia de la Unión Europea.

[94] Vaquero, 2023b, p. 114.

[95] López-Fonseca y Martín, 2020.

[96] Ley Orgánica 4/2000, art. 23.

[97] Olmo, 2023.

[98] Por Causa, 2022, p. 17.

[99] Recio, 2023.

[100] España, Ley Orgánica 4/2000.

[101] Martín, 2021.

[102] Sentencia del Tribunal Supremo 2662/2020, de 29 de julio, Recurso n.º 1953/2019.

[103] España, Real Decreto 162/2014.

[104] «Campaña», en la web oficial de CIEs No.

[105] «El cierre por obras del CIE de Aluche…», 2023.

[106] Vaquero, 2023b, p. 120.

[107] Defensor del Pueblo, 2022.

[108] Sanhermelando, 2023.

[109] «La Plataforma por el Mar Canario insiste…», 2022.

[110] «El presidente del Senado de Marruecos pide a sus ciudadanos…», 2023.

[111] Ollero, 2023.

[112] Zuloaga, 2021.

[113] «España destina 30 millones de euros a Marruecos…», 2021.

[114] EpData, 2023.

[115] Ministerio del Interior, «Balance Trimestral de Criminalidad. Cuarto Trimestre 2022».

[116] Ministerio del Interior, «Portal Estadístico de Criminalidad. Detenciones/investigados».

[117] *Ibid*.

[118] *Ibid*.

[119] Instituto Nacional de Estadística, 15 de septiembre de 2022.

[120] Ministerio del Interior, 2022.

[121] Vaquero, 2023b, p. 131.

[122] Aragó, 2020.

9. Islamización

[1] Navas, López-Rodríguez y Cuadrado, 2013.

[2] Minocri, 2022. Burés, 2022.

[3] Vázquez y Vallejo, 2022, pp. 25-29.

[4] Rachidi, 2016.

[5] «Un total de 337 alumnos reciben clases de islam…», 2022.

[6] Vaquero, 2023b, pp. 142-143.

[7] Churchill, 2013.

[8] Unión de Comunidades Islámicas de España, 2020, pp. 5-6.

[9] Según el mismo estudio demográfico sobre la población musulmana referido al periodo de 2019, en dicho año había 2.091.656 musulmanes en España.

[10] «Un atropello masivo deja 13 muertos…», 2017.

[11] Europol, 2022, p. 9.

[12] *Ibid.*, p. 8.

[13] *Ibid.*, p. 27.

[14] Reinares, García-Calvo y Vidente, 2019, p. 185.

[15] Vaquero, 2023b, pp. 156-157.

[16] Pena Dopazo, 2022.

[17] Colom, 2021.

[18] «Sentencia 41/2022 del TSJ de Murcia…», 2022.

[19] «Zone Interdite (M6): cette séquence…», 2022.

[20] Budak, 2022, p. 1.150.

[21] Cembrero, 2011.

[22] Maza, 2016.

[23] Comisión Europea, 2022.

[24] García Bueno, 2022.

[25] Comisión Europea, 2015, p. 3.

[26] Esparch, 2022.

[27] European Parliamentary Research Service, 2015, pp. 3-4.

10. La evolución de la derecha radical ante la evolución de la izquierda

[1] Autores como González Cuevas incluyen la derecha radical como una corriente dentro de la extrema derecha. No se seguirá esta visión en

el presente libro, pues se considera que el término *extrema derecha* está desvirtuado.

² González Cuevas, en su libro *Historia de la derecha española* desarrolla estas cuestiones de forma precisa.

³ Aunque es necesario tener en cuenta que actualmente la izquierda *woke* ha desplazado a la derecha en esta cuestión en algunos países, pasando estos a defender a sectores elitistas (burgueses) en pugna contra lo *woke*.

⁴ González Cuevas, 2023, p. 52.

⁵ Aunque algunos hablen de socialismo nacional, es una visión del socialismo antagónica a la marxista.

⁶ González Cuevas, 2023, pp. 59-60.

⁷ Esto tampoco es algo novedoso: los partidarios de Hitler se enfrentaron a Dollfuss en Austria y terminaron asesinándolo en julio de 1934.

⁸ Taguieff, 1993, p. 5.

⁹ *Ibid*.

¹⁰ Veiga *et al.*, 2019, pp. 258-259.

¹¹ Álvarez-Benavides y Toscano, 2021, p. 2102.

¹² González-Ruiz, 1999, p. 4.

¹³ Más que liberal, serían sectores influidos en mayor o menor grado por presupuestos considerados liberales.

¹⁴ Lázaro, 2023.

¹⁵ Schuster, 2023.

¹⁶ Veiga *et al.*, 2019, p. 256.

¹⁷ Donofrio y Rubio Moraga, 2019, pp. 113-127.

¹⁸ Veiga *et al.*, 2019, pp. 262-268.

¹⁹ *Ibid*., pp. 273-275.

²⁰ Sectores con influencia liberal, no liberales clásicos.

²¹ Campos López y Cabrera Pérez, 2023.

²² Martín, 2018.

²³ González, 2021.

²⁴ Cadena SER, 2023.

²⁵ «Hungría no apoya las sanciones…», 2023.

²⁶ Sahuquillo y Abellán, 2017.

²⁷ Santos-Petroff, 2019.

²⁸ Tuñón de Lara, 2000, pp. 94-97.

²⁹ González Calleja, 2011, pp. 285-287.

³⁰ González Cuevas, 2023, pp. 317-318.

[31] *Ibid.*, pp. 318-319.

[32] Congreso de los Diputados, 16 de junio de 1936.

[33] Rodríguez Jiménez, 2004, pp. 167-169.

[34] González Cuevas, 2023, p. 133.

[35] *Ibid.*, pp. 76-77.

[36] *Ibid.*, p. 641.

[37] Vilar, 1971, pp. 115-116.

[38] González Cuevas, 2023, pp. 582-590.

[39] *Ibid.*, pp. 710-719.

[40] *Ibid.*, p. 639.

[41] Los identitarios son grupos fascistas en la actualidad.

[42] Rosental y Fiodorovich, 1946, pp. 190-191.

[43] Un ejemplo claro de definición diferente a la que dio Dimitrov en 1935 es la que dio Bujarin en el XIII Congreso del PC (b) en mayo de 1924: «El fascismo es la coalición de la burguesía con los socialistas, esto es, la táctica de bloques de la izquierda y la táctica del fascismo, tienen [...] un único e idéntico significado, puesto que el fascismo, no es violencia pura y simple sin nada más, como piensa cierta gente, sino un método que en cierta medida ofrece una alianza, y se apodera de una determinada parte de las masas populares». Carr, 1975, p. 18.

[44] *Ibid.*, pp. 18-19.

[45] Dimitrov, 1977, pp. 66-148.

[46] Komintern, 1977, pp. 108-109.

[47] Dimitrov, 1977, pp. 66-148.

[48] Hobsbawm, 1999, p. 123.

[49] Vicens Vives, 1979, p. 474.

[50] Es necesario hacer el apunte de que defiende los intereses del gran capital nacional, no de las grandes empresas extranjeras. Sin entender esto no se pueden comprender ciertas cuestiones adoptadas por los fascistas en, por ejemplo, Italia o Alemania.

[51] González Calleja, 2011, pp. 130-131.

[52] Se dice «predisposición» porque en algunos casos llega al poder con la conveniencia de las propias fuerzas conservadoras, por su miedo a la revolución.

[53] No se usa el término *totalitario* porque se considera que, en la historiografía, su función es equiparar el comunismo y el fascismo, lo cual considero un error grave. El paradigma anticomunista sigue muy vivo aún.

[54] También usa la alienación y otras cuestiones para mantener su dominación, pero primando el uso del terror.

[55] González Cuevas, 2023, p. 78.

[56] Han existido grupos fascistas que no se centraban en lo religioso, pero sí defendían las tradiciones, vinculadas con lo religioso.

[57] Saz, 2004, pp. 33-38.

[58] *Ibid.*, pp. 45-46.

[59] Ledesma Ramos, 2004, p. 412.

[60] Ledesma Ramos, «Nuestro manifiesto político», 2004.

[61] González Calleja, 2011, p. 140.

[62] Vaquero, 2023a, p. 20.

[63] Ledesma Ramos, «La violencia política y las insurrecciones», 2004.

[64] Vilar, 1971, p. 133.

[65] Redondo, 1954, pp. 108-109.

[66] Ledesma Ramos, «Octubre y después de octubre», 2004, pp. 375-377.

[67] Primo de Rivera, «Falange Española de las JONS no es un movimiento fascista», 1976, p. 388.

[68] Publicación falangista clandestina. Solo salieron tres números.

[69] Rodríguez Jiménez, 2004, pp. 206-209.

[70] *Ibid.*, pp. 245-248.

[71] Terminó cayendo en esas tendencias y disolviéndose.

[72] Este hecho sucedió en 2013.

[73] González Cuevas, 2023, pp. 808-809.

[74] *Ibid.*, pp. 819-822.

[75] No lo es ya, a pesar de la representación superior que tiene a cualquier grupo desde el final de la República, debido a que es un partido electoral sin militancia real en las calles y se necesita la perspectiva del tiempo para poder apreciar si consigue estabilizarse o crecer o se disuelve como ya ha pasado con otros partidos con gran representación, pero que en pocos años desaparecen sin dejar rastro.

11.   A modo de reflexión

[1] Principalmente tradicionalistas, conservadores radicales o fascistas.

[2] Con posibilidades reales de llegar al poder en los próximos años.

Bibliografía

ALTAMIRANO, Carlos, «Izquierda(s). Breve ensayo sobre la gestación de una noción del lenguaje político moderno», *Prismas*, vol. 24, n.º 2, 2020, pp. 159-169, *https://historiaintelectual.com.ar/OJS/index.php/Prismas/article/view/Altamirano_prismas24*.

ÁLVAREZ-BENAVIDES, Antonio, y TOSCANO, Emanuele, «Investigar la extrema derecha del siglo XXI: características, significados, actores y enemigos», *Encrucijadas*, vol. 21, n.º 2, 2021, *https://recyt.fecyt.es/index.php/encrucijadas/article/view/92644*.

ARON, Raymond, «Reflexiones de un universitario», en *La revolución estudiantil*, Editorial Universitaria Centroamericana, San José, 1971, pp. 213-234.

BERRY, John Widdup, «Psychology of Acculturation», en BERMAN, John J., *Cross-cultural perspectives: Nebraska Symposium on Motivation*, University of Nebraska Press, Lincoln, 1990, pp. 201-234.

BUDAK, Bahaeddin, «The Contribution of the Non-Muslim Teacher to the Ideal Identity of the Islamic Primary School», *Religions*, vol. 13, n.º 12, 2022, p. 1.150, DOI: 10.3390/rel13121150.

CERVIGÓN CARRASCO, V., CASTRO CALVO, J., Gil JULIÁ, B., GIMÉNEZ GARCÍA, C. y BALLESTER ARNAL, R., «Adicción a la pornografía: interferencia atencional y gravedad del consumo», *International Journal of Developmental and Educational Psychology*, vol. 4, n.º 1, 2019, pp. 225-234, DOI: 10.17060/ijodaep.2019.n1.v4.1550.

CHARPENEL, Yves, *Sexual Exploitation. Prostitution and Organized Crime*, Economica, París, 2012.

CLOUSCARD, Michel, *El capitalismo de la seducción*, Edithor, Quito. 2021.

—, *Neofascismo e ideología del deseo*, Templando el Acero, Pamplona, 2019.

CONGRESO DE LOS DIPUTADOS, *Diario de las sesiones de Cortes*, Madrid, 16 de junio de 1936, *https://www.uv.es/ivorra/Historia/SXX/Actas2.html*.

DIMITROV, Jorge, *Selección de trabajos*, Sofia Press, Mánchester, 1977.

DONOFRIO, Andrea y RUBIO MORAGA, Ángel Luis, «De Berlusconi a Trump: la comunicación convertida en espectáculo», *Estudios sobre el Mensaje Periodístico*, vol. 25, n.º 1, 2019, pp. 113-127. DOI: 10.5209/ESMP.63719.

DUPONT, Víctor, «El remedio», *CNT*, vol. 8, n.º 434, 2023, pp. 24-25, *https://www.cnt.es/noticias/periodico-cnt-no-434-de-enero-a-marzo-2023-dosier-a-la-calle/*.

ECHEBURÚA, Enrique y CORRAL, Paz de, «Adicción a las nuevas tecnologías y a las redes sociales en jóvenes: un nuevo reto», *Adicciones*, vol. 22, n.º 2, 2010, pp. 91-96, DOI: 10.20882/adicciones.196

ENGELS, Friedrich, «El papel del trabajo en la transformación del mono en hombre», Marxist Internet Archive, 2000, *https://www.marxists.org/espanol/m-e/1870s/1876trab.htm*.

ERRASTI, José y PÉREZ ÁLVAREZ, Marino, *Nadie nace en un cuerpo equivocado*, Deusto, Barcelona, 2022.

FACIO, Alda, MONTIS, Malena de, ARDÓN QUEZADA, María Patricia, ARCE DE LEIS, Mariela y MILLER, Valerie, *Diccionario de la transgresión feminista*, vol. II, JASS, Costa Rica, 2012.

GÓMEZ ALBARELLO, Juan Gabriel, «Mayo del 68 y sus interpretaciones», *Papel Político*, n.º 25, 2020, DOI: 10.11144/Javeriana.papo25.mdsi.

GONZÁLEZ CALLEJA, Eduardo, *Contrarrevolucionarios: Radicalización violenta de las derechas durante la Segunda República, 1931-1936*, Alianza, Madrid, 2011.

GONZÁLEZ CUEVAS, Pedro Carlos, *Historia de la derecha española. De la Ilustración a la actualidad (1789-2020)*, Planeta, Barcelona, 2023.

GONZÁLEZ FERRER, Luis Eduardo y QUEIROLO VELASCO, Rosario, «Izquierda y derecha: formas de definirlas, el caso latinoamericano y sus implicaciones», *América Latina Hoy*, n.º 65, 2013, pp. 79-105, DOI: 10.14201/alh20136579105.

GONZÁLEZ RUIZ, Mencía, «Ideología y nueva derecha», *Filosofía, Política y Economía en el Laberinto*, n.º 1, 1999.

HALLETT CARR, Edward, «El V Congreso de la Internacional Comunista», en ARICÓ, José, *V Congreso de la Internacional Comunista. 17 de junio-8 de julio de 1924. Informes. Primera Parte*, Cuadernos de Pasado y Presente, Córdoba (Argentina), 1975, pp. 5-29.

HOBSBAWM, Eric, *Revolucionarios*, Crítica, Barcelona, 2003.

—, *Historia del siglo XX*, Crítica, Barcelona, 2005.

HOROWITZ, David, *The Professors: The 101 Most Dangerous Academics in America*, Regnery Publishing, Washington, 2007.

HUBEÑAK, Florencio, «Derecha e izquierda en la historia», Universidad Nacional de Cuyo, 2012, *https://repositorio.uca.edu.ar/bitstream/123456789/2999/1/derecha-izquierda-historia-hubenak.pdf*.

KOMINTERN, *VI Congreso de la Internacional Comunista. Primera parte*, Cuadernos de Pasado y Presente, México, 1977.

KREIMER, Roxana, *El patriarcado no existe más*, Galerna, Buenos Aires, 2020.

KÜHN, Simone y GALLINAT, Jürgen, «Brain Structure and Functional Connectivity Associated With Pornography Consumption: The Brain on Porn», *JAMA Psychiatry*, vol. 71, n.º 7, 2014, pp. 827-834, DOI: 10.1001/jamapsychiatry.2014.93.

KUMO, Kazuhiro, MORINAGA, Takako y SHIDA, Yoshisada, «Long-Term Population Statistics for Russia, 1867-2002», *Economic Review*, vol. 59, n.º 1, 2008, pp. 74-93, DOI: 10.15057/21393.

LEDESMA RAMOS, Ramiro, *Obras completas*, vol. IV, Fundación Ramiro Ledesma Ramos, Barcelona, 2004.

—, *Obras completas*, vol. III, Fundación Ramiro Ledesma Ramos, Barcelona, 2004.

LIPOVETSKY, Gilles, *La era del vacío*, Crítica, Barcelona, 1986.

LÍSTER, Enrique, *Nuestra guerra: memorias de un luchador*, Silente, Guadalajara, 2007.

LUXEMBURGO, Rosa, «El voto femenino y la lucha de clases», en AUBET, María José (ant.), *El pensamiento de Rosa Luxemburg*, Serbal, Barcelona, 1983, pp. 281-287.

MANZANARES, Henri, «Después de las elecciones legislativas de 1968 en Francia», *Revista de Estudios Políticos*, n.º 161, 1968, pp. 67-76, *https://dialnet.unirioja.es/servlet/oaiart?codigo=2082720*.

MARCUSE, Herbert, «Dos diálogos con Michel Bosquet», en *La revolución estudiantil*, Editorial Universitaria Centroamericana, San José, 1971, pp. 235-242.

MARTÍN JULIÁN, Roberto, «Estudios de aculturación en España en la última década», *Papeles del Psicólogo*, vol. 38, n.º 2, 2017, pp. 125-134, DOI: 10.23923/pap.psicol2017.2826.

MARX, Karl y ENGELS, Friedrich, *Obras escogidas en tres tomos*, vol. III, Progreso, Moscú, 1974.

—, «Manifiesto del Consejo General de la Asociación Internacional de Trabajadores a las secciones, a las sociedades cooperativas y a todos los trabajadores», en DANGEVILLE, R. (ed.), *El sindicalismo. Teoría, organización, actividad*, Laia, Barcelona, 1976, p. 646.

MINISTERIO DE TRABAJO Y ECONOMÍA SOCIAL, «Alemania. Evaluación de la Ley reguladora de la prostitución», *Actualidad Internacional Sociolaboral*, n.º 101, 2007, pp. 80-89, *https://www.mites.gob.es/es/mundo/revista/Revista101/Indice101.htm*.

MINNICINO, Michael, «La nueva Edad Media: la escuela de Frankfurt y la "corrección política"», *Fidelio*, vol. 1, n.º 1, *https://archive.schillerinstitute.com/fid_91-96/921_frankfurt.html*.

MONVILLE, Aymeric, *El neocapitalismo según Michel Clouscard*, Templando el Acero, Pamplona, 2021.

NAVAS, Marisol, LÓPEZ-RODRÍGUEZ, Lucía y CUADRADO, Isabel. «Mantenimiento y adaptación cultural de diferentes grupos inmigrantes: variables predictoras», *Anales de Psicología*, vol. 29, n.º 1, 2013, pp. 207-216, DOI: 10.6018/analesps.29.1.135491.

NAVAS, Marisol, PUMARES, Pablo, SÁNCHEZ, Juan, GARCÍA, M.ª Carmen, ROJAS, Antonio J., CUADRADO, Isabel, ASENSIO, Matilde y FERNÁNDEZ, Juan S., «Estrategias y actitudes de aculturación: la perspectiva de los inmigrantes y de los autóctonos en Almería», Universidad de Granada, 2004, *https://www.juntadeandalucia.es/servicios/publicaciones/detalle/38966.html*.

OSWALD, Ashlee, *El género masculino no marcado como género universal: ¿sexista, sesgado o neutro? Un estudio de la gramática de género y la pragmática en el idioma español*, Universidad de Flinders, Adelaide, 2021, *https://flex.flinders.edu.au/file/25836232-110f-4c95-86eb-5a9b2efad962/1/OswaldThesis2021_LibraryCopy.pdf*.

PASOLINI, Pier Paolo, *Empirismo herético*, Brujas, Córdoba (Argentina), 2005.

—, *Escritos corsarios*, Ediciones del Oriente y del Mediterráneo, Madrid, 2009.

PÉREZ ÁLVAREZ, Marino, *El individuo flotante: La muchedumbre solitaria en los tiempos de las redes sociales*, Deusto, Barcelona, 2023.

PODEMOS, «Las razones siguen intactas» (programa electoral), 2023, *https://podemos.info/programa/*.

PRIMO DE RIVERA, José Antonio, *Obras completas*, Instituto de Estudios Políticos, Madrid, 1976.

RANEA-TRIVIÑO, Beatriz, «Una mirada crítica al abordaje de la prostitución: reflexiones sobre la abolición», *Gaceta Sanitaria*, vol. 35, n.º 1, 2021, pp. 93-94, DOI: 10.1016/j.gaceta.2020.06.016.

REDONDO, Onésimo, *Obras completas*, Publicaciones Españolas, Madrid, 1954.

REINARES, Fernando y GARCÍA-CALVO, Carola, «Estado Islámico en España», Real Instituto Elcano, 2016, *https://www.realinstitutoelcano.org/monografias/estado-islamico-en-espana/*.

REINARES, Fernando, GARCÍA-CALVO, Carola y VIDENTE, Álvaro, «Yihadismo y yihadistas en España», Real Instituto Elcano, 2019, *https://www.realinstitutoelcano.org/monografias/yihadismo-y-yihadistas-en-espana-quince-anos-despues-del-11-m/*.

ROBLES, Araujo, «Indicadores de adicción a las redes sociales en universitarios de Lima», *Revista Digital de Investigación en Docencia Universitaria*, 10, n.º 2, 2016, pp. 48-58, DOI: 10.19083/ridu.10.494.

RODRÍGUEZ JIMÉNEZ, José Luis, *La extrema derecha europea*, Alianza, Madrid, 2004.

ROJAS TEJADA, Antonio J., SAYANS-JIMÉNEZ, Pablo, y NAVAS LUQUE, Marisol, «Similitud percibida y actitudes de aculturación en autóctonos e inmigrantes», *International Journal of Psychological Research*, vol. 5, n.º 1, 2012, pp. 70-78, *https://www.redalyc.org/articulo.oa?id=299023539009*.

ROSENTAL, Mark Moiséievich y YUDIN, Pável Fiodorovich, *Diccionario filosófico marxista*, Pueblos Unidos, Montevideo, 1946.

SÁNCHEZ-PRIETO, Juan María, «La historia imposible del Mayo francés», *Revista de Estudios Políticos*, n.º 112, 2001, pp. 109-133, *https://recyt.fecyt.es/index.php/RevEsPol/article/view/46578*.

SARTRE, Jean-Paul, «Diálogo con Daniel Cohn-Bendit», en *La revolución estudiantil*, Editorial Universitaria Centroamericana, San José, 1971, pp. 51-62.

SAZ, Ismael, *Fascismo y franquismo*, Universidad de Valencia, Valencia, 2004.

TAGUIEFF, Pierre-André, «Origines et métamorphoses de la Nouvelle Droite», *Vingtième Siècle*, n.º 40, 1993, pp. 3-22, DOI: 10.2307/3770354.

TITARENKO, S., *Patriotism and Internationalism*, Soviet News, Londres, 1950.

TUÑÓN DE LARA, Manuel, *La España del siglo XIX*, vol. I, Akal, Madrid, 2000.

VAQUERO, Roberto, *Resistencia y lucha contra el posmodernismo*, Letrame, Madrid, 2019.

—, *¿Cómo reconstruir la izquierda revolucionaria en España?*, Círculo Rojo, *Madrid*, 2020.

—, *Introducción al comunismo*, Letrame, Madrid, 2021.

—, «Mayo del 68. Crítica y perspectivas», *La Razón Histórica*, n.º 54, 2022, pp. 85-100, *https://www.revistalarazonhistorica.com/54-5/*.

—, *El fascismo en España. Origen y desarrollo*, Argéntea, Madrid, 2023.

—, *Inmigración: ¿realidad, fenómeno o problema?*, Círculo Rojo, Madrid, 2023.

—, «Redes sociales, algoritmos y adicciones», *Historia de las Ideas*, n.º 1, 2023.

VÁZQUEZ, Samuel y VALLEJO, Josema, *Don't fuck the police: Un modelo policial que protege al poder y no a los ciudadanos*, La Esfera de los Libros, Madrid, 2022.

VEIGA, Francisco, GONZÁLEZ–VILLA, Carlos, FORTI, Steven, SASSO, Alfredo, PROKOPLJEVIĆ, Jelena y MOLES, Ramón, *Patriotas indignados: Sobre la nueva ultraderecha en la Posguerra Fría. Neofascismo, posfascismo y nazbols*, Alianza, Madrid, 2019.

VICENS VIVES, Jaime, *Historia General Moderna. Del renacimiento a la crisis del siglo XX*, Tomo II, Montaner y Simón, Barcelona, 1979.

VILAR, Pierre, *La guerra civil española*, Librairie espagnole, París, 1971.

WATSON, Donald, *The Vegan News*, n.º 1, 1944.

ZETKIN, Clara, «Separación tajante», en FRENCIA, Cintia y GAIDO, Daniel (eds.), *El marxismo y la liberación de las mujeres trabajadoras: de la Internacional de Mujeres Socialistas a la Revolución rusa*, Ariadna Ediciones, Santiago de Chile, 2016, pp. 32-34.

Fuentes de información estadística

BUNDESAMT FÜR MIGRATION UND FLÜCHTLINGE, «Migrationsbericht 2021», 11 de enero de 2023, *https://www.bamf.de/SharedDocs/Anlagen/DE/Forschung/Migrationsberichte/migrationsbericht-2021.html*.

CENTRO DE INVESTIGACIONES SOCIOLÓGICAS (CIS), «Encuesta de hábitos y prácticas culturales 2021-2022», 30 de septiembre de 2022, *https://www.culturaydeporte.gob.es/servicios-al-ciudadano/estadisticas/cultura/mc/ehpc.html*.

DADES OBERTES CATALUNYA, «Matrimonios forzados», *https://analisi.transparenciacatalunya.cat/Seguretat/Matrimonis-for-ats/htid-wqxk/data*.

DESTATIS, «Nowcast foreign population. Foreign population, 2016 to 2022 by selected citizenships», 31 de enero de 2023, *https://www.destatis.de/EN/Themes/Society-Environment/Population/Migration-Integration/Tables/nowcast-foreigner-citizenship-time-series.html*.

—, «Population by migrant status and sex», 31 de enero de 2023, *https://www.destatis.de/EN/Themes/Society-Environment/Population/Migration-Integration/Tables/migrant-status-sex.html*.

EpData, «Todos los Datos de crimen en España hoy: asesinatos, robos, secuestros y otros delitos», 17 de marzo de 2023, *https://www.epdata.es/datos/crimen-espana-hoy-asesinatos-robos-secuestros-otros-delitos/4/espana/106*.

European Commission, «Standard Eurobarometer 83. Public opinion in the European Union», julio de 2015, *https://europa.eu/eurobarometer/surveys/detail/2099*.

Fernández, Rosa, «Población extranjera de España en 2021 y 2022, por nacionalidad», Statista, 10 de octubre de 2022, *https://es.statista.com/estadisticas/472512/poblacion-extranjera-de-espana-por-nacionalidad/*.

Institut National de la Statistique et des Études Économiques (INSEE), «Población de origen inmigrante y extranjera en Francia. Datos anuales de 1921 a 2021», 7 de julio de 2022, *https://www.insee.fr/fr/statistiques/2381757*.

Instituto Nacional de Estadística, «Cifras de Población. Datos definitivos 01/01/2022 y provisionales 01/07/2022», INEbase, 18 de noviembre de 2022, *https://www.ine.es/uc/Ik4JmlfN*.

—, «Encuesta de población activa (EPA)», INEbase, 27 de julio de 2023, *https://www.ine.es/uc/k9OZvwit*.

—, «Encuesta sobre las personas sin hogar. 2022», INEbase, 19 de octubre de 2022, *https://www.ine.es/uc/RuSQ8yHc*.

—, «Estadística Continua de Población (ECP) a 1 de julio de 2023. Datos provisionales», INEbase, 8 de agosto de 2023, *https://www.ine.es/uc/pFdjFZnP*.

—, «Estadística de adquisiciones de nacionalidad española de residentes. Año 2022», INEbase, 22 de junio de 2023, *https://www.ine.es/uc/owSpCfzm*.

—, «Estadística de adquisiciones de nacionalidad española de residentes. Resultados», INEbase, 3 de junio de 2022, *https://www.ine.es/uc/vCUo9ViM*.

—, «Estadística de condenados: Adultos», INEbase, 15 de septiembre de 2022, *https://www.ine.es/uc/fOsFbARP*.

—, «Estadística de defunciones según la causa de muerte. Resultados», INEbase, 27 de junio de 2023, *https://www.ine.es/uc/5oUmioH1*.

—, «Estadística de migraciones. Provisionales primer semestre 2022 y definitivos 2021», INEbase, 18 de noviembre de 2022, *https://www.ine.es/uc/T1ZglwH8*.

—, «Estadística de nacimientos. Movimiento natural de la población», INEbase, 16 de noviembre de 2022, *https://www.ine.es/uc/pKC-dGJ8K*.

—, «Indicadores de Calidad de Vida», 20 de octubre de 2022, *https://www.ine.es/uc/qDXTNspk*.

—, «Indicadores demográficos básicos», INEbase, 16 de noviembre de 2022, *https://www.ine.es/uc/6tBC03TH*.

—, «Proyecciones de población. 2022-2072», INEbase, 13 de octubre de 2022, *https://www.ine.es/uc/95Pzz6Xt*.

MINISTERIO DE JUSTICIA, «Datos Estadísticos básicos de nacionalidad a 31/12/2022», 25 de enero de 2023, *https://www.mjusticia.gob.es/es/ciudadania/nacionalidad/estadisticas-datos-basicos*.

MINISTERIO DEL INTERIOR, «Informe quincenal sobre inmigración irregular – Datos acumulados desde el 1 de enero al 14 de septiembre de 2023», Balances e Informes, septiembre de 2023, *https://www.interior.gob.es/opencms/es/prensa/balances-e-informes/*.

—, «La población reclusa en España», Anuario Estadístico del Ministerio del Interior 2021, 27 de septiembre de 2022, *https://www.interior.gob.es/opencms/es/archivos-y-documentacion/documentacion-y-publicaciones/anuarios-y-estadisticas/anuarios-estadisticos-anteriores/anuario-estadistico-de-2021/*.

—, «Portal Estadístico de Criminalidad», *https://estadisticasdecriminalidad.ses.mir.es/publico/portalestadistico/*.

MINISTERIO DEL INTERIOR Y ULTRAMAR DE FRANCIA, «Résultats de l'élection présidentielle 2022», 24 de abril de 2022, *https://mobile.interieur.gouv.fr/Elections/Les-resultats/Presidentielles/elecresult__presidentielle-2022/(path)/presidentielle-2022/032/002/index.html*.

MINISTERIO DEL INTERIOR DE GRECIA, «National elections – June 2023», 27 de junio de 2023, *https://ekloges.ypes.gr/current/v/home/en/parties/*.

OBSERVATORIO PERMANENTE DE LA INMIGRACIÓN, «Concesiones de nacionalidad española por residencia», *https://www.inclusion.gob.es/web/opi/estadisticas/catalogo/concesiones_nacionalidad*.

ORÚS, Abigail, «Gasto medio de la compra de artículos de moda online en España de 2012 a 2022», Statista, 14 de junio de 2023, *https://es.statista.com/estadisticas/1029399/gasto-medio-en-compras-online-en-moda-en-espana/*.

—, «Productos adquiridos a través de Internet por los consumidores online en España durante 2022», Statista, 1 de febrero de 2023, *https://es.statista.com/estadisticas/499435/productos-online-compra-dos-online-espana/*.

REFUGEE COUNCIL OF AUSTRALIA, «Statistics on boat arrivals and boat turnbacks», 23 de febrero de 2023, *https://www.refugeecouncil.org.au/asylum-boats-statistics*.

RITCHIE, Hannah, ROSER, Max y ROSADO, Pablo, «CO_2 and Greenhouse Gas Emissions», Our World in Data, agosto de 2022, *https://ourworldindata.org/co2-and-greenhouse-gas-emissions*.

STAT, I. «Stranieri residenti al 1° gennaio», 22 de marzo de 2022, *http://dati.istat.it/Index.aspx?QueryId=19103*.

STATISTA, «¿Cuántas horas al día pasamos conectados a internet?», Statista, 20 de febrero de 2023, *https://es.statista.com/grafico/22701/tiempo-medio-de-uso-diario-de-internet/*.

STATISTA RESEARCH DEPARTMENT, «Número de accidentes durante la jornada laboral en España de 2015 a 2022, por género», Statista, 27 de junio de 2023, *https://es.statista.com/estadisticas/548319/accidentes-laborales-en-espana-por-genero/*.

STATISTIC DENMARK, «Population figures», *https://www.dst.dk/en/Statistik/emner/borgere/befolkning/befolkningstal*.

STATISTICS NORWAY, «Innvandrere og norskfødte med innvandrerforeldre», 6 de marzo de 2023, *https://www.ssb.no/befolkning/innvandrere/statistikk/innvandrere-og-norskfodte-med-innvandrerforeldre*.

STATISTICS SWEDEN, «Summary of Population Statistics 1960–2022», 22 de marzo de 2023, *https://www.scb.se/en/finding-statistics/statistics-by-subject-area/population/population-composition/population-statistics/pong/tables-and-graphs/population-statistics---summary/summary-of-population-statistics/*.

TILASTOKESKUS, «Immigrants and integration», *https://pxdata.stat.fi/PxWeb/pxweb/en/Maahanmuuttajat_ja_kotoutuminen/*.

Informes

BONETA SÁDABA, Nerea, TOMÁS FORTE, Sergio y GARCÍA MINGO, Elisa, «Culpables hasta que se demuestre lo contrario. Percepciones y discursos de adolescentes españoles sobre masculinidades y violencia de género», Centro Reina Sofía sobre Adolescencia y Juventud, Fundación Fad Juventud, 2023, DOI: 10.5281/zenodo.7797449.

BREAKFREEFROMPLASTIC, «The Brand Audit Report 2018», 2019, *https://brandaudit.breakfreefromplastic.org/brand-audit-2018/*.

—, «The Brand Audit Report 2018-2022», 2023, *https://brandaudit.breakfreefromplastic.org/brand-audit-2022/*.

CENTRO DE INTELIGENCIA CONTRA EL TERRORISMO Y EL CRIMEN ORGANIZADO, «Balance estadístico de trata y explotación de seres humanos en España 2018-2022», Ministerio del Interior, 2023, *https://www.interior.gob.es/opencms/es/prensa/balances-e-informes/*.

DEFENSOR DEL PUEBLO, «Comparecencia para presentar el informe anual correspondiente al año 2020 del Mecanismo Nacional de Prevención (MNP) ante la Comisión Mixta», *Diario de Sesiones de las Cortes Generales* (Comisiones Mixtas) 2022, XIV Legislatura, n.º 129, 10 de mayo de 2022, h*ttps://www.defensordelpueblo.es/comparecencia/comparecencia-presentar-informe-anual-correspondiente-al-ano-2020-del-mecanismo-nacional-prevencion-mnp-ante-la-comision-mixta/*.

DÍEZ NICOLÁS, Juan, «Informe INCIPE: La opinión pública española y la política exterior y de seguridad», Ministerio de Defensa,

2006, *https://www.defensa.gob.es/portaldecultura/docencia/estudios_soc/incipe/incipe_2006.html*.

DOMINIC, Charles y KIMMAN, Laurent, «Plastic Waste Markers Index», Minderoo Foundation, 2023, *https://www.minderoo.org/plastic-waste-makers-index*.

ENERGY INSTITUTE, «Statistical Review of World Energy 2021», BP, 2022, *https://www.bp.com/en/global/corporate/energy-economics/statistical-review-of-world-energy.html*.

EUROPEAN MIGRATION NETWORK, «Annual Report on Migration and Asylum. Finland 2021», Finnish Immigration Service, 2021, *https://emn.fi/en/publication-type/annual-reports/*.

EUROPEAN PARLIAMENTARY RESEARCH SERVICE, «Combating "honour" crimes in the EU», diciembre de 2015, *https://www.europarl.europa.eu/thinktank/en/document/EPRS_BRI(2015)573877*.

EUROPOL, «UE Terrorism Situation and Trend Report», 14 de julio de 2022, *https://www.europol.europa.eu/publications-events/main-reports/tesat-report*.

GENFORWARD SURVEY, «Millenial Views on Feminism», junio de 2018, *https://genforwardsurvey.com/publications/*.

INSTITUTO NACIONAL DE ESTADÍSTICA, «Mujeres y hombres en España», Ministerio de Sanidad, Consumo y Bienestar Social, 2023, *https://www.ine.es/uc/hA0QEIRk*.

KEMP, Simon, «Digital 2023: Global Overview Report», DataReportal, 26 de enero de 2023, *https://datareportal.com/reports/digital-2023-global-overview-report*.

MINISTERIO DEL INTERIOR, «Balance Trimestral de Criminalidad. Cuarto Trimestre 2022», Balances e informes, 2022, *https://www.interior.gob.es/opencms/es/prensa/balances-e-informes/*.

MINISTERIO DE UNIVERSIDADES, «Datos y cifras del Sistema Universitario Español. Publicación 2022-2023», Secretaría General Técnica del Ministerio de Universidades, 2023, *https://cpage.mpr.gob.es/*.

—, «Informe sobre el homicidio. 2010-2012», 2018, *https://www.interior.gob.es/opencms/es/prensa/balances-e-informes/*.

OBSERVATORIO EUROPEO DE LAS DROGAS Y LAS TOXICOMANÍAS, «Informe Europeo sobre Drogas 2022; Tendencias y novedades», Oficina de Publicaciones de la Unión Europea, 2022, *https://www.emcdda.europa.eu/system/files/publications/14644/2022.2419_ES_02_wm.pdf*.

OFFICE OF DRUGS AND CRIME, «World Drug Report 2023», Naciones Unidas, 2023, *https://www.unodc.org/unodc/en/data-and-analysis/world-drug-report-2023.html*.

POR CAUSA, «Cinco buenas razones para aprobar una regularización extraordinaria de migrantes sin papeles», marzo de 2022, *https://porcausa.org/wp-content/uploads/2022/03/Informe_Esenciales_2022.pdf*.

SANJUÁN, Cristina, «(Des)información sexual: pornografía y adolescencia», Save the Children España, 2020, *https://www.savethechildren.es/informe-desinformacion-sexual-pornografia-y-adolescencia*.

SECRETARÍA DE ESTADO DE EMPLEO Y ECONOMÍA SOCIAL, «Informe Jóvenes n.º 38. Jóvenes y mercado de trabajo», Ministerio de Trabajo y Economía Social, 2023, *https://www.mites.gob.es/es/sec_trabajo/analisis-mercado-trabajo/jovenes/index.htm*.

SERVICIO JESUITA A MIGRANTES, «Informe CIE 2021. Territorio Hostil», 2021, *https://sjme.org/2022/06/06/informe-cie-2021-territorio-hostil/*.

STROKES, Bruce, «Euroskepticism Beyond Brexit», Pew Research Center, 7 de junio de 2016, *https://www.pewresearch.org/global/2016/06/07/euroskepticism-beyond-brexit/*.

UNIÓN DE COMUNIDADES ISLÁMICAS DE ESPAÑA, «Estudio demográfico de la población musulmana», 2020, *https://ucide.org/wp-content/uploads/2021/01/Estudio-demografico-2019.pdf*.

—, «Estudio demográfico de la población musulmana», 2023, *http://observatorio.hispanomuslim.es/estademograf.pdf*.

Prensa

«Agreden a feministas radicales en Murcia durante su protesta contra la Ley Trans», *La Opinión de Murcia*, 26 de junio de 2021, *https://www.laopiniondemurcia.es/videos/murcia/2021/06/26/agreden-feministas-radicales-murcia-durante-54348519.html*.

«Amenazan con quemar una librería por acoger la presentación del libro "Nadie nace en un cuerpo equivocado"», *El Común*, 17 de mayo de 2022, *https://elcomun.es/2022/05/17/amenazan-con-quemar-una-libreria-por-acoger-la-presentacion-del-libro-nadie-nace-en-un-cuerpo-equivocado/*.

«Asarta (VOX): "VOX defiende a las mujeres; queremos cadena perpetua para violadores y asesinos"», Vox Castellón, 20 de julio de 2023, *https://www.voxespana.es/noticias/asarta-vox-vox-defiende-a-las-mujeres-queremos-cadena-perpetua-para-violadores-y-asesinos-20230720?provincia=castellon*.

«Ataque vegano en una granja: mueren 100 crías de conejo», *Clarín*, 6 de septiembre de 2019, *https://www.clarin.com/viste/ataque-vegano-granja-mueren-100-crias-conejo_0_mXysaNNQW.html*.

«Colectivos LGTBI+ denuncian la "lona del odio" desplegada por Vox en Madrid», Cadena SER, 19 de junio de 2023, *https://cadenaser.com/cmadrid/2023/06/19/colectivos-lgtbi-denuncian-la-lona-del-odio-desplegada-por-vox-en-madrid-radio-madrid/*.

«¿Cuánto tarda un Expediente de Nacionalidad Española?», *Parainmigrantes*, 3 de mayo de 2022, *https://www.parainmigrantes.info/cuanto-tarda-un-expediente-de-nacionalidad-espanola-923/*.

«Dispensa exámenes de nacionalidad española», *Parainmigrantes*, 7 de junio de 2023, *https://www.parainmigrantes.info/dispensa-examenes-de-nacionalidad-espanola/*.

«El 62 % de los 37 yihadistas detenidos en 2020 eran marroquíes y cuatro carecían de documentación para estar en Schengen», Europa Press, 8 de marzo de 2021, *https://www.europapress.es/nacional/noticia-62-37-yihadistas-detenidos-2020-eran-marroquies-cuatro-carecian- documentacion-estar-schengen-20210308145543.html*.

«El cierre por obras del CIE de Aluche deja a varios de sus internos temporalmente en libertad», *La Vanguardia*, 17 de enero 2023, *https://www.lavanguardia.com/local/madrid/20230117/8690158/cierre-obras-cie-aluche-madrid-cierra-internos-libertad.html*.

«El Gobierno ofrece la nacionalidad española a los presos políticos expulsados por Nicaragua», Servimedia, 10 de febrero de 2023, *https://www.servimedia.es/noticias/gobierno-ofrece-nacionalidad-espa-nola-presos-politicos-expulsados-nicaragua/3563790.*

«El presidente del Círculo de Empresarios ve bien que el 8M "se lla-me la atención" en favor de la igualdad», *El Periódico*, 7 de marzo de 2018, *https://www.elperiodico.com/es/economia/20180307/presi-dente-circulo-empresarios-ve-8m-6673304.*

«El presidente del Senado de Marruecos pide a sus ciudadanos entrar en la política española para "defender a la patria"», *El Independiente*, 10 de abril de 2023, *https://www.elindependiente.com/internacio-nal/2023/04/10/el-presidente-del-senado-de-marruecos-pide-a-sus-ciu-dadanos-entrar-en-la-politica-espanola-para-defender-a-la-patria/.*

«El presupuesto de Igualdad para 2023 aumenta un 9%, alcanzando la cifra histórica de 573 millones», La Moncloa, 7 de octubre de 2022, *https://www.lamoncloa.gob.es/serviciosdeprensa/notasprensa/igualdad/Paginas/2022/071022-pge-2023.aspx.*

«España destina 30 millones de euros a Marruecos contra el tráfico de personas y gestión de flujos migratorios», Europa Press, 18 de octubre de 2021, *https://www.europapress.es/epsocial/migracion/ no-ticia-espana-destina-30-millones-euros-marruecos-contra-trafico-perso-nas-gestion-flujos-migratorios-20221018190437.html.*

«Hisba in Europe?», Al Mesbar Studies & Research Center, 7 de mayo de 2018, *https://mesbar.org/hisba-in-europe/.*

«Hungría no apoya las sanciones de la UE contra Rusia», TRT, 19 de febrero de 2023, *https://www.trt.net.tr/espanol/mundo/2023/02/19/hungria-no-apoya-las-sanciones-de-la-ue-contra-rusia-1948246.*

«Igualdad impulsa unos talleres sobre diversidad sexual en el IES L'Arabí», Ayuntamiento de l'Alfàs del Pi, Sede Electrónica, 5 de mayo de 2022, *https://www.lalfas.es/concejalias/igualdad/igual-dad-impulsa-unos-talleres-sobre-diversidad-sexual-en-el-ies-larabi/.*

«Interior apuesta por medidas de acción positiva para alcanzar el 40 por ciento de mujeres en el acceso a Policía Nacional y Guardia Civil», Ministerio del Interior, 14 de septiembre de 2022, *https://www.interior.gob.es/opencms/gl/detalle/articulo/Interior-apuesta-por-medidas-de-accion-positiva-para-alcanzar-el-40-por-ciento-de-muje-res-en-el-acceso-a-Policia-Nacional-y-Guardia-Civil/.*

«J. K. Rowling: el tuit que puso a la autora de "Harry Potter" en el centro del debate LGBT», *BBC News Mundo*, 19 de diciembre de 2019, *https://www.bbc.com/mundo/noticias-50859823*.

«La Plataforma por el Mar Canario insiste en que España tiene reconocido a Canarias como un grupo de islas», *Gaceta del Meridiano*, 22 de diciembre de 2022, *http://www.gacetadelmeridiano.com/index.php/la-isla/108-sociedad/10739-la-plataforma-por-el-mar-canario-insiste-en-que-espana-tiene-reconocido-a-canarias-como-un-grupo-de-islas*.

«Liberan 17.500 visones de tres granjas de A Coruña», *El Correo Gallego*, 15 de octubre de 2006, *https://www.elcorreogallego.es/hemeroteca/liberan-17-500-visones-tres-granjas-coru-CCCG93859*.

«Los animalistas se oponen a que se controle la plaga de roedores», Club de Caza, 20 de noviembre de 2019, *https://www.club-caza.com/article/art/14471*.

«Monasterio, a Ayuso: "¿Van a sumarse al marxismo cultural de la izquierda y defender la autodeterminación o a ser valientes?"», Vox Madrid, 8 de julio de 2021, *https://www.voxespana.es/noticias/monasterio-ayuso-sumarse-marxismo-cultural-izquierda-defender-autodeterminacion-valientes-20210708?provincia=madrid*.

«Ocho de cada diez mujeres que ejercen la prostitución lo hacen contra su voluntad», *El Confidencial*, 21 de septiembre de 2015, *https://www.abc.es/sociedad/20150918/abci-mujeres-obligadas-prostitucion-201509181643.html*.

«Pornhub elimina la mitad de su contenido tras la denuncia de vídeos de abusos a menores», *El Plural*, 15 de diciembre de 2020, *https://www.elplural.com/sociedad/pornhub-elimina-mitad-contenido-denuncia-videos-abusos-sexuales_255329102*.

«Reino Unido cierra la clínica Tavistock para menores transgénero por considerar que "no es una opción segura"», *NIUS*, 29 de julio de 2022, *https://www.niusdiario.es/sociedad/igualdad/20220729/reino-unido-cierra-clinica-tavistock-tratamiento-menores-transgenero-considera-insegura_18_07136868.html*.

«Sentencia 41/2022 del TSJ de Murcia por la que obliga a atender la demanda de clases de religión islámica en la escuela», *Laicismo*, 8 de febrero de 2022, *https://laicismo.org/sentencia-41-2022-del-tsj-de-murcia-por-la-que-obliga-a-atender-la-demanda-de-clases-de-religion-islamica-en-la-escuela/255189*.

«Un atropello masivo deja 13 muertos y un centenar de heridos en un atentado en la Rambla de Barcelona», *La Vanguardia*, 17 de agosto de 2017, *https://www.lavanguardia.com/sucesos/20170817/43611025471/atentado-barcelona-rambla.html*.

«Un total de 337 alumnos reciben clases de islam en 8 escuelas catalanas», *La Vanguardia*, 7 de enero de 2022, *https://www.lavanguardia.com/vida/20220107/7973229/total-337-alumnos-reciben-clases-islam-8-escuelas-catalanas.html*.

«Zone Interdite (M6): cette séquence dans une école musulmane de Marseille choque la toile», *Public*, 24 de enero de 2022, *https://www.public.fr/News/Zone-Interdite-M6-cette-sequence-dans-une-ecole-musulmane-de-Marseille-choque-la-toile-1697405*.

ALSEDA, Quico, «Susana, la primera "trans" arrepentida que reclama a la Sanidad pública por haberla operado: "Me arruinaron la vida"», *El Mundo*, 23 de febrero de 2023, *https://www.elmundo.es/papel/historias/2023/02/22/63f64bbcfc6c83e24a8b4586.html*.

ARAGÓ, Laura, «La España segregada», *La Vanguardia*, 20 de diciembre de 2020, *https://stories.lavanguardia.com/vida/20201220/31473/la-espana-segregada*.

ARENÓS, Paloma, «El Ayuntamiento de Terrassa programa el taller infantil Drag Kids de travestismo», *La Vanguardia*, 22 de septiembre de 2022, *https://www.lavanguardia.com/vida/20220922/8538798/ayuntamiento-terrassa-programa-taller-infantil-drag-kids-travestismo.html*.

ARGUDO, Rebeca, «Ataque y amenazas a profesores de la Complutense: "Tenéis regalo bajo el coche"», *La Razón*, 29 de octubre de 2022, *https://www.larazon.es/madrid/20221029/6cgwzkqskjbwdef7h3x62jzmyi.html*.

BARR, Rachel Anne, «Ver porno infantiliza el cerebro», *The Conversation*, 17 de diciembre de 2019, *https://theconversation.com/ver-porno-infantiliza-el-cerebro-128936*.

Barrena, Juan Carlos, «La ultraderecha alemana alcanza ya el segundo lugar en intención de voto», *Heraldo de Aragón*, 8 de julio de 2023, *https://www.heraldo.es/noticias/internacional/2023/07/08/ultrade-recha-alemana-alcanza-segundo-lugar-intencion-voto-1663709.html*.

Belver, Marta, «La Asamblea de Madrid rechaza la propuesta de Más Madrid para legalizar la marihuana», *El Mundo*, 19 de mayo de 2022, *https://www.elmundo.es/madrid/2022/05/19/628672e-d21efa0c10c8b458f.html*.

Burés, Elena, «El historial negro del "forat de la vergonya"», *Crónica Global*, 18 de diciembre de 2022, *https://cronicaglobal.elespanol.com/vida/20191218/el-historial-negro-del-forat-de-vergon-ya/452954708_0.html*.

Caballero, Lucía, «Cuando las farmacéuticas vendían droga: anuncios "vintage" de medicinas que hoy son ilegales», *El Mundo*, 3 de mayo de 2015, *https://www.elmundo.es/enredados/2015/05/03/554251f2ca4741947d8b456f.html*.

Calvo, Elena, «De usar los baños por "género sentido" a denuncias contra padres: así son los protocolos trans en los colegios», *ABC*, 15 de marzo de 2023, *https://www.abc.es/sociedad/usar-banos-gene-ro-sentido-denuncias-padres-protocolos-20230415102530-nt.html*.

Campos López, Claudia y Cabrera Pérez, Yago, «Espinosa de los Monteros renuncia a la cúpula de Vox y a su acta "por motivos familiares"», *20 Minutos*, 8 de agosto de 2023, *https://www.20mi-nutos.es/noticia/5163144/0/ivan-espinosa-los-monteros-abando-na-vox/*.

Canales, Yolanda, «Un colegio de Tarrassa cambia la clase de religión de 5.º de primaria por un taller LGTBI en el que se proyectó un vídeo con hombres maquillándose», *El Debate*, 15 de febrero de 2023, *https://www.eldebate.com/espana/cataluna/20230215/cole-gio-terrassa-cambia-clase-religion-5o-primaria-taller-lgtbi-proyecto-vi-deo-hombres-maquillandose_93969.html*.

Cembrero, Ignacio, «Marruecos utiliza la religión para controlar a sus inmigrantes en España», *El País*, 2 de agosto de 2011, *https://el-pais.com/diario/2011/08/02/espana/1312236001_850215.html*.

CHURCHILL, David, «Anjem Choudary warns Muslim restaurateurs they face being flogged if they sell booze at Brick Lane rally», *Evening Standard*, 16 de diciembre de 2013, *https://www.standard. co.uk/news/london/anjem-choudary-warns-muslim-restaurateurs-they-face-being-flogged-if-they-sell-booze-at-brick-lane-rally-9007511.html.*

COCA-COLA, «#MundoSinResiduos la campaña global de Coca-Cola por el planeta», Coca-Cola FEMSA, 2021, *https://coca-colafemsa.com/noticias/mundo-sin-residuos-coca-cola-global-planeta/.*

COLL,Vicente, «Enrique Santiago, líder del PCE, será el nuevo secretario de Estado para la Agenda 2030», *El Mundo*, 29 de marzo de 2021, *https://www.elmundo.es/espana/2021/03/29/6062098cfdd-dffd4768b460e.html.*

COLOM, Eduardo, «Baleares impartirá en tres colegios la asignatura de religión islámica», *El Mundo*, 31 de agosto de 2021, *https://www. elmundo.es/baleares/2021/08/31/612e283ae4d4d8d3668b4658. html.*

COMISIÓN 8M DEL MOVIMIENTO FEMINISTA DE MADRID, «Manifiesto 8M MADRID 2023», 3 de marzo de 2023, *https://hacialahuelga-feminista.org/manifiesto-8m-madrid-2023/.*

COMISIÓN EUROPEA, «Joint Statement ahead of the International Day of Zero Tolerance for Female Genital Mutilation», Unión Europea, 4 de febrero de 2022, *https://ec.europa.eu/commission/presscor-ner/detail/%20en/statement_22_727.*

COMITÉ REGIONAL DE MADRID DEL PCE (M-L), «Sobre las elecciones madrileñas del 4 de mayo», 21 de abril de 2021, *https://pceml. info/actual/index.php/2014-09-05-18-39-59/comunicados/897-co-municado-del-pce-m-l-sobre-las-elecciones-madrilenas-del-4-de-mayo.*

CGT ENSENYAMENT, «Por una Pedagogía Queer en la escuela», 14 de mayo de 2018, *https://www.cgtensenyament.cat/por-una-pedagogia-queer-en-la-escuela-2/.*

CONQUERO, Belén V., «La asesora de Podemos que secuestró a su hijo solo le sacaba un rato por la noche», *La Razón*, 2 de abril de 2019, *https://www.larazon.es/local/madrid/la-asesora-de-podemos-que-se-cuestro-a-su-hijo-solo-le-sacaba-un-rato-por-la-noche-FB22672531/.*

CRUZ, Marisa, «El "récord" de Tezanos: la desviación de sus encuestas toca techo ante la moción de censura», *El Mundo*, 18 de marzo de 2023, *https://www.elmundo.es/espana/2023/03/18/6414b10421e-fa0f0758b45d9.html*.

DEJEAN, Mathieu, «¿Qué pasó con el "pueblo de izquierda" francés? Entrevista a Didier Eribon», *Nueva Sociedad*, 10 de abril de 2022, *https://nuso.org/articulo/Francia-elecciones-izquierda/*.

DOMBLÁS, Nekane, «Un detenido por robar en 26 ocasiones en Formentera es uno de los acusados de violar y torturar a una joven», *La Vanguardia*, 3 de noviembre de 2021, *https://www.lavanguardia. com/local/baleares/20211103/7835027/detenido-robar-26-ocasio-nes-formentera-acusados-violar-torturar-joven.html*.

EFE, «Iglesias amenaza por primera vez con romper la coalición: "A lo mejor tenemos que decir hasta aquí"», *Vozpópuli*, 25 de febrero de 2021, *https://www.vozpopuli.com/espana/pablo-iglesias-rom-per-coalicion.html*.

—, «Imputado en Francia el refugiado sirio que apuñaló a cuatro niños en un parque», *Público*, 10 de junio de 2023, *https://www.pu-blico.es/internacional/imputado-francia-refugiado-sirio-apunalo-cua-tro-ninos-parque.html*.

—, «La derecha populista gana las elecciones federales suizas con un discurso antiinmigración», *Público*, 22 de octubre de 2023, *https://www.publico.es/internacional/derecha-populista-gana-eleccio-nes-federales-suizas-discurso-antiinmigracion.html*.

—, «La Fiscalía señala que sólo el 0,01 % de las denuncias por violencia machista son falsas», *El Mundo*, 5 de septiembre de 2017, *https://www.elmundo.es/sociedad/2017/09/05/59aec40022601d-052f8b4574.html*.

E. M., «El indulto de la secuestradora María Sevilla acecha a tres ministras de Sánchez», *EsDiario*, 31 de mayo de 2022, *https://www. esdiario.com/espana/107073607/indulto-maria-sevilla-amena-za-tres-ministras.html*.

ESPARCH, Pau, «200 víctimas de matrimonios forzados en Catalunya en 13 años», *Ara*, 26 de junio de 2022, *https://es.ara.cat/sociedad/sucesos/matrimonios-forzados-videollamada_1_4382930.html*.

FERNÁNDEZ AGUILERA, Laura, «Repensando la revolución: llega a Barcelona el VI Congreso de la Asociación Europea de Estudios Críticos Animales», elDiario.es, 3 de mayo de 2019, *https://www.eldiario.es/caballodenietzsche/repensando-barcelona-vi-congreso-asociacion_132_1568962.html*.

FLORES, Gabriela, «Veganos irrumpen en supermercado durante campaña contra venta de carne», *La Verdad*, 20 de septiembre de 2022, *https://laverdadnoticias.com/mundo/Veganos-irrumpen-en-supermercado-durante-campana-contra-venta-de-carne-20220920-0117.html*.

GARCÍA BUENO, Jesús, «Asesinadas en Pakistán dos hermanas que vivían en España por rechazar un matrimonio concertado», *El País*, 23 de mayo de 2022, *https://elpais.com/internacional/2022-05-23/asesinadas-en-pakistan-dos-mujeres-que-vivian-en-espana-por-rechazar-un-matrimonio-concertado.html*.

GIL, Iván, «Iglesias y Garzón llaman a crear un bloque antifascista para frenar el auge de Vox», *El Confidencial*, 2 de diciembre de 2018, *https://www.elconfidencial.com/elecciones-andalucia/2018-12-02/iglesias-garzon-podemos-bloque-antifascista-vox_1681710/*.

GÓMEZ, Chus, «Alberto Garzón: "Necesitamos el decrecimiento para que cualquier sociedad sea viable"», *Diario de Pontevedra*, 26 de septiembre de 2022, *https://www.diariodepontevedra.es/articulo/pontevedra/necesitamos-decrecimiento-que-cualquier-sociedad-sea-viable/202209262051581220022.html*.

GONZÁLEZ, Germán, «Santiago Abascal se encara con unos manifestantes el mismo día que la JEC insta a la Generalitat a proteger a los candidatos de Vox», *El Mundo*, 11 de febrero de 2021, *https://www.elmundo.es/elecciones/elecciones-catalanas/2021/02/11/6025386921efa0c34d8b4625.html*.

GONZÁLEZ ENRÍQUEZ, Carmen, «El declive de la identidad nacional española», Real Instituto Elcano, 29 de junio de 2016, *https://www.realinstitutoelcano.org/analisis/el-declive-de-la-identidad-nacional-espanola/*.

GRANDA, Manu, «Garamendi (CEOE): "Nosotros defenderemos la reforma laboral que hemos firmado"», *Cinco Días*, 12 de junio de

2023, *https://cincodias.elpais.com/economia/2023-06-12/garamen-di-nosotros-defenderemos-la-reforma-laboral-que-hemos-firmado.html*.

ISLAS VARGAS, Maritza, «Crítica al ecologismo individualizado», *Ecoportal,* 11 de agosto de 2015, *https://www.ecoportal.net/temas-especiales/desarrollo-sustentable/critica-al-ecologismo-individualizado/*.

OLLERO, Daniel J., «Oleada de amenazas de muerte tras un beso entre Pedro Sánchez y el rey de Marruecos: "Una bala de un euro estará en tu culo"», *El Mundo*, 19 de julio de 2023, *https://www.elmundo.es/madrid/2023/07/19/64b6cb01fdddff81118b45c8.html*.

KERN, Soeren, «Germany: Chechen Sharia Police Terrorize Berlin», Gatestone Institute, 8 de julio de 2017, *https://www.gatestoneinstitute.org/10632/germany-chechens*.

LAMET, Juanma, «El Gobierno plantea un incremento de la inmigración legal de 250.000 personas al año hasta 2050 para poder sostener la economía», *El Mundo*, 20 de mayo de 2021, *https://www.elmundo.es/espana/2021/05/20/60a6460efdddff392a8b462e.html*.

LÁZARO, Fernando, «Espinosa dimitió "ahogado por el núcleo duro de Vox": "los liberales, sin voz", un debate en solitario y dos horas de cena con Abascal antes del adiós», *El Mundo*, 9 de agosto de 2023, *https://www.elmundo.es/espana/2023/08/08/64d28630e85eceb-72b8b45a1.html*.

LÓPEZ-FONSECA, Óscar y MARTÍN, María, «Una sentencia europea impide a España expulsar inmigrantes solo por estar en situación irregular», *El País*, 12 de noviembre de 2020, *https://elpais.com/espana/2020-11-12/una-sentencia-europea-impide-a-espana-expulsar-inmigrantes-solo-por-estar-en-situacion-irregular.html*.

MAESTRE, Antonio, «El sujeto político revolucionario es una niña trans», *elDiario.es*, 4 de julio de 2020, *https://www.eldiario.es/opinion/zona-critica/sujeto-politico-revolucionario-nina- trans_129_6081601.html*.

MARCOS, José, «Sánchez anuncia una ley para garantizar la paridad en la política y la empresa privada», *El País*, 4 de marzo de 2023, *https://elpais.com/espana/2023-03-04/sanchez-anuncia-una-ley-para-forzar-la-paridad-en-la-politica-y-la-empresa-privada.html*.

MARIÑO, Enrique, «Religión islámica o católica: ¿deben ser asignaturas en la escuela pública?», *Público*, 10 de octubre de 2019, *https://*

www.publico.es/sociedad/religion-islamica-catolica-asignatura-escuela-publica-islam-catolicismo.html.

MARTÍN, Justo, «El vídeo con el que Vox trató de emular a Trump para "hacer a España grande otra vez"», *El Español*, 17 de octubre de 2018, *https://www.elespanol.com/espana/20181017/vox-trato-emular-trump-hacer-espana-grande/346216486_0.html*.

MARTÍN, María, «Interior oculta los costes de las devoluciones de marroquíes desde Canarias», *El País*, 5 de agosto de 2021. *https://elpais.com/espana/2021-08-05/interior-oculta-los-costes-de-las-devoluciones-de-marroquies-desde-canarias.html*.

MAZA, Celia, «Recorrido por el Londres más islamista», *El Confidencial*, 16 de marzo 2016, *https://www.elconfidencial.com/mundo/2016-03-16/londres-yihad-terrorismo-islamico_1169085/*.

MEGÍAS, Laura, «De la educación mixta a la coeducación: cómo es la enseñanza feminista en los colegios e institutos», *El Español*, 22 de abril de 2022, *https://magas.elespanol.com/actualidad/20220422/educacion-mixta-coeducacion-ensenanza-feminista-colegios-institutos/666183580_0.html*.

MINOCRI, Massimiliano, «El Raval: jeringuillas, yonquis y delitos», *El País*, 23 de octubre de 2022, *https://elpais.com/espana/2022-10-23/el-raval-jeringuillas-yonquis-y-delitos.html*.

MONTAGUT, Eduardo, «¿Qué entendemos por izquierda? Algunas reflexiones históricas sobre la Izquierda», *Nueva Tribuna*, 7 de noviembre de 2015, *https://www.nuevatribuna.es/articulo/historia/algunas-reflexiones-historicas-izquierda/20151107194236122101.html*.

MONZÓN, Agustín, «Ana Botín se suma al 8-M: "La maternidad penaliza, no es un mito"», *El Independiente*, 8 de marzo de 2018, *https://www.elindependiente.com/economia/2018/03/08/ana-botin-suma-8m-maternidad-penaliza/*.

NAVARRO, Yazmín, «Queman libros de Harry Potter por transfobia de J. K. Rowling», *Sdpnoticias*, 23 de marzo de 2021, *https://www.sdpnoticias.com/diversidad/queman-libros-harry-potter-contra-transfobia-j-k-rowling-fotos.html*.

NILSSON, Petter y WARLENIUS, Rikard, «The end of Swedish exceptionalism», Rosa Luxemburg Stiftung, 11 de septiembre de 2018, *https://www.rosalux.eu/en/article/1284.the-end-of-swedish-exceptionalism.html*.

OLCESE, Alejandra, «Cuatro de cada 10 nuevos residentes procedentes de otro país ni trabaja ni busca empleo», *El Mundo*, 22 de septiembre de 2023, *https://www.elmundo.es/economia/2023/09/22/650db0a521efa0007c8b45a6.html*.

OLMO, José María, «El yihadista de Algeciras estaba pendiente de ser expulsado a Marruecos desde junio de 2022», *El Confidencial*, 26 de enero de 2023, *https://www.elconfidencial.com/espana/2023-01-26/yihadista-yassine-kanjaa-algeciras-pendiente-expulsion-marruecos-junio-2022_3564312/*.

ONDARRA, Marcos, «El 46% de los condenados por agresión sexual en España tiene nacionalidad extranjera», *The Objective*, 2 de octubre de 2022, *https://theobjective.com/espana/2022-10-02/agresion-sexual-espana-extranjeros/*.

PACHO, Lorena, «Meloni pide ayuda a las ONG ante el fuerte aumento de las llegadas de migrantes», *El País*, 12 de agosto de 2023, *https://elpais.com/internacional/2023-08-12/meloni-pide-ayuda-a-las-ong-ante-el-fuerte-aumento-de-las-llegadas-de-migrantes.html*.

PARTIDO COMUNISTA DE ESPAÑA, «Manifiesto del PCE ante el 8 de marzo, Día internacional de las mujeres trabajadoras», 1 de marzo de 2023, *https://www.pce.es/manifiesto-del-pce-ante-el-8-de-marzo-dia-internacional-de-las-mujeres-trabajadoras/*.

PENA DOPAZO, Lúa, «Las mujeres del Raval que hacen deporte al aire libre y sin miradas ajenas: "Nos sentimos más libres"», elDiario.es, 10 de febrero de 2022, *https://www.eldiario.es/catalunya/barcelona/mujeres-raval-deporte-aire-libre-miradas-sentimos-libres_1_8715875.html*.

PÉREZ, Pablo, «Pornhub cambia su logo al morado por el Día de la Mujer y las críticas no se hacen esperar», *El Español*, 8 de marzo de 2022, *https://www.elespanol.com/omicrono/tecnologia/20220308/pornhub-cambia-dia-mujer-criticas-no-esperar/655684580_0.html*.

PODER JUDICIAL, «Las mujeres ya son mayoría en la Carrera Judicial en quince de las diecisiete Comunidades Autónomas», 5 de abril de 2019, *https://www.poderjudicial.es/cgpj/es/Poder-Judicial/En-Porta-da/Las-mujeres-ya-son-mayoria-en-la-Carrera-Judicial-en-quin-ce-de-las-diecisiete-Comunidades-Autonomas*.

—, «Las denuncias y las víctimas de la violencia de género aumenta-ron en España por encima del 10 por ciento durante el pasado año», 10 de marzo de 2023, *https://www.poderjudicial.es/cgpj/es/Poder-Judicial/En-Portada/Las-denuncias-y-las-victimas-de-la-violen-cia-de-genero-aumentaron-en-Espana-por-encima-del-10-por-ciento-du-rante-el-pasado-ano*.

PLUCKROSE, Helen, «Cómo saber si vivimos en un patriarcado: Una perspectiva histórica», *Medium*, 2 de agosto de 2017, *https://car-naina.medium.com/cómo-saber-si-usted-está-viviendo-en-un-patriarca-do-una-perspectiva-histórica-51be20d06a8*.

PULIDO, Rubén, «Canarias sufre la llegada de más de 750 inmigrantes ilegales en los últimos 10 días», *La Gaceta,* 12 de febrero de 2023, *https://gaceta.es/espana/canarias-sufre-la-llegada-de-mas-de-750-in-migrantes-ilegales-en-los-ultimos-10-dias-20230212-1125/*.

—, «Caos en Almería por la inmigración ilegal: así es el barrio musul-mán de El Puche», *La Gaceta*, 7 de julio de 2022, *https://gaceta.es/actualidad/caos-en-almeria-por-la-inmigracion-ilegal-asi-es-el-barrio-musulman-de-el-puche-20210707-1420/*.

RACHIDI, Imane, «Dentro de La Haya, la "Ciudad Yihad" de Holanda», *BBC Mundo*, 25 de abril de 2016, *https://www.bbc.com/mundo/noticias/2016/04/160415_la_haya_ciudad_hiyad_paises_bajos_ho-landa_extremismo_yihad_mr*.

RAMIRO, Pablo, «Un Gobierno con mayoría de mujeres en España», *Eu-ronews*, 6 de junio de 2018, *https://es.euronews.com/2018/06/06/un-gobierno-con-mayoria-de-mujeres-en-espana*.

RECIO, Enrique, «Política Interior solo deporta al 5% de los inmi-grantes irregulares que tienen orden de expulsión», *The Objective*, 27 de enero de 2023, *https://theobjective.com/espana/politi-ca/2023-01-27/interior-expulsion/*.

RINCÓN, Andrea, «Comienza la hora cero: oficialmente Reino Unido ya no es parte de la Unión Europea», France 24, 31 de enero de 2020, *https://www.france24.com/es/20200131-d%C3%ADa-del-brexit-reino-unido-le-dice-adi%C3%B3s-a-la-uni%C3%B3n-europea*.

ROCHA, Carlos, «Baja afiliación y mucha confianza: la paradoja de la juventud precaria con los sindicatos», *El Confidencial*, 11 de marzo de 2023, *https://www.elconfidencial.com/espana/2023-03-11/para-doja-juventud-precaria-sindicatos-afiliacion_3590903/*.

RODRÍGUEZ, A., «Bebidas energéticas y jarabes con codeína, la nueva y peligrosa mezcla en el botellón de los jóvenes», EuropaSur, 23 de junio de 2022, *https://www.europasur.es/campo-de-gibraltar/mez-cla-Bebidas-energeticas-jarabe-codeina-botellon-jove-nes_0_1693032742.html*.

RODRÍGUEZ DE PAZ, Alicia, «La afiliación sindical en España alcanza su nivel más bajo en 30 años», *La Vanguardia*, 22 de diciembre de 2019, *https://www.lavanguardia.com/economia/20191222/472401008593/sindicatos-afiliacion-trabajadores-espana-espana-ocde.html*.

SAHUQUILLO, María R. y ABELLÁN, Lucía, «Polémica por la agresiva campaña del húngaro Orbán contra el filántropo Soros», *El País*, 13 de julio de 2017, *https://elpais.com/internacional/2017/07/13/actualidad/1499969784_697706.html*.

SALVADOR, Antonio, «Interior oculta la nacionalidad de los migrantes para evitar "problemas diplomáticos"», *El Independiente*, 7 de mayo de 2021, *https://www.elindependiente.com/espana/2021/05/07/inte-rior-oculta-la-nacionalidad-de-los-migrantes-para-evitar-problemas-diplo-maticos/*.

SANHERMELANDO, Juan, «Sánchez justifica que el PSOE no condene en la UE la falta de libertad de prensa en Marruecos», *El Español*, 19 de enero de 2023, *https://www.elespanol.com/mundo/euro-pa/20230119/psoe-vota-solitario-resolucion-eurocamara-censura-ma-rruecos/734926678_0.html*.

SANTOS, Daniel, «La propaganda contra los inmigrantes en Hungría choca con la realidad del país», *La Vanguardia*, 6 de junio de 2019, *https://www.lavanguardia.com/participacion/lectores-corresponsa-les/20190606/462694739744/propaganda-xenofobia-hungria-fal-ta-mano-obra.html.*

SCHUSTER, Mariano, «Entre la extrema derecha y el conservadurismo radicalizado. Entrevista a Natascha Strobl», *Nueva Sociedad*, septiembre de 2023, *https://nuso.org/articulo/entrevista-natascha-strobl-conservadurismo-radicalizado-extrema-derecha/*.

SEVILLANO, Elena G., «La ultraderecha alemana de AfD gobernará en un territorio tras ganar por primera vez unas elecciones comarcales», *El País*, 25 de junio de 2023, *https://elpais.com/internacional/2023-06-25/la-ultraderecha-alemana-de-afd-gana-por-primera-vez-unas-elecciones-comarcales.html.*

TANNER, Jari, «Finland's conservative party picks ministers for right-wing coalition government», *The Seattle Times*, 18 de junio de 2023, *https://www.seattletimes.com/business/finlands-conservative-party-picks-ministers-for-right-wing-coalition-government/.*

TOVAR, Luis, «La definición de veganismo», *Filosofía Vegana*, 14 de noviembre de 2011, *https://filosofiavegana.blogspot.com/2011/11/la-definicion-de-veganismo.html.*

VIDAL, Daniel, «La patronal pide "abrir fronteras" para paliar la falta de mano de obra en la Región de Murcia», *La Verdad*, 15 de agosto de 2022, *https://www.laverdad.es/murcia/patronal-pide-abrir-20220816233557-ntvo.html.*

VILLARINO, Ángel, «Tres de cada cuatro provincias registran ya más llegadas de inmigrantes que nacimientos», *El Confidencial*, 15 de enero de 2023, *https://www.elconfidencial.com/espana/2023-01-15/inmigrantes-nacimientos-demografia-provincias_3555961/.*

ZERMEÑO JIMÉNEZ, Amaranta, «Francia: Más protestas contra la violencia policial y en homenaje a Nahel y Adama Traoré», *Euronews*, 8 de julio de 2023, *https://es.euronews.com/2023/07/08/francia-mas-protestas-contra-la-violencia-policial-y-en-homenaje-a-nahel-y-adama-traore.*

ZULOAGA, Jesús María, «Rabat lanza una oleada de inmigrantes a Ceuta», *La Razón*, 18 de junio de 2021, *https://www.larazon.es/espana/20210517/t4ntxwmepfgixglhryrsfml7wa.html.*

Legislación

España, Ley Orgánica 4/2000, de 11 de enero, sobre derechos y libertades de los extranjeros en España y su integración social. Boletín Oficial del Estado, 12 de enero de 2000, n.º 10.

España, Orden JUS/1625/2016, de 30 de septiembre, sobre la tramitación de los procedimientos de concesión de la nacionalidad española por residencia. Boletín Oficial del Estado, 11 de octubre de 2016, n.º 246.

España, Real Decreto de 24 de julio de 1889 por el que se publica el Código Civil. Boletín Oficial del Estado, 25 de julio de 1889, Gaceta de Madrid n.º 206.

España, Real Decreto 162/2014, de 14 de marzo, por el que se aprueba el reglamento de funcionamiento y régimen interior de los centros de internamiento de extranjeros. Boletín Oficial del Estado, 15 de marzo 2014, n.º 64.